Combatendo a depressão

LEONARDO TAVARES

Combatendo a depressão

COMBATENDO A DEPRESSÃO
© Copyright 2023 - Leonardo Tavares

Este título pode ser adquirido em grande quantidade para uso comercial ou educacional.

Para informações, por favor, envie um e-mail para realleotavares@gmail.com.

Todos os direitos reservados. Nenhuma parte deste livro pode ser reproduzida, armazenada em sistema de recuperação ou transmitida de qualquer forma por quaisquer meios - eletrônico, mecânico, fotocópia, gravação, digitalização ou outros - exceto por citações breves em resenhas críticas ou artigos, sem permissão prévia por escrito do editor.

Em nenhuma circunstância será atribuída qualquer culpa ou responsabilidade legal ao editor ou autor por danos, reparação ou perda financeira devido às informações contidas neste livro, seja diretamente ou indiretamente.

Aviso Legal:

Este livro possui direitos autorais. É apenas para uso pessoal. Você não pode modificar, distribuir, vender, usar, citar ou parafrasear qualquer parte ou conteúdo deste livro sem o consentimento do autor ou editor.

Aviso de Isenção de Responsabilidade:

Por favor, observe que as informações contidas neste documento são apenas para fins educacionais e de entretenimento. Todos os esforços foram feitos para apresentar informações precisas, atualizadas e confiáveis. Nenhuma garantia de qualquer tipo é declarada ou implícita. Os leitores reconhecem que o autor não está envolvido na prestação de aconselhamento jurídico, financeiro, médico ou profissional. O conteúdo deste livro foi derivado de várias fontes. Consulte um profissional licenciado antes de tentar quaisquer técnicas descritas neste livro.

Ao ler este documento, o leitor concorda que, em nenhuma circunstância, o autor será responsável por quaisquer perdas, diretas ou indiretas, incorridas como resultado do uso das informações contidas neste documento, incluindo, mas não se limitando a, erros, omissões ou imprecisões.

Primeira Impressão 2023

Que estas palavras possam ser um abraço caloroso,
Um alento para sua alma aflita,
Que elas possam trazer a certeza
De que a escuridão da depressão
Pode ser vencida com coragem.

Não há derrota permanente
Pois a conexão que compartilhamos com nosso próprio ser
Supera as sombras, transcende os desafios,
E se torna um eterno poço de aprendizado e crescimento.

Que sua dor possa ser transformada em resiliência,
E que as vivências possam ser um tesouro,
Que suas lágrimas possam ser enxugadas pela autocompaixão,
E que a luz possa iluminar o caminho
Daqueles que estão em busca de cura.

Este livro é uma homenagem
A todos que já enfrentaram a depressão,
E a todos que estão encarando a luta contra o sofrimento,
Que ele possa ser um refúgio de acolhimento e inspiração.

E que, mesmo nas horas mais sombrias,
Possamos encontrar força e determinação
Para seguir adiante, para honrar o presente,
As lições aprendidas e para viver nossas vidas
Com amor próprio, gratidão e coragem.

SUMÁRIO

Prefácio..11
1. Introdução 13
   A profundidade da depressão: Compreensão dos sintomas e
   impactos na vida diária.. 13
   Desfazendo o estigma: A importância de dialogar sobre a depressão
   e procurar auxílio 14

2. Aceitação e Autoconhecimento...16
   Reconhecendo a depressão: Admitindo a necessidade de mudança
   e crescimento 16
   Explorando suas emoções: Identificando padrões negativos e
   desencadeadores 17
   Praticando a autocompaixão: Cultivando um relacionamento
   positivo consigo mesmo 18

3. Construindo uma Mentalidade Positiva..............................22
   Transformando padrões de pensamento negativo: Desafiando
   distorções cognitivas.. 22
   Criando afirmações poderosas: Moldando crenças positivas sobre
   si mesmo e o mundo.. 26
   A força do pensamento positivo: Explorando os benefícios de
   uma mentalidade otimista... 33

4. Cultivando Relacionamentos Saudáveis 42
   O papel do apoio social: O poder dos relacionamentos positivos... 42
   Comunicando suas necessidades: Estabelecendo limites e
   expressando sentimentos 50
   Construindo um círculo de apoio: Identificando pessoas que o
   incentivam e nutrem 59

5. Cuidando do Corpo e Mente 70
A ligação mente-corpo: Autocuidado físico e bem-estar emocional . 70
Exercício e endorfinas: Uma dupla poderosa 73
Alimentação nutritiva: Nutrindo corpo e mente 79

6. Gerenciando o Estresse e a Ansiedade 85
A relação entre depressão, estresse e ansiedade 85
Técnicas de relaxamento: Meditação, respiração profunda e outras abordagens 90
Praticando o autocuidado regularmente: Incorporando rituais de alívio do estresse 97

7. Estabelecendo Objetivos e Encontrando Propósito 105
Definindo metas alcançáveis: Como estabelecer passos realistas em direção à recuperação 105
Descobrindo seu propósito: Explorando interesses e paixões pessoais 111
O poder da gratidão: Reconhecendo as bênçãos em meio à adversidade 117

8. Abraçando Novas Possibilidades 125
Desconstruindo a autocrítica: Desvendando os padrões que prejudicam a autoestima 125
Construindo uma autoimagem positiva: Práticas para fortalecer a confiança em si mesmo 135
Aceitação do corpo: Cultivando amor próprio independentemente das aparências 142

9. Resiliência e Adversidade 150
Entendendo a resiliência: Superando desafios e saindo mais forte. 150
Transformando adversidades em crescimento: Aprendizado com momentos difíceis 158
Construindo resiliência emocional: Estratégias para lidar melhor com contratempos 164

10. A Importância do Autocuidado 175
Definindo autocuidado abrangente 175
Incorporando a rotina de autocuidado 185
Evitando a exaustão 194

11. Encontrando Significado e Alegria no Dia a Dia 203
Praticando a atenção plena: Cultivando a felicidade no momento presente 203
Buscando atividades prazerosas: Redescobrindo interesses que trazem alegria 210
Criando um ambiente positivo: Cercando-se de elementos que inspiram positividade 218

12. A Jornada da Autorreflexão 227
Superando recaídas: Estratégias para lidar com momentos difíceis sem desistir 227
A jornada contínua: Entendendo que o crescimento pessoal é um processo constante 236

13. Buscando Ajuda Profissional 246
Reconhecendo quando é necessário ajuda profissional 246
Abordagens terapêuticas eficazes 257
Trabalhando em parceria com um terapeuta 269

14. Construindo um Futuro Brilhante 287
Visualizando um futuro positivo: Estabelecendo metas de longo prazo 287
Compartilhando sua história: Como sua jornada pode inspirar e ajudar os outros 293

Conclusão 301
Sobre o Autor 303
Referências 304

PREFÁCIO

"Combatendo a Depressão" nasceu da profunda compreensão da importância de abordar um tema que afeta inúmeras vidas ao redor do mundo. A depressão, com suas sombras escuras e seus desafios complexos, é uma batalha que muitos enfrentam em algum momento da vida, é uma caminhada árdua que pode levar à superação e ao crescimento pessoal.

Navegar pelas águas turbulentas da depressão não é tarefa fácil. Ela pode nos envolver em um ciclo de tristeza, desespero e isolamento, desviando-nos da alegria e vitalidade que merecemos. No entanto, este livro nasceu da crença inabalável de que a esperança é uma luz que nunca se apaga, mesmo nas noites mais escuras.

Aqui, você encontrará uma abordagem completa e abrangente para enfrentar a depressão. Desde a compreensão de suas origens até a exploração de técnicas práticas, nossa trajetória juntos nos levará através dos caminhos que podem conduzir à recuperação. Dos primeiros sinais ao renascimento de uma nova perspectiva, cada capítulo foi meticulosamente criado para fornecer informações valiosas, inspiração e apoio.

Ao longo das páginas deste livro, mergulharemos em estratégias de autocuidado, no poder das relações interpessoais e na busca de ajuda profissional. Vamos explorar abordagens terapêuticas e técnicas que podem ajudar a reverter o ciclo de negatividade e fortalecer o espírito. Além disso, vamos lembrar a importância de compartilhar nossas histórias, não apenas como um ato de cura pessoal, mas também como uma maneira de oferecer esperança e guia para aqueles que enfrentam desafios semelhantes.

"Combatendo a Depressão" não é apenas um livro; é uma jornada compartilhada entre autor e leitor, entre aqueles que lutam e aqueles que se unem para apoiar. Ele é moldado pela experiência humana, pelos altos e baixos, e pela busca incessante pela luz no fim do túnel.

Que este livro seja uma fonte de conforto e inspiração para você. Que ele o capacite a enfrentar a depressão com coragem, a aprender com os obstáculos e a abraçar cada novo dia como uma oportunidade para um novo começo. Que você encontre nas palavras aqui escritas não apenas conhecimento, mas também uma sensação de pertencimento e esperança.

Se você está começando sua trajetória de superação ou já está no caminho, saiba que você não está sozinho. O ato de combater a depressão é um testemunho da sua força interior, e a busca pela felicidade interior é uma batalha que vale a pena lutar. Este livro é um guia que caminha ao seu lado, lembrando-o de que a cura é possível e que a luz sempre prevalece sobre a escuridão.

Com esperança e gratidão,

Leonardo Tavares

1
INTRODUÇÃO

*Mesmo na escuridão mais profunda,
a luz da esperança sempre brilha dentro de nós.*

Seja bem-vindo ao início de uma jornada que busca iluminar a escuridão da depressão e guiar você em direção à redescoberta da felicidade interior. A depressão é uma condição que afeta milhões de pessoas em todo o mundo, mas muitas vezes permanece enclausurada em sombras de estigma e mal-entendidos. Neste capítulo introdutório, embarcaremos em uma exploração profunda da depressão, mergulhando em suas nuances, desafios e oportunidades para crescimento pessoal.

A profundidade da depressão: Compreensão dos sintomas e impactos na vida diária

A depressão é muito mais do que um momento passageiro de tristeza. É uma intricada condição que mergulha profundamente na mente, no corpo e nas emoções de um indivíduo. As manifestações da depressão podem variar, mas muitos enfrentam uma batalha constante contra a tristeza avassaladora, a apatia em relação a atividades outrora amadas e a persistente sensação de desesperança. Uma fadiga debilitante parece sugar a energia vital, e o foco se torna uma tarefa árdua, enquanto decisões triviais parecem pesos insuportáveis.

Reconhecer que a depressão não escolhe alvos baseados em idade, gênero, classe social ou origem é crucial. Ela não discrimina e pode afetar qualquer pessoa, independentemente de sua situação. O impacto da depressão não se limita ao plano emocional; ele permeia todos os aspectos da vida diária. Rotinas que antes eram familiares desmoronam, responsabilidades do cotidiano se tornam sobrecargas e a vivacidade da vida se desvanece, deixando para trás um cenário de cinzas.

À medida que a depressão ganha raízes, frequentemente traz consigo uma sensação de isolamento. Uma pessoa pode se sentir solitária em sua luta, isolada de amigos, familiares e até dela mesma. Essa solidão é exacerbada pelo fato de que a dor emocional muitas vezes permanece invisível, inaudível aos olhos externos. É vital internalizar que a depressão não é um sinal de fraqueza ou falta de vontade. Ela é uma batalha interna genuína que demanda entendimento, paciência e, acima de tudo, apoio.

É um convite à empatia e ao entendimento mútuo. Uma recordação de que, mesmo quando o peso parece insuportável, há caminhos que podem aliviar o fardo. O caminho para superar a depressão começa com a compreensão de seus contornos e desafios. Isso não apenas facilita a busca por soluções, mas também cria um espaço onde a cura pode florescer.

Desfazendo o estigma: A importância de dialogar sobre a depressão e procurar auxílio

Ainda que a depressão seja uma realidade enfrentada por muitos, ainda persiste um estigma que envolve essa condição. Esse estigma é gerado pela ignorância e pelo hábito de culpar os que sofrem de depressão, como se fosse uma escolha consciente. Contudo, é essencial entender que a depressão é uma condição médica válida, influenciada por uma complexa interação de fatores genéticos, neuroquímicos, ambientais e psicológicos.

O primeiro passo para superar o estigma é criar consciência. A sociedade precisa compreender que a depressão não é um sinal de fragilidade pessoal, mas sim uma batalha que necessita de compaixão e empatia. A recuperação da depressão não se desenrola de maneira linear, assim como ocorre com qualquer doença. Requer tratamento contínuo e apoio ininterrupto. O amparo fornecido pela família, amigos e profissionais de saúde é vital na trajetória de recuperação.

A fala franca sobre a depressão é uma das ferramentas mais eficazes para quebrar o estigma. Ao compartilharem suas experiências, as pessoas não apenas destacam a prevalência da condição, mas também permitem que outros se sintam menos isolados em suas próprias batalhas. É no ato de compartilhar histórias que a empatia floresce e a compreensão ganha espaço, pois indivíduos percebem que não estão sozinhos em seus sentimentos.

Buscar ajuda é um ato corajoso, embora muitas vezes desafiador. A vergonha associada à depressão pode ser um obstáculo para alcançar o suporte necessário. No entanto, é crucial lembrar que buscar ajuda não denota fraqueza. Profissionais como terapeutas, psicólogos e psiquiatras estão à disposição para oferecer orientação especializada e auxiliar na formulação de estratégias para enfrentar a depressão. Pedir ajuda quando necessário é um sinal de força, uma demonstração de que você reconhece que não precisa trilhar essa jornada sozinho.

Conscientize-se de que, apesar dos desafios que a luta contra a depressão pode apresentar, a luminosidade no final do túnel está ao alcance de todos. Compreender a natureza da depressão, desmantelar o estigma associado a ela e buscar auxílio são os primeiros passos poderosos rumo a uma existência mais plena e significativa.

2

ACEITAÇÃO E AUTOCONHECIMENTO

O primeiro passo para superar a depressão é compreender as raízes da escuridão que enfrentamos.

A jornada para superar a depressão começa com a aceitação e o profundo autoconhecimento. Neste capítulo, vamos mergulhar fundo em um processo de reconhecimento, exploração e cultivo de autocompaixão. Ao entender suas emoções, padrões negativos e desencadeadores, você estará no caminho para se libertar das amarras da depressão e abraçar uma vida mais plena e significativa.

Reconhecendo a depressão: Admitindo a necessidade de mudança e crescimento

O primeiro passo em direção à recuperação da depressão é a corajosa admissão da sua presença em sua vida. Esse momento marca um ponto crucial, onde você decide confrontar a realidade de suas emoções e pensamentos de frente. A decisão de reconhecer a necessidade de mudança e crescimento é como abrir uma porta para a transformação interior, permitindo que a luz comece a penetrar nas áreas sombrias de sua caminhada.

O ato de reconhecer a depressão é um poderoso ato de auto empoderamento. Isso não deve ser confundido com aceitar a depressão como uma parte integral e inalterável da sua identidade. Pelo contrário, reconhecer a depressão significa admitir que você está enfrentando um desafio legítimo. É uma afirmação corajosa de que você está disposto a confrontar seus sentimentos, encarar as adversidades e buscar caminhos para a cura.

Frequentemente, a negação da depressão pode prolongar o sofrimento. Ignorar ou minimizar a presença dela pode resultar em um ciclo de angústia e afastá-lo da possibilidade de buscar ajuda e tratamento. A aceitação, por outro lado, sinaliza um ponto de partida para a cura. Ela marca o momento em que você decide não mais lutar contra sua realidade, mas sim abraçá-la como uma parte transitória da sua jornada. Essa atitude não apenas reduz o peso emocional, mas também abre espaço para o crescimento, a mudança e a esperança.

Aceitar a depressão não é o mesmo que render-se a ela. É um ato de coragem que coloca você no comando da sua própria trilha de recuperação. Ao aceitar, você se liberta da prisão da vergonha e da negação, permitindo que você se mova em direção à autotransformação. No lugar de se esconder atrás de máscaras e muros defensivos, você emerge como alguém disposto a enfrentar a dor, a explorar alternativas e a trilhar o caminho para uma vida mais saudável e equilibrada.

O processo de reconhecimento não é linear e pode envolver altos e baixos. Momentos de resistência e dúvida podem surgir, mas, ao manter o compromisso de enfrentar sua verdade, você está plantando as sementes de um futuro mais iluminado. Reconhecer a depressão é um ato de autoafirmação e um passo vital rumo ao seu próprio bem-estar. Abraçar essa caminhada com um coração aberto é o primeiro passo em direção a uma transformação profunda e à redescoberta da vitalidade que reside dentro de você.

Explorando suas emoções: Identificando padrões negativos e desencadeadores

O autoconhecimento se revela como uma ferramenta indispensável na batalha contra a depressão. Este processo inicia com a corajosa exploração das suas emoções e pensamentos. Reserve um tempo dedicado à reflexão sobre suas reações emocionais cotidianas. Observe atentamente os momentos em que sentimentos de tristeza, ansiedade ou desespero emergem. É crucial detectar os padrões recorrentes e também identificar as situações específicas que acionam essas emoções.

Ao se lançar nessa jornada de auto exploração, você começa a perceber que suas emoções não são entidades aleatórias, mas sim respostas complexas a estímulos variados. Identificar padrões negativos é um passo essencial. Esses padrões podem se manifestar como autocrítica incessante, preocupações excessivas ou pensamentos autodestrutivos que minam sua autoestima e bem-estar. Ao trazer esses padrões à luz, você os destaca do subconsciente e permite que sejam questionados e desafiados. Isso abre a porta para substituir esses padrões prejudiciais por pensamentos mais saudáveis e construtivos.

A exploração dos desencadeadores é outra etapa crucial nesse processo. Esses desencadeadores podem ser eventos, situações ou pensamentos que disparam uma resposta emocional intensa. Eles variam de pessoa para pessoa, mas podem incluir situações de estresse, desafios financeiros, conflitos interpessoais, mudanças abruptas ou até lembranças dolorosas do passado. Identificar esses desencadeadores não apenas ajuda a compreender o que está por trás de suas reações emocionais, mas também dá a você um maior controle sobre elas.

A consciência dos desencadeadores oferece uma oportunidade de se preparar emocionalmente para enfrentar essas situações. Pode permitir que você desenvolva estratégias para lidar com os desafios de maneira mais eficaz e saudável, reduzindo assim o impacto negativo que eles podem ter sobre seu bem-estar.

A exploração das suas emoções e padrões emocionais é uma trilha de autodescoberta contínua. Ela não apenas revela a complexidade da sua psique, mas também fornece as ferramentas para transformar padrões prejudiciais em pensamentos e reações mais positivos. Lembre-se de que você está no comando desse processo, e o caminho de auto exploração é um passo poderoso rumo à conquista de um maior equilíbrio emocional e mental. Ao identificar esses padrões negativos e desencadeadores, você está se capacitando para uma jornada de crescimento e autotransformação, que são fundamentais para a recuperação da depressão.

Praticando a autocompaixão: Cultivando um relacionamento positivo consigo mesmo

A autocompaixão emerge como uma ferramenta excepcionalmente poderosa para amenizar as arestas ásperas da depressão. Muitas vezes, aqueles que enfrentam essa condição se veem submersos em uma tempestade de autocrítica e sentimentos de inadequação. Esses padrões podem alimentar a espiral descendente da depressão, intensificando o sofrimento emocional. Cultivar a autocompaixão é, essencialmente, aprender a tratar a si mesmo com a mesma gentileza e compreensão que você ofereceria a um amigo querido.

A prática da autocompaixão é composta por três componentes intrínsecos, cada um desempenhando um papel crucial no cultivo de um relacionamento positivo consigo mesmo:

Autoaceitação

O princípio fundamental da autoaceitação é abraçar-se incondicionalmente exatamente como você é neste momento. Isso não implica em ignorar suas imperfeições ou negar os desafios que você enfrenta. Pelo contrário, a autoaceitação reconhece que você é uma criatura complexa, uma mescla de qualidades admiráveis e limitações. Ao se ver através dessa lente de compreensão, você começa a tratar-se com a mesma gentileza e compaixão que você prontamente ofereceria a um amigo passando por dificuldades.

A autoaceitação é um ato profundo de amor próprio. Significa que você se recusa a ser seu próprio crítico implacável e, em vez disso, se torna um aliado compassivo. Aceitar suas falhas e suas fraquezas não é um convite à estagnação, mas sim ao crescimento e à evolução. Você reconhece que é natural cometer erros e que cada desafio é uma oportunidade para aprender e crescer.

Ao adotar a autoaceitação, você desarma as armadilhas da autocrítica e da negatividade interna que podem agravar a depressão. Começa a enxergar-se como uma obra em andamento, digna de compaixão e cuidado. Isso não somente contribui para um ambiente mental mais saudável, mas também serve como uma base sólida para a construção de uma autoestima duradoura.

Humanidade compartilhada

Reconhecer a humanidade compartilhada é um passo crucial na busca pela autocompaixão. Significa internalizar que a dor e o sofrimento fazem parte da experiência humana, e que você não está sozinho em suas lutas. Muitos, em algum momento, enfrentam desafios semelhantes e compartilham batalhas internas comparáveis.

Esse entendimento traz consigo um profundo senso de conexão. Ao reconhecer que outras pessoas também experimentam sofrimento, você se afasta do isolamento que a depressão frequentemente impõe. Você percebe que não é único em sua jornada e que não precisa carregar o fardo sozinho. Essa compreensão nutre um sentimento de empatia não apenas por si mesmo, mas também pelos outros, criando um senso de comunidade emocional.

Atenção plena

A prática da atenção plena, também conhecida como *mindfulness*, desempenha um papel crucial na autocompaixão. Envolve a arte de viver plenamente no momento presente, afastando-se das correntes da negatividade que frequentemente estão ancoradas no passado ou projetadas no futuro. A atenção plena oferece uma permissão para experimentar cada momento sem julgamentos críticos.

Ao cultivar a atenção plena, você aprende a interromper os padrões de pensamentos negativos que frequentemente perpetuam a depressão. Isso ocorre porque você está treinando sua mente para reconhecer e soltar pensamentos negativos à medida que eles surgem. Ao invés de ser levado por uma espiral de pensamentos autodestrutivos, você se torna capaz de observar esses pensamentos sem se identificar com eles. Isso lhe dá a liberdade de escolher conscientemente como reagir.

A atenção plena é uma ferramenta poderosa para interromper o ciclo de pensamentos negativos que podem agravar a depressão. Ela permite que você se envolva com o momento presente com maior clareza e objetividade. Ao praticar a atenção plena, você está abrindo espaço para a autocompaixão florescer, dando a si mesmo a oportunidade de se tratar com bondade e respeito, independentemente das circunstâncias.

A autocompaixão não é uma desculpa para a complacência ou a estagnação. Pelo contrário, é um chamado para cuidar de si mesmo de maneira saudável e construtiva. Envolve abraçar suas fraquezas e inseguranças com compaixão, enquanto continua a se esforçar por crescimento e progresso. Trata-se de trazer um senso de bondade e amor-próprio à sua jornada, nutrindo-se com o mesmo tipo de cuidado que você prontamente ofereceria a alguém que valoriza.

Ao praticar a autocompaixão, você está construindo um alicerce sólido para enfrentar a depressão. Está redefinindo a maneira como você se relaciona consigo mesmo, promovendo a cura emocional e a autoestima. Lembre-se de que essa prática não é uma caminhada de um único dia, mas sim um hábito que cresce com o tempo. À medida que você nutre a autocompaixão, descobrirá que ela se torna um farol de luz nas sombras da depressão, guiando-o rumo a uma relação mais saudável e amorosa consigo mesmo.

Neste capítulo, você iniciou um processo de profundo autoconhecimento. Reconheceu a depressão, explorou suas emoções e padrões negativos, e começou a praticar a autocompaixão. Esses passos são fundamentais para a sua experiência rumo à recuperação. Continue a trilhar esse caminho com coragem e confiança, pois a autodescoberta é a chave para desvendar a verdadeira força que existe dentro de você. Conscientize-se de que a aceitação e o autoconhecimento são as bases sobre as quais construirá um futuro mais brilhante e repleto de esperança.

3
CONSTRUINDO UMA MENTALIDADE POSITIVA

A mente positiva não nega a existência dos desafios, mas escolhe enfrentá-los com esperança e resiliência.

A construção de uma mentalidade positiva é uma ferramenta vital na jornada de superação da depressão. Neste capítulo, exploraremos estratégias e práticas que o ajudarão a transformar padrões de pensamento negativo, criar afirmações poderosas e compreender os benefícios de uma mentalidade otimista. Através dessas técnicas, você pode cultivar uma visão mais brilhante de si mesmo e do mundo, fortalecendo sua resiliência emocional e abrindo caminho para a cura.

Transformando padrões de pensamento negativo: Desafiando distorções cognitivas

Os pensamentos negativos podem se enraizar rapidamente na mente, alimentando a tristeza e a desesperança que caracterizam a depressão. Muitas vezes, esses pensamentos são moldados por distorções cognitivas, que são padrões distorcidos de processamento de informações que afetam nossa interpretação da realidade. Reconhecer e desafiar essas distorções é o ponto de partida para construir uma mentalidade mais positiva e saudável.

Leitura da mente

A leitura da mente é um padrão de pensamento no qual presumimos que sabemos o que outras pessoas estão pensando, frequentemente de maneira negativa. Essa tendência pode surgir devido à nossa própria insegurança e ansiedade, levando-nos a interpretar os comportamentos e palavras dos outros de maneira distorcida. No entanto, a verdade é que a mente humana é incrivelmente complexa e nossas suposições podem ser imprecisas.

Quando nos permitimos acreditar que sabemos o que os outros estão pensando sem evidências claras, corremos o risco de criar mal-entendidos e conflitos desnecessários. Em vez de ceder a essa armadilha cognitiva, é importante buscar a comunicação clara e aberta. Se você se encontrar presumindo intenções negativas, faça um esforço para conversar diretamente com a pessoa envolvida. Pergunte sobre seus pensamentos e sentimentos, e esteja disposto a ouvir suas perspectivas.

Lembre-se de que, assim como você, os outros também têm suas próprias preocupações, inseguranças e pensamentos complexos. A prática da empatia e da comunicação eficaz pode ajudar a dissipar os mal-entendidos e construir relacionamentos mais saudáveis e significativos.

Catastrofização

A catastrofização é um padrão de pensamento onde tendemos a exagerar problemas e antecipar o pior cenário possível. Isso pode levar a uma amplificação do estresse e da ansiedade, agravando os sentimentos de desesperança. Reconhecer que as situações podem ser gerenciadas e que nem tudo é tão terrível quanto parece é crucial para cultivar uma mentalidade mais positiva.

Ao se deparar com um evento desafiador, faça um esforço consciente para avaliar objetivamente a probabilidade real de um resultado negativo extremo ocorrer. Pergunte a si mesmo se suas preocupações estão fundamentadas em fatos concretos ou se estão sendo ampliadas por sua mente. Muitas vezes, nossa imaginação exagera os cenários negativos, e ao trazer um pouco de racionalidade para o processo de pensamento, você pode reduzir a intensidade da ansiedade.

Praticar a calma e a resiliência diante dos desafios também é fundamental para enfrentar a tendência à catastrofização. Ao desenvolver a habilidade de manter a serenidade sob pressão, você estará mais bem equipado para lidar com os desafios sem cair na espiral de pensamentos negativos e exagerados.

Pensamento preto e branco

O pensamento preto e branco é uma armadilha cognitiva na qual vemos as coisas de forma extremamente binária, como totalmente boas ou totalmente ruins, sem reconhecer os tons de cinza e as nuances entre esses extremos. Esse padrão de pensamento simplista pode levar a interpretações distorcidas da realidade e ampliar a negatividade.

A vida é cheia de complexidades e sutilezas, e muitas situações não podem ser facilmente categorizadas como "tudo ou nada". Para cultivar uma mentalidade mais positiva, é importante treinar-se para reconhecer os tons intermediários e os aspectos positivos em todas as situações. Ao se deparar com um evento, considere as diferentes dimensões e nuances envolvidas. Tenha em mente que a maioria das situações não é puramente boa ou ruim, mas uma mistura de ambos, e é nessa área intermediária que muitas vezes encontramos oportunidades de crescimento e aprendizado.

Filtragem mental

A filtragem mental é um padrão de pensamento no qual nos concentramos exclusivamente nos aspectos negativos de uma situação, ignorando qualquer elemento positivo que possa estar presente. Esse hábito pode reforçar a negatividade e a sensação de desesperança. Para construir uma mentalidade mais positiva, é fundamental desafiar-se a ver o quadro completo.

Ao enfrentar uma situação desafiadora, faça um esforço consciente para identificar qualquer elemento positivo, mesmo que seja pequeno. Pode ser uma lição aprendida, uma oportunidade de crescimento ou um momento de conexão com alguém. Reconhecer esses elementos positivos ajuda a equilibrar sua perspectiva e a evitar que você caia na armadilha de focar apenas no negativo.

Lembre-se de que não é necessário negar a existência de desafios ou dificuldades. Em vez disso, trata-se de desenvolver uma visão mais equilibrada que leve em consideração tanto os aspectos positivos quanto os negativos de uma situação. Esse ajuste na perspectiva pode contribuir para uma mentalidade mais otimista e resiliente.

Generalização

A generalização é um padrão de pensamento no qual tiramos conclusões amplas com base em uma única experiência negativa. Isso pode levar a uma visão distorcida da realidade e limitar nossa capacidade de ver a individualidade de cada situação. Cultivar uma mentalidade positiva envolve reconhecer a unicidade de cada experiência.

Ao se deparar com uma experiência negativa, evite tirar conclusões precipitadas ou aplicar essa experiência a todas as áreas de sua vida. Cada situação é influenciada por uma variedade de fatores e merece ser avaliada individualmente. Pratique a análise crítica e questione se a experiência em questão é representativa de um padrão mais amplo ou se é uma situação única.

Desenvolver essa habilidade de avaliação cuidadosa ajuda a evitar que você caia na armadilha de ver tudo através de uma lente negativa. Ao reconhecer a singularidade de cada experiência, você estará mais bem equipado para abordar desafios com uma mente aberta e receptiva.

Personalização

A personalização é um padrão de pensamento no qual atribuímos a nós mesmos a responsabilidade por eventos externos que estão além do nosso controle. Isso pode resultar em culpa injustificada e aumentar os sentimentos de inadequação. Cultivar uma mentalidade positiva requer a habilidade de discernir entre o que você pode e não pode controlar.

Ao se deparar com um evento externo negativo, faça uma pausa para avaliar se você realmente teve um papel significativo na situação. Conscientize-se de que nem tudo é sua culpa e que muitos fatores estão fora de seu controle direto. Pratique a autocompaixão, permitindo-se reconhecer quando está assumindo responsabilidade excessiva e lembrando-se de que você é apenas um indivíduo em um mundo complexo.

Aprender a diferenciar entre o que você pode influenciar e o que está além de sua esfera de controle é uma parte fundamental de desenvolver uma mentalidade positiva e saudável. Isso permite que você redirecione sua energia para áreas onde pode fazer a diferença, ao mesmo tempo em que libera a carga injusta de assumir a responsabilidade por tudo.

Desafiar essas distorções cognitivas é um processo que requer constante autoconsciência e prática. Quando se deparar com um pensamento negativo, dê um passo atrás e examine-o criticamente. Questione a validade desses padrões distorcidos e procure evidências objetivas que apoiem ou refutem esses pensamentos. Ao longo do tempo, essa prática permitirá que você mude sua abordagem aos desafios, fortalecendo sua capacidade de ver as coisas de forma mais equilibrada e realista.

Criando afirmações poderosas: Moldando crenças positivas sobre si mesmo e o mundo

As afirmações são declarações positivas que você pode usar para reprogramar sua mente e moldar crenças mais positivas sobre si mesmo e o mundo ao seu redor. Elas funcionam como uma ferramenta poderosa para combater os pensamentos negativos automáticos. Ao repetir afirmações regularmente, você está treinando sua mente para internalizar essas crenças positivas.

Seja específico

Quando se trata de criar afirmações, a especificidade e a relevância são fundamentais para direcionar sua mentalidade positiva na direção certa. Em vez de recorrer a afirmações genéricas, como "Eu sou bom o suficiente", é altamente benéfico desenvolver afirmações que sejam direcionadas e alinhadas com suas metas e desafios específicos. A razão para isso é simples: afirmações genéricas podem não ter o impacto desejado, pois não estão diretamente ligadas aos aspectos da sua vida que você deseja transformar.

Ao criar afirmações específicas e detalhadas, você está dando à sua mente um roteiro claro do que deseja alcançar e como deseja crescer. Por exemplo, se você está trabalhando para avançar em sua carreira, a afirmação "Estou progredindo em minha carreira de forma constante e confiante, reconhecendo minhas habilidades e conquistando novas oportunidades a cada passo" é muito mais eficaz do que uma afirmação genérica sobre autoestima.

A especificidade também permite que você visualize o processo e os resultados desejados de maneira mais clara. Quando você se compromete com afirmações específicas, está criando uma base sólida para seus esforços e intenções. Isso não apenas ajuda a impulsionar sua mentalidade positiva, mas também direciona suas ações no dia a dia. Você se torna mais consciente das escolhas que faz e das oportunidades que podem alinhar-se com suas afirmações.

Além disso, afirmações específicas permitem que você acompanhe seu progresso de maneira mais tangível. Você pode medir seu crescimento com base nas metas delineadas nas afirmações. Isso gera um senso de realização à medida que você vê suas afirmações se transformando em realidade, o que, por sua vez, reforça ainda mais sua mentalidade positiva.

Presente e positivo

Quando se trata de criar afirmações poderosas, a maneira como você as formula é crucial para sua eficácia. Duas características importantes a considerar são a expressão no tempo presente e a positividade das afirmações. Esses elementos não apenas moldam sua mentalidade, mas também influenciam diretamente como sua mente interpreta e responde a essas afirmações.

Expressão no tempo presente: Ao formular afirmações no tempo presente, você está enviando uma mensagem direta à sua mente de que essas crenças positivas já são uma parte integrante de sua realidade. Isso é vital porque sua mente é mais receptiva a informações que são apresentadas como fatos atuais. Em vez de dizer "Eu vou superar minhas dificuldades", você afirma: "Estou enfrentando meus desafios de maneira resiliente e construtiva, encontrando soluções e crescendo a cada passo". Essa mudança de tempo verbal cria uma sensação de certeza e confiança, direcionando sua mentalidade para um estado em que as crenças positivas estão em ação no momento presente.

Positividade nas afirmações: A positividade das afirmações é igualmente significativa. Quando você formula afirmações de maneira positiva, está concentrando sua atenção no que deseja alcançar, em vez de nos obstáculos que deseja evitar. As afirmações positivas direcionam sua mente para soluções, crescimento e sucesso. Eles substituem as narrativas negativas que podem estar presentes em sua mente por histórias de progresso e realizações. Essas afirmações não apenas influenciam sua mentalidade, mas também impactam sua motivação, ações e resultados.

Para ilustrar, pense na diferença entre dizer "Eu não vou mais me sentir inseguro" e afirmar "Estou cultivando uma confiança interior sólida e acreditando em minhas capacidades". A segunda afirmação é positiva, direta e no tempo presente. Ela coloca você em um estado mental onde a confiança já está se desenvolvendo, enquanto a primeira afirmação ainda focaliza na insegurança.

Acredite nas afirmações

Quando se trata de criar e usar afirmações poderosas, a crença é a chave para o sucesso. Escolher afirmações que ressoem profundamente com você é fundamental para que elas tenham um impacto positivo em sua mentalidade. Essa crença é um dos pilares que sustentam o poder das afirmações em influenciar suas crenças e comportamentos.

Comece com crenças genuínas: Ao escolher afirmações, é crucial que você inicie com declarações que você possa realmente acreditar. Começar com afirmações que se alinham com a sua realidade atual e que você percebe como realistas é um passo essencial. Essas afirmações servem como base sólida para construir sua confiança e para internalizar gradualmente crenças positivas sobre si mesmo e suas possibilidades.

Por exemplo, se você está trabalhando em construir autoconfiança, em vez de começar com uma afirmação muito ampla como "Eu sou totalmente confiante em todas as situações", comece com algo mais específico e alcançável, como "Estou me tornando mais confiante a cada dia e estou aberto a novas experiências".

Crescimento gradual e autenticidade: À medida que você experimenta sucessos e progresso em sua jornada de crescimento pessoal, pode expandir o escopo de suas afirmações para incluir metas mais ousadas. No entanto, é importante garantir que essas afirmações ainda sejam autênticas e realistas para você. Não há necessidade de se apressar em afirmações que você não acredita profundamente, pois isso pode minar a eficácia da prática.

Lembre-se de que as afirmações são como sementes plantadas em sua mente. O processo de regá-las constantemente por meio da repetição e da crença genuína é o que permite que elas cresçam e floresçam. Assim como uma planta precisa de tempo para enraizar e crescer, suas afirmações precisam de consistência e dedicação para moldar gradualmente seus padrões de pensamento e percepção do mundo.

Acreditar nas afirmações não é apenas um ato de repetir palavras; é um ato de cultivar uma nova mentalidade. É o ato de escolher conscientemente direcionar sua atenção para crenças que o capacitam e o motivam. Com a prática e o tempo, essas afirmações podem se tornar uma parte autêntica de como você enxerga a si mesmo e o mundo, promovendo uma mentalidade positiva e transformadora.

Repita regularmente

Integrar as afirmações em sua rotina diária por meio da repetição regular é um elemento fundamental para que elas tenham um impacto duradouro em sua mentalidade. A repetição constante é como regar uma planta - ela nutre e fortalece suas crenças positivas, permitindo que elas cresçam e se enraízem em sua mente.

Crie um hábito diário: Assim como qualquer outra habilidade que se deseja desenvolver, a prática consistente é a chave para o sucesso. Reserve um momento específico em sua rotina diária para repetir suas afirmações. Muitas pessoas acham útil incorporar essa prática logo pela manhã, ao acordar, ou à noite, antes de dormir, quando a mente está mais receptiva.

Ao criar um hábito diário de repetir suas afirmações, você está enviando um sinal claro ao seu cérebro de que essas crenças são importantes e merecem sua atenção. Com o tempo, essa prática se tornará uma parte natural de sua rotina, assim como escovar os dentes ou fazer exercícios.

Internalização gradual: A repetição constante das afirmações ajuda a internalizar essas crenças positivas em sua mente. No início, pode parecer que você está apenas repetindo palavras, mas com o tempo, essas palavras começam a ganhar significado e força. Quanto mais você repete uma afirmação, mais ela se torna parte de sua narrativa interna.

À medida que suas afirmações se tornam mais arraigadas, elas começam a competir com os padrões de pensamento negativo que costumavam dominar sua mente. Essa substituição gradual dos padrões negativos pelos positivos é um processo poderoso que pode impactar positivamente sua perspectiva, emoções e ações.

Consistência é a chave: A chave para colher os benefícios das afirmações está na consistência. Não espere resultados instantâneos; em vez disso, cultive a paciência e continue repetindo suas afirmações regularmente. Assim como você não espera que uma planta cresça da noite para o dia, entenda que a mudança em sua mentalidade também requer tempo e dedicação.

À medida que você repete suas afirmações ao longo do tempo, você está construindo uma base sólida de crenças positivas que podem impactar profundamente sua autoimagem, confiança e perspectiva geral. Tenha em mente que o poder das afirmações reside na repetição constante e na crença genuína no que você está afirmando. Com paciência e prática, você estará fortalecendo gradualmente uma mentalidade mais positiva e saudável.

Visualize

Adicionar uma dimensão visual às suas afirmações pode intensificar significativamente seu impacto. A visualização é uma técnica poderosa que permite que você mergulhe profundamente na experiência que suas afirmações descrevem, tornando-as mais vívidas e realistas em sua mente. Ao combinar palavras com imagens mentais, você está criando uma conexão mais profunda entre suas crenças positivas e sua experiência pessoal.

Criando um cenário mental: Enquanto repete suas afirmações, feche os olhos e permita-se criar um cenário mental que ilustre a afirmação em ação. Por exemplo, se sua afirmação é "Estou enfrentando meus desafios de maneira resiliente e construtiva", imagine-se diante de um desafio, sentindo-se confiante e determinado. Visualize a situação se desenrolando de maneira positiva, com você encontrando soluções e superando obstáculos.

Detalhes e sensações: Ao visualizar, concentre-se nos detalhes. Imagine as cores, os rostos das pessoas envolvidas, os sons ao seu redor e até mesmo as sensações físicas. Quanto mais vívida for sua visualização, mais profundamente ela se conectará com sua mente subconsciente. Sinta as emoções que acompanham a realização da afirmação - a alegria, a confiança, a satisfação.

Tornando as afirmações tangíveis: A visualização torna as afirmações mais tangíveis e concretas. Ao incorporar elementos visuais e sensoriais, você está dando vida às palavras. Isso pode tornar a experiência das afirmações mais emocionante e motivadora. À medida que você visualiza, está ativando áreas do cérebro relacionadas à imaginação e à emoção, o que reforça ainda mais a conexão entre as crenças positivas e suas experiências internas.

Um exercício poderoso de autossugestão: A combinação de afirmações e visualização é uma forma de autossugestão, onde você está treinando sua mente para aceitar e internalizar crenças positivas. A mente subconsciente não diferencia entre realidade e imaginação vívida, o que significa que a visualização pode influenciar positivamente sua percepção de si mesmo e do mundo ao seu redor.

Prática e consistência: Assim como com a repetição das afirmações, a visualização também requer prática e consistência. Quanto mais você se engaja nesse exercício, mais natural e poderosa se torna sua visualização. Com o tempo, a visualização pode se tornar uma ferramenta que você pode usar não apenas ao repetir suas afirmações, mas também em outras áreas da sua vida para fortalecer sua mentalidade positiva e impulsionar seu crescimento pessoal.

Adapte-se

A prática de criar e repetir afirmações não é estática; ela evolui junto com você. À medida que você cresce, aprende e enfrenta novas experiências, suas afirmações também podem mudar para refletir suas circunstâncias e objetivos atuais. A adaptabilidade das afirmações é essencial para garantir que elas continuem sendo relevantes e impactantes em sua jornada de crescimento pessoal.

A Importância da atualização: Quando você alcança metas ou supera desafios, pode ser uma oportunidade para atualizar suas afirmações. Isso reflete sua progressão e ajuda a manter suas crenças alinhadas com suas realizações. Por exemplo, se sua afirmação anterior era "Estou trabalhando para construir autoconfiança", após conquistar essa autoconfiança, você poderia ajustá-la para "Estou confiante e seguro de mim mesmo em todas as situações".

Adaptando-se a novos desafios: Da mesma forma, quando você se depara com novos desafios, suas afirmações podem ser ajustadas para enfrentá-los. Se você estiver entrando em uma nova fase da sua vida, como um novo emprego ou um relacionamento, suas afirmações podem incluir elementos relevantes a essa nova etapa. Isso não apenas reforça sua mentalidade positiva, mas também fornece apoio emocional durante transições importantes.

Revisando e refletindo: A revisão regular das suas afirmações é uma oportunidade para refletir sobre seu progresso e alinhar suas crenças com suas experiências atuais. À medida que você revisa suas afirmações, considere se elas ainda ressoam com você e se estão de acordo com suas metas e valores atuais. Essa revisão também pode ajudar a identificar áreas em que você deseja mais crescimento e foco.

Flexibilidade e crescimento contínuo: A adaptabilidade das afirmações reflete sua flexibilidade e abertura ao crescimento contínuo. É um lembrete de que você está em constante evolução e que suas crenças podem se expandir para abraçar novas realizações e experiências. Não tenha medo de ajustar suas afirmações conforme necessário; isso mostra que você está comprometido com seu desenvolvimento pessoal e está disposto a abraçar novos desafios com uma mentalidade positiva e adaptável.

As afirmações não são apenas palavras vazias; são declarações poderosas que podem influenciar positivamente sua autoimagem e perspectiva. Ao repeti-las regularmente, você está gradualmente moldando sua mentalidade para abraçar a positividade e afastar-se dos padrões de pensamento negativo.

A força do pensamento positivo: Explorando os benefícios de uma mentalidade otimista

Uma mentalidade positiva não é apenas uma atitude, mas sim um modo de vida que pode ter impactos profundos em sua saúde mental e emocional. Adotar uma mentalidade otimista pode trazer uma série de benefícios para sua jornada de recuperação da depressão:

Resiliência

A resiliência é uma qualidade vital que nos permite enfrentar e superar as adversidades da vida com confiança e determinação. Ter uma mentalidade positiva desempenha um papel fundamental no cultivo dessa resiliência. Quando você adota uma abordagem otimista diante dos desafios, está fortalecendo sua capacidade de lidar com as dificuldades de maneira eficaz. São maneiras como uma mentalidade positiva nutre sua resiliência:

Mudança de perspectiva: Uma mentalidade positiva muda a forma como você vê os desafios. Em vez de enxergá-los como obstáculos insuperáveis, você os vê como oportunidades para crescimento e aprendizado. Isso muda a dinâmica emocional, permitindo que você enfrente as dificuldades com menos medo e ansiedade.

Adoção de estratégias construtivas: Ao encarar os desafios com otimismo, você é mais propenso a adotar estratégias construtivas para lidar com eles. Em vez de se sentir derrotado, você procura soluções e maneiras de superar os obstáculos. Isso pode incluir a busca de apoio, a definição de metas claras ou a quebra dos desafios em etapas gerenciáveis.

Resistência a desistir: Uma mentalidade positiva também fortalece sua determinação e resistência. Você está mais propenso a persistir mesmo diante das dificuldades. A crença de que é capaz de superar os obstáculos lhe dá a motivação necessária para continuar tentando, mesmo quando as coisas parecem difíceis.

Crescimento pessoal: Enfrentar os desafios com otimismo muitas vezes leva a um crescimento pessoal significativo. As experiências difíceis podem se transformar em lições valiosas e oportunidades de autodescoberta. À medida que você supera os desafios, sua autoconfiança e autoestima também aumentam.

Lidando com a incerteza: A resiliência é especialmente importante quando se trata de lidar com a incerteza. Uma mentalidade positiva permite que você se adapte às mudanças e desafios inesperados com mais facilidade. Você está mais disposto a aceitar que a vida é cheia de altos e baixos e que você tem a capacidade de navegar por eles.

Em última análise, a resiliência não significa que você nunca terá dificuldades, mas sim que você tem as ferramentas e a mentalidade necessárias para enfrentá-las. A mentalidade positiva é como um escudo emocional que o protege e o capacita a enfrentar as adversidades com mais confiança, coragem e determinação. Ao cultivar uma mentalidade otimista, você está investindo em seu próprio bem-estar emocional e construindo uma base sólida para uma vida mais resiliente e gratificante.

Redução do estresse

O estresse e a ansiedade são reações naturais do corpo a situações desafiadoras, mas quando essas emoções se tornam crônicas, podem prejudicar significativamente a saúde mental e emocional. Uma mentalidade otimista desempenha um papel importante na redução do estresse, permitindo que você aborde as situações com mais equilíbrio e resiliência. São formas como a mentalidade otimista contribui para a redução do estresse:

Foco em soluções: Uma mentalidade otimista direciona sua atenção para soluções e possibilidades, em vez de ficar preso na ruminação de problemas. Quando você está focado em encontrar maneiras de resolver um desafio, você naturalmente diminui a tendência de se preocupar excessivamente com as questões negativas. Isso ajuda a reduzir a ansiedade e a sensação de estar sobrecarregado.

Desapego do perfeccionismo: O pensamento negativo muitas vezes está ligado a padrões rígidos de perfeccionismo. Uma mentalidade otimista permite que você se desapegue dessas expectativas irrealistas e aceite que a vida está repleta de imperfeições. Isso ajuda a aliviar a pressão sobre si mesmo e a reduzir o estresse causado pela busca constante da perfeição.

Maior resiliência emocional: Ao adotar uma mentalidade otimista, você está construindo sua resiliência emocional. Isso significa que você está melhor equipado para lidar com as emoções negativas que surgem em resposta ao estresse. Em vez de ser sobrecarregado pela ansiedade, você desenvolve a capacidade de lidar com as emoções de maneira saudável e construtiva.

Foco no presente: A mentalidade otimista muitas vezes encoraja o foco no presente momento. Isso significa que você está menos propenso a se preocupar com o passado ou o futuro, que são fontes comuns de estresse. Ao estar presente no momento atual, você reduz a ansiedade que surge da preocupação com eventos passados ou futuros.

Melhoria na saúde emocional: Ao reduzir o estresse e a ansiedade, uma mentalidade otimista contribui para uma saúde emocional mais equilibrada. Pensamentos positivos liberam neurotransmissores e endorfinas que promovem sentimentos de bem-estar e relaxamento. Isso cria um ciclo positivo em que a mentalidade otimista contribui para a saúde emocional, que por sua vez reforça a mentalidade positiva.

A redução do estresse por meio de uma mentalidade otimista não significa que você nunca enfrentará situações desafiadoras. Em vez disso, você está desenvolvendo ferramentas mentais e emocionais para lidar com essas situações de maneira mais eficaz e saudável. Cultivar a positividade não é apenas benéfico para a saúde mental, mas também é um investimento na qualidade geral de vida, permitindo que você navegue pelas dificuldades com mais calma e confiança.

Autoconfiança

A autoconfiança é a base sobre a qual construímos nossas conquistas e enfrentamos os desafios da vida. Uma mentalidade positiva tem um impacto significativo na promoção da autoconfiança, pois ela molda a maneira como percebemos a nós mesmos e nossas capacidades. Maneiras como o pensamento positivo alimenta a autoconfiança:

Crença nas próprias habilidades: O pensamento positivo ajuda a criar uma crença sólida em suas próprias habilidades. À medida que você pratica uma mentalidade otimista, você começa a internalizar a ideia de que é capaz de enfrentar desafios e superar obstáculos. Essa crença se traduz em uma maior confiança em suas habilidades, o que por sua vez fortalece sua autoconfiança.

Enfrentamento de desafios: Quando você enfrenta desafios com uma mentalidade positiva, está cultivando a capacidade de enfrentá-los de maneira resiliente e determinada. À medida que você experimenta sucessos ao superar desafios, sua autoconfiança aumenta. Cada vitória reforça a ideia de que você tem o que é preciso para lidar com situações difíceis.

Aceitação de erros: Uma mentalidade positiva também está ligada à aceitação de erros como oportunidades de aprendizado. Em vez de ver os erros como fracassos definitivos, você os enxerga como parte natural do processo de crescimento. Essa abordagem mais benevolente em relação aos erros contribui para a construção da autoconfiança, pois você não se vê abalado por contratempos.

Autoimagem positiva: O pensamento positivo também influencia a maneira como você se enxerga. Uma mentalidade otimista ajuda a construir uma autoimagem mais positiva, onde você reconhece suas qualidades e realizações. Esse senso de autoestima é um componente vital da autoconfiança, pois você se sente digno e capaz.

Determinação e persistência: Uma mentalidade positiva alimenta a determinação e a persistência. Quando você aborda os desafios com otimismo, está mais inclinado a persistir mesmo quando as coisas ficam difíceis. Essa persistência constante, alimentada pelo pensamento positivo, fortalece sua autoconfiança, pois você prova a si mesmo que pode superar dificuldades.

Impacto nos relacionamentos: A autoconfiança influencia seus relacionamentos com os outros. Quando você projeta confiança em si mesmo, os outros tendem a respondê-lo de maneira mais positiva, o que cria um ciclo de retroalimentação positiva. Relações mais saudáveis e interações positivas contribuem para reforçar sua autoconfiança.

A autoconfiança não é um traço estático, mas sim uma qualidade que pode ser cultivada e fortalecida ao longo do tempo. O pensamento positivo desempenha um papel fundamental nesse processo, proporcionando a mentalidade e as crenças necessárias para construir uma autoconfiança sólida. Ao adotar uma visão positiva de si mesmo e de suas capacidades, você está pavimentando o caminho para enfrentar desafios de maneira confiante e alcançar seus objetivos com determinação.

Relacionamentos mais saudáveis

Uma mentalidade otimista não é apenas benéfica para o seu bem-estar individual, mas também exerce um impacto positivo significativo em seus relacionamentos interpessoais. Ao adotar uma visão positiva do mundo e das pessoas ao seu redor, você está criando uma base sólida para construir e manter relacionamentos mais saudáveis e gratificantes. Formas como a mentalidade otimista influencia positivamente seus relacionamentos:

Compreensão e empatia: Uma mentalidade otimista geralmente está associada à disposição de dar às pessoas o benefício da dúvida. Você está mais propenso a interpretar as ações e palavras dos outros de maneira positiva, em vez de assumir intenções negativas. Isso resulta em maior compreensão e empatia, permitindo que você se coloque no lugar dos outros e entenda suas perspectivas.

Comunicação construtiva: Ao adotar uma visão otimista, você está mais inclinado a se comunicar de maneira construtiva e positiva. Isso cria um ambiente de diálogo saudável e aberto, onde as discussões são mais propensas a serem produtivas em vez de conflituosas. Sua mentalidade positiva também inspira os outros a se comunicarem de maneira semelhante, promovendo um ciclo positivo de interações.

Cultivo de relações positivas: Uma mentalidade otimista contribui para o cultivo de relações mais positivas. Você é mais propenso a procurar o bem nos outros e a valorizar seus pontos fortes. Isso ajuda a criar relacionamentos baseados na apreciação mútua, confiança e respeito.

Relações positivas, por sua vez, enriquecem sua vida emocional e contribuem para um senso de pertencimento.

Influência na percepção: Sua mentalidade positiva também influencia a percepção que os outros têm de você. Pessoas com uma visão otimista tendem a ser vistas como agradáveis, inspiradoras e motivadoras. Isso pode atrair pessoas que compartilham valores semelhantes e que buscam interações positivas, o que contribui para a formação de relacionamentos mais saudáveis.

Atenuação de conflitos: Uma mentalidade otimista contribui para a atenuação de conflitos. Quando você encara os conflitos com a intenção de encontrar soluções e com uma abordagem positiva, cria um ambiente onde as divergências podem ser resolvidas de maneira mais pacífica e construtiva. Isso evita escaladas desnecessárias e mantém a harmonia nos relacionamentos.

Inspirando mudanças positivas: Sua mentalidade otimista também pode inspirar os outros a adotarem uma perspectiva mais positiva. Ao demonstrar como a mentalidade otimista pode levar a uma vida mais gratificante e relacionamentos mais saudáveis, você pode influenciar positivamente aqueles ao seu redor, criando um ciclo de positividade e crescimento mútuo.

Ao adotar uma mentalidade otimista, você não apenas melhora sua própria vida, mas também contribui para a criação de um ambiente social mais saudável e enriquecedor. Seus relacionamentos se beneficiarão da sua abordagem positiva, permitindo que você construa laços mais profundos, significativos e fortalecedores com as pessoas ao seu redor.

Saúde emocional

A relação entre o pensamento positivo e a saúde emocional é profunda e poderosa. O modo como você pensa e interpreta as situações ao seu redor pode ter um impacto direto em suas emoções e em como você se sente internamente. Formas como o pensamento positivo influencia e beneficia sua saúde emocional:

Liberação de neurotransmissores: O pensamento positivo tem a capacidade de estimular a liberação de neurotransmissores importantes, como as endorfinas e a serotonina. As endorfinas são conhecidas como "hormônios da felicidade" devido à sensação de euforia e bem-estar que elas induzem. A serotonina é essencial para regular o humor e promover um estado emocional equilibrado. Pensamentos otimistas desencadeiam a liberação desses neurotransmissores, proporcionando um impulso positivo às suas emoções.

Redução do estresse e ansiedade: O pensamento positivo também está ligado à redução do estresse e da ansiedade. Ao concentrar-se em soluções e possibilidades, você diminui a tendência de se preocupar excessivamente com os problemas. Isso libera você do ciclo de ruminação negativa, permitindo que você lide com as situações de forma mais calma e equilibrada. A atitude otimista também ajuda a reduzir a liberação de hormônios do estresse, contribuindo para um estado emocional mais tranquilo.

Fortalecimento do resiliência emocional: A resiliência emocional, a capacidade de lidar com adversidades e emergir delas mais forte, é fortalecida pelo pensamento positivo. Ao encarar os desafios com otimismo, você desenvolve estratégias para lidar com as dificuldades de maneira construtiva e confiante. Isso não apenas ajuda você a superar obstáculos, mas também contribui para uma sensação de empoderamento emocional.

Maior autoestima: O pensamento positivo alimenta uma autoimagem mais positiva e uma autoestima saudável. Quando você se concentra nos aspectos positivos de si mesmo e em suas conquistas, isso gera um senso de valor próprio e confiança em suas habilidades. Isso, por sua vez, contribui para uma saúde emocional sólida, pois você enfrenta os desafios com uma base emocional mais firme.

Melhoria nas relações interpessoais: Uma mentalidade otimista também influencia positivamente suas interações com os outros. Quando você se sente emocionalmente equilibrado e positivo, é mais provável que aborde os relacionamentos com abertura, empatia e compreensão. Isso cria um ambiente mais saudável para conexões significativas e relações positivas.

A saúde emocional é um aspecto vital do bem-estar global. Ao adotar uma mentalidade positiva, você está investindo em sua própria saúde emocional, permitindo que experimente uma gama mais ampla de emoções positivas, lidando de maneira mais eficaz com o estresse e encontrando um equilíbrio emocional mais estável.

Estimulação da criatividade

Uma das virtudes notáveis de adotar uma mentalidade otimista é o impulso que ela dá à criatividade. Quando você escolhe direcionar sua atenção para soluções, possibilidades e oportunidades, está criando um ambiente mental propício para o florescimento da criatividade. Maneiras pelas quais a mentalidade otimista estimula a criatividade:

Abertura para novas perspectivas: Uma mentalidade otimista tende a abrir sua mente para novas perspectivas e possibilidades. Ao se concentrar no potencial positivo de uma situação, você está mais propenso a explorar diferentes ângulos e considerar abordagens não convencionais. Isso cria um terreno fértil para o surgimento de novas ideias criativas.

Desafio de limitações percebidas: O pensamento positivo encoraja você a desafiar limitações percebidas. Ao invés de se concentrar nas barreiras que impedem o progresso, você se sente mais inclinado a questionar essas limitações e buscar maneiras de contorná-las. Isso pode levar a soluções inovadoras e criativas que de outra forma poderiam ser ignoradas.

Redução do medo do fracasso: A mentalidade otimista reduz o medo do fracasso. Quando você está otimista, vê os erros como oportunidades de aprendizado e crescimento, em vez de obstáculos intransponíveis. Isso cria um ambiente emocional seguro para experimentar novas ideias e soluções criativas, sem o peso do medo.

Foco na exploração e experimentação: O pensamento positivo incentiva a exploração e a experimentação. Quando você está confiante de que é capaz de encontrar soluções e superar desafios, se sente mais à vontade para testar ideias criativas, mesmo que elas não sejam convencionais. Essa disposição para experimentar pode levar a descobertas surpreendentes.

Combinação de elementos diversos: A mentalidade otimista muitas vezes envolve uma abordagem mais integradora e holística. Você está mais propenso a combinar diferentes elementos, ideias ou conceitos para criar soluções únicas e criativas. Essa habilidade de conectar pontos aparentemente desconexos é um traço característico da criatividade.

Resistência à estagnação mental: Uma mentalidade otimista combate a estagnação mental. O pensamento positivo mantém sua mente ativa e engajada, procurando constantemente maneiras de melhorar e crescer. Essa atitude mental dinâmica é fundamental para a criatividade, já que novas ideias muitas vezes surgem da vontade de evoluir.

Incentivo à curiosidade e exploração: O otimismo incentiva a curiosidade e a exploração. Quando você está otimista, está naturalmente inclinado a buscar respostas, aprender novas informações e expandir seu conhecimento. Essa busca contínua por novas informações alimenta a criatividade, ao trazer novos insights para suas ideias criativas.

A construção de uma mentalidade positiva é um passo vital na caminhada de superação da depressão. Desafiar distorções cognitivas, criar afirmações poderosas e cultivar pensamentos otimistas não apenas ajuda a mudar a forma como você percebe o mundo, mas também influencia a maneira como você se relaciona consigo mesmo. Lembre-se de que essa transformação não ocorre da noite para o dia; é um processo gradual que requer paciência, autocompaixão e comprometimento.

4

CULTIVANDO RELACIONAMENTOS SAUDÁVEIS

Caminhar lado a lado com os outros nos leva mais longe do que jamais iríamos sozinhos.

Relacionamentos saudáveis desempenham um papel crucial em nossa jornada de autodescoberta, recuperação e crescimento pessoal. Ter um círculo de apoio positivo pode fazer uma diferença significativa em nossa capacidade de enfrentar desafios, superar obstáculos e desenvolver uma mentalidade positiva. Neste capítulo, exploraremos o impacto do apoio social, a importância da comunicação eficaz e como construir um círculo de apoio que nutre e incentiva seu desenvolvimento.

O papel do apoio social: O poder dos relacionamentos positivos

O apoio social é como uma âncora emocional que nos mantém firmes durante tempos difíceis. Relacionamentos positivos têm o poder de nos elevar, fornecendo encorajamento, compreensão e validação. Eles também nos oferecem uma perspectiva externa que pode iluminar nossos desafios de maneiras que não seríamos capazes de ver sozinhos. São maneiras pelas quais relacionamentos saudáveis podem impactar positivamente sua caminhada:

Fonte de apoio emocional

Em momentos de dificuldade e desafio, amigos, familiares e entes queridos podem se transformar em uma fonte inestimável de apoio emocional. Essas conexões pessoais oferecem um espaço seguro onde você pode expressar seus sentimentos, preocupações e medos sem medo de julgamento. Aspectos importantes sobre a importância dessa fonte de apoio emocional:

Escuta empática: Amigos e familiares próximos muitas vezes são os primeiros a ouvir quando você precisa desabafar. Sua capacidade de ouvir com empatia e sem julgamento é essencial. Eles não apenas fornecem uma oportunidade para você expressar seus sentimentos, mas também validam sua experiência, mostrando que sua dor é reconhecida e compreendida.

Conselhos e perspectivas: Amigos e familiares podem oferecer conselhos úteis e perspectivas valiosas. Eles podem compartilhar suas próprias vivências semelhantes e oferecer insights sobre como enfrentaram desafios semelhantes. Essa troca de histórias e conselhos pode fornecer uma visão mais ampla e ajudar você a ver suas situações de maneira diferente.

Compartilhando experiências: A conexão com entes queridos que já passaram por situações semelhantes pode trazer um senso de alívio e validação. Saber que outras pessoas superaram desafios semelhantes e encontraram esperança e recuperação pode aumentar sua motivação e otimismo.

Redução do isolamento: A depressão muitas vezes é acompanhada por sentimentos de isolamento e solidão. No entanto, ter uma rede de apoio emocional ajuda a combater esses sentimentos, lembrando-o de que você não está sozinho em suas lutas. Essas conexões mostram que outras pessoas se importam e estão dispostas a estar ao seu lado durante sua jornada.

Compreensão sem julgamento: A beleza das conexões de apoio emocional está na compreensão sem julgamento. Amigos e familiares que se preocupam com você aceitam suas emoções e lutas sem criticar ou menosprezar. Isso cria um ambiente seguro onde você pode se abrir e compartilhar seus pensamentos mais íntimos.

Reforço do valor pessoal: Ao receber apoio emocional, você percebe seu próprio valor e importância. O amor e a atenção que essas conexões oferecem reforçam sua autoestima e autoestima, lembrando-o de que você é amado e valorizado, independentemente dos desafios que enfrenta.

Reciprocidade e fortalecimento das relações: Essas conexões não são apenas unidirecionais. Ao compartilhar suas lutas e sucessos, você também fortalece seus relacionamentos. A reciprocidade, onde você também oferece apoio emocional aos outros, pode criar vínculos mais profundos e genuínos.

A importância de buscar ajuda profissional: Embora amigos e familiares possam fornecer um apoio emocional significativo, é fundamental reconhecer que às vezes é necessário buscar ajuda profissional. Terapeutas, conselheiros e psicólogos têm as habilidades e o conhecimento necessários para oferecer suporte especializado, técnicas de enfrentamento e estratégias de recuperação.

O apoio emocional não é apenas sobre receber, mas também sobre dar. Manter essas relações significa cuidar de seus amigos e familiares da mesma maneira que eles cuidam de você. Quando há um fluxo mútuo de apoio emocional, você cria uma rede de segurança emocional que é inestimável em sua caminhada de autodescoberta e recuperação.

Estímulo à autoestima

Relacionamentos positivos não apenas oferecem apoio emocional, mas também podem desempenhar um papel fundamental no fortalecimento da sua autoestima. A maneira como os outros o veem e valorizam pode ter um impacto profundo na forma como você se percebe. Maneiras pelas quais relacionamentos positivos podem elevar sua autoestima:

Reconhecimento e validação: Quando amigos, familiares e entes queridos reconhecem suas qualidades, conquistas e esforços, isso valida suas contribuições e valor como indivíduo. Sentir que suas realizações são notadas e apreciadas ajuda a criar um senso de autovalorização.

Elogios e encorajamento: Relacionamentos positivos muitas vezes são marcados por elogios genuínos e encorajamento. Elogios sinceros não apenas aumentam sua autoestima, mas também reforçam a ideia de que suas habilidades e esforços são dignos de apreciação.

Modelos de inspiração: Amigos e familiares que demonstram confiança em você podem servir como modelos de inspiração. Acreditando em suas capacidades, eles o encorajam a acreditar em si mesmo, fomentando uma atitude positiva em relação às suas habilidades.

Aceitação incondicional: Relacionamentos positivos muitas vezes vêm com uma aceitação incondicional. Essas pessoas valorizam você pelo que é, independentemente de seus sucessos ou desafios. Essa aceitação contribui para um sentimento de pertencimento e autoaceitação.

Construção de confiabilidade: Quando os outros confiam em você para tarefas, responsabilidades ou compartilham suas próprias lutas, isso constrói uma sensação de autoeficácia. Você começa a ver a si mesmo como alguém confiável e capaz.

Respeito e respeito mútuo: Relacionamentos saudáveis são baseados em respeito mútuo. Ser tratado com respeito, consideração e carinho por aqueles ao seu redor reforça a noção de que você é uma pessoa valorizada.

Como nutrir relacionamentos que elevam sua autoestima: Cultivar relacionamentos que estimulam a autoestima requer um esforço contínuo. São maneiras de nutrir os relacionamentos:

Reconheça suas próprias conquistas: Comece reconhecendo suas próprias conquistas e qualidades. Quanto mais você valoriza a si mesmo, mais os outros também tendem a valorizá-lo.

Comunique suas necessidades: Comunique o tipo de apoio e encorajamento que você aprecia. As pessoas podem não saber como melhorar sua autoestima a menos que você compartilhe suas necessidades.

Afaste-se de relações tóxicas: Se você está em relacionamentos que minam sua autoestima, considere se afastar deles. Relações tóxicas podem ter um impacto prejudicial em sua imagem de si mesmo.

Crie uma rede de apoio: Construa um círculo de amigos e familiares que o apoiam e incentivam positivamente. Ter várias fontes de apoio ajuda a equilibrar e fortalecer sua autoestima.

A autoestima é algo que cresce com o tempo e a prática. Ao cercar-se de pessoas que valorizam você e suas qualidades, você está contribuindo para um ambiente que promove uma autoimagem positiva e saudável.

Modelagem de comportamentos positivos

A observação de relacionamentos saudáveis pode ser uma fonte valiosa de inspiração para adotar comportamentos positivos em sua própria vida. Quando você se cerca de pessoas que demonstram maneiras construtivas de lidar com desafios, se comunicar eficazmente e manter uma perspectiva otimista, você pode aprender valiosas lições para aplicar em suas próprias interações e na forma como enfrenta as dificuldades. Maneiras pelas quais a modelagem de comportamentos positivos pode beneficiá-lo:

Aprendizado por observação: Ao testemunhar como outras pessoas resolvem conflitos, expressam suas necessidades e demonstram empatia, você pode aprender estratégias práticas para melhorar seus próprios relacionamentos. A observação direta de comportamentos positivos pode ser uma maneira eficaz de internalizar esses padrões.

Lidando com desafios: Quando você observa como os outros enfrentam desafios com calma, resiliência e uma abordagem construtiva, pode adquirir insights sobre como lidar melhor com seus próprios obstáculos. Modelar a maneira como os outros superam adversidades pode inspirar você a enfrentar suas próprias lutas com uma mentalidade mais otimista.

Comunicação eficaz: Relacionamentos saudáveis geralmente são construídos em uma base sólida de comunicação eficaz. Ao observar como os outros se expressam de maneira clara, honesta e respeitosa, você pode aprender a melhorar suas próprias habilidades de comunicação e evitar mal-entendidos.

Resolução de conflitos: Ao testemunhar como as pessoas em relacionamentos positivos abordam conflitos de maneira construtiva, você pode adotar técnicas para resolver desentendimentos de forma saudável. Isso inclui ouvir ativamente, expressar suas opiniões de maneira respeitosa e buscar soluções que beneficiem ambas as partes.

Promovendo o bem-estar emocional: A modelagem de comportamentos positivos também pode influenciar positivamente seu bem-estar emocional. Quando você vê como os outros cultivam emoções positivas e lidam com as negativas de maneira saudável, você pode aplicar essas estratégias para melhorar sua própria saúde mental.

Lembrando que todos têm desafios: Ao observar relacionamentos positivos, é importante lembrar que todos enfrentam desafios em algum momento. Ninguém é perfeito, e até mesmo os relacionamentos mais saudáveis passam por altos e baixos. No entanto, aprender com as maneiras como os outros enfrentam esses desafios pode fornecer um guia valioso para sua própria jornada de crescimento pessoal.

A modelagem de comportamentos positivos requer uma mente aberta e a disposição de aprender com os exemplos ao seu redor. Ao estar atento às atitudes e ações que contribuem para relacionamentos saudáveis, você pode cultivar uma abordagem mais construtiva em suas próprias interações e na maneira como enfrenta os desafios da vida.

Redução do isolamento

Um dos aspectos mais desafiadores da depressão é a sensação de isolamento que muitas vezes a acompanha. A conexão humana é uma necessidade fundamental e, quando enfrentamos a depressão, tendemos a nos afastar dos outros, o que pode agravar ainda mais nossos sentimentos de solidão e desesperança. No entanto, cultivar relacionamentos saudáveis pode ter um impacto significativo na redução desse isolamento. Como relacionamentos positivos podem ajudar a combater a solidão:

Senso de pertencimento: Relacionamentos saudáveis proporcionam um senso de pertencimento e comunidade. Sentir-se parte de um grupo de apoio, seja composto por amigos, familiares ou outros entes queridos, pode aliviar a sensação de estar isolado e solitário. A conexão com os outros nos lembra de que não estamos sozinhos em nossas lutas e que existem pessoas que se importam conosco.

Compartilhamento de experiências: Ao compartilhar suas experiências com outras pessoas, você pode encontrar compreensão e empatia. Saber que outras pessoas também passaram por momentos difíceis pode validar seus sentimentos e fazer você se sentir menos isolado em suas lutas. A troca de histórias e a compreensão mútua podem criar laços poderosos de conexão.

Atividades sociais: Participar de atividades sociais com pessoas que valorizam seu bem-estar pode ajudar a romper o ciclo de isolamento. Participar de encontros, eventos ou grupos de apoio proporciona oportunidades para interações sociais significativas, ajudando a preencher seu tempo com experiências positivas.

Apoio emocional constante: Relacionamentos saudáveis fornecem um sistema de apoio emocional constante. Saber que você tem pessoas com quem pode contar quando se sente para baixo ou precisa de ajuda pode aliviar o fardo emocional da depressão. Ter alguém para conversar, desabafar e compartilhar suas preocupações pode ser extremamente reconfortante.

Incentivo a atividades sociais: Amigos e entes queridos que entendem sua jornada de recuperação podem incentivar e apoiar sua participação em atividades sociais, mesmo quando você não se sente motivado. A presença deles pode ser um incentivo para sair de casa, participar de eventos e buscar interações sociais, o que, por sua vez, ajuda a combater o isolamento.

Importância da abertura: Para colher os benefícios da redução do isolamento por meio de relacionamentos saudáveis, é fundamental ser aberto sobre sua condição de saúde mental. Compartilhar seus sentimentos e desafios com amigos e familiares pode abrir as portas para uma maior compreensão e apoio. Muitas vezes, as pessoas ao seu redor estão dispostas a ajudar, mas precisam saber como podem ser úteis.

Lembrando que você não está sozinho: A depressão frequentemente nos faz sentir isolados e desconectados dos outros. No entanto, a realidade é que existem pessoas dispostas a apoiá-lo e estar ao seu lado durante essa jornada. Cultivar relacionamentos saudáveis não apenas reduz o isolamento, mas também oferece um sistema de apoio que pode contribuir significativamente para sua recuperação e bem-estar emocional.

Conforto e suporte durante a adversidade

A jornada da vida está repleta de desafios e adversidades, e enfrentar esses momentos difíceis pode ser especialmente difícil quando se lida com a depressão. Ter um sistema de apoio sólido composto por relacionamentos positivos é uma ferramenta essencial para oferecer conforto e suporte durante esses momentos de dificuldade. Como os relacionamentos positivos podem oferecer consolo e ajuda quando você mais precisa:

Um lugar seguro para desabafar: Relacionamentos saudáveis oferecem um espaço seguro onde você pode desabafar sem julgamento. Expressar suas preocupações, medos e pensamentos negativos para alguém que se importa com você pode ser terapêutico e ajudar a aliviar o peso emocional que a depressão pode trazer.

Apoio emocional incondicional: Um sistema de apoio positivo oferece apoio emocional incondicional, independentemente das circunstâncias. Saber que você tem pessoas que acreditam em você e estão dispostas a estar ao seu lado, mesmo quando você está enfrentando momentos difíceis, pode proporcionar uma sensação de segurança e estabilidade.

Fonte de força e resiliência: Quando você se sente frágil diante da adversidade, relacionamentos positivos podem ser uma fonte de força e resiliência. Amigos e familiares que acreditam em suas capacidades e expressam confiança em sua capacidade de superar os desafios podem fortalecer sua determinação e sua autoestima.

A importância do diálogo aberto: Para aproveitar ao máximo o conforto e o suporte oferecidos pelos relacionamentos positivos durante a adversidade, a comunicação aberta é fundamental. Compartilhe seus sentimentos, preocupações e necessidades com as pessoas em quem confia. Explique como elas podem ajudar ou apoiar você, para que elas possam estar lá de maneira eficaz.

Ombro para chorar: Amigos, familiares e entes queridos que fazem parte de seu círculo de apoio podem oferecer um ombro para chorar quando você se sente sobrecarregado pela tristeza e angústia. Ter alguém com quem você possa compartilhar seus sentimentos mais profundos e vulneráveis pode proporcionar alívio emocional e a sensação de que você não está enfrentando suas emoções sozinho.

Comunicando suas necessidades: Estabelecendo limites e expressando sentimentos

A comunicação é a pedra fundamental de qualquer relacionamento saudável e, quando se trata de sua jornada de recuperação da depressão, a habilidade de expressar suas necessidades, limites e sentimentos de maneira clara e respeitosa é de extrema importância. Aprender a se comunicar de maneira eficaz não apenas fortalece os laços com aqueles ao seu redor, mas também ajuda a garantir que seus relacionamentos sejam mutuamente satisfatórios e benéficos. Diretrizes para ajudá-lo a se comunicar de maneira mais eficaz:

Pratique a comunicação aberta

A comunicação aberta é um alicerce fundamental para a construção de relacionamentos saudáveis e enriquecedores. Quando se trata de sua jornada de recuperação da depressão, a habilidade de se expressar abertamente se torna ainda mais crucial. Ao praticar a comunicação aberta, você está criando um ambiente propício para a honestidade e a sinceridade, permitindo que as discussões aconteçam de maneira autêntica e respeitosa. Aspectos importantes da comunicação aberta:

Estabelecendo um espaço de confiança: A comunicação aberta é construída sobre a base da confiança. Ao criar um ambiente em que todos se sintam seguros para compartilhar seus sentimentos e pensamentos, você está cultivando a confiança mútua entre você e aqueles com quem se relaciona. Isso significa que as pessoas se sentirão mais confortáveis para serem honestas, sabendo que não serão julgadas ou rejeitadas.

Expressando emoções com sinceridade: Ser aberto na comunicação significa expressar suas emoções com sinceridade. Isso envolve compartilhar não apenas pensamentos superficiais, mas também sentimentos genuínos. Ao se expressar de maneira autêntica, você permite que os outros compreendam como você está se sentindo e o que está passando, o que, por sua vez, pode levar a um entendimento mais profundo e conexões mais significativas.

Criando um espaço de escuta atenta: A comunicação aberta não é apenas sobre falar, mas também sobre ouvir atentamente. Ao praticar a escuta ativa, você demonstra interesse genuíno no que os outros têm a dizer. Isso envolve prestar atenção, fazer perguntas claras e mostrar empatia em relação ao que está sendo compartilhado. A escuta ativa promove um ambiente de respeito mútuo e compreensão.

Respeitando as opiniões diferentes: Na comunicação aberta, é importante reconhecer que as pessoas podem ter opiniões diferentes das suas. Manter a mente aberta para diferentes perspectivas e estar disposto a considerar pontos de vista alternativos enriquece as conversas e promove o crescimento pessoal.

Criando vínculos significativos: A comunicação aberta é um veículo para criar vínculos profundos e significativos com aqueles ao seu redor. Quando você compartilha suas experiências, pensamentos e sentimentos de maneira aberta, está convidando os outros a fazerem o mesmo. Isso leva a relacionamentos mais autênticos, onde ambas as partes se sentem valorizadas e compreendidas.

Enfrentando desafios juntos: Quando você pratica a comunicação aberta, está fortalecendo sua capacidade de enfrentar desafios juntos. Problemas e conflitos podem ser discutidos abertamente, e as soluções podem ser encontradas por meio do diálogo honesto. A comunicação aberta também pode ser uma fonte de apoio emocional durante momentos difíceis, pois permite que você compartilhe suas preocupações e encontre conforto nos outros.

Tornando a comunicação aberta um hábito: Assim como qualquer habilidade, a comunicação aberta pode ser desenvolvida com a prática constante. À medida que você se empenha em ser mais aberto e honesto em suas interações, a comunicação aberta se tornará um hábito natural. Isso ajudará a fortalecer seus relacionamentos e contribuir para uma jornada de recuperação da depressão mais enriquecedora e apoiadora.

Seja claro e direto

A clareza na comunicação é um dos pilares para estabelecer relacionamentos saudáveis e eficazes. Quando se trata de expressar suas necessidades, limites e sentimentos, a habilidade de ser claro e direto é essencial. Evitar ambiguidades e usar linguagem direta ajuda a garantir que suas mensagens sejam entendidas da maneira desejada. Razões pelas quais ser claro e direto é fundamental na comunicação:

Evitando mal-entendidos: Quando você utiliza linguagem clara e direta, minimiza a possibilidade de mal-entendidos. As palavras escolhidas e a forma como você as comunica determinam se a outra pessoa compreenderá exatamente o que você quis transmitir. Evitar ambiguidades ou interpretações confusas contribui para uma comunicação mais eficaz.

Facilitando a tomada de decisões: Quando você é claro ao expressar suas necessidades ou opiniões, está facilitando o processo de tomada de decisões. Se os outros compreenderem exatamente o que você deseja ou precisa, podem responder de maneira adequada e tomar decisões informadas. Isso é especialmente importante ao lidar com questões que envolvem escolhas conjuntas.

Demonstrando respeito: Ser claro e direto na comunicação também demonstra respeito pela outra pessoa. Ao expressar suas ideias de maneira clara, você está mostrando que valoriza a compreensão mútua e a troca de informações. Isso cria um ambiente de respeito e abertura nas conversas.

Evitando suposições errôneas: Linguagem ambígua pode levar a suposições errôneas por parte da outra pessoa. Se você não for claro sobre suas intenções ou necessidades, a outra pessoa pode interpretar suas palavras de maneira diferente do que você pretendia. Isso pode levar a mal-entendidos e potenciais conflitos que poderiam ter sido evitados com uma comunicação mais clara.

Fortalecendo a confiança: A clareza na comunicação é um fator-chave para construir confiança nos relacionamentos. Quando os outros percebem que você é transparente e honesto em suas palavras, eles são mais propensos a confiar em você. Isso é fundamental para desenvolver conexões genuínas e significativas.

Praticando a habilidade de escuta: Ser claro e direto também facilita a habilidade de escutar atentamente. Quando suas mensagens são claras e bem estruturadas, a outra pessoa pode se concentrar na compreensão do que você está dizendo, em vez de tentar decifrar ambiguidades.

Aprimorando a comunicação com o tempo: A prática da clareza na comunicação pode ser aprimorada ao longo do tempo. Ao se esforçar para ser mais claro e direto em suas interações, você se tornará mais hábil em expressar suas ideias de maneira eficaz. Isso levará a conversas mais produtivas, relações mais saudáveis e uma jornada de recuperação da depressão mais enriquecedora e apoiadora.

Use "eu" em vez de "você"

A maneira como escolhemos expressar nossos sentimentos e opiniões pode fazer toda a diferença na maneira como os outros nos percebem e como as conversas se desenrolam. Uma das estratégias eficazes para comunicar-se de maneira construtiva e evitar conflitos é utilizar o "eu" ao expressar-se. Em vez de culpar ou acusar a outra pessoa, o uso do "eu" coloca o foco em seus próprios sentimentos e experiências. Motivos pelos quais o uso do "eu" é uma abordagem valiosa na comunicação:

Fomentando a empatia e a compreensão: Ao iniciar uma frase com "eu", você está compartilhando seus sentimentos pessoais e experiências internas. Isso cria um espaço para que os outros se conectem com você em um nível emocional. As pessoas tendem a ser mais empáticas e compreensivas quando ouvem sobre as emoções e pensamentos pessoais de alguém.

Evitando culpa e ataques pessoais: Ao usar o "eu", você evita culpar a outra pessoa ou fazer acusações diretas. Isso reduz a probabilidade de a outra pessoa se sentir defensiva ou culpada, o que pode rapidamente levar a um conflito. Em vez de dizer "você sempre faz isso errado", você pode dizer "eu sinto que há algo que poderíamos melhorar nessa situação".

Criando um espaço para diálogo aberto: O uso do "eu" na comunicação cria um espaço para um diálogo aberto e honesto. Ao compartilhar seus próprios sentimentos e pensamentos, você está convidando a outra pessoa a compartilhar seus próprios pontos de vista. Isso cria uma atmosfera de respeito e troca de ideias.

Focando em soluções: Quando você se expressa usando o "eu", está mais propenso a focar em soluções em vez de culpar a outra pessoa. Em vez de simplesmente apontar um problema, você está expressando como se sente e, possivelmente, sugerindo maneiras de melhorar a situação. Isso torna a comunicação mais construtiva e produtiva.

Exemplo prático: Para ilustrar, imagine uma situação em que você se sente desconsiderado quando se trata da divisão de tarefas domésticas. Em vez de dizer "Você nunca ajuda em casa", você poderia dizer "Eu sinto que às vezes estou sobrecarregado com as tarefas domésticas e gostaria de trabalharmos juntos em encontrar uma maneira mais equilibrada de compartilhar essas responsabilidades".

Benefícios duradouros: Ao usar o "eu" na comunicação, você está construindo uma base para relacionamentos mais saudáveis e uma comunicação mais eficaz. Essa abordagem não apenas evita conflitos desnecessários, mas também fortalece a conexão emocional e a empatia entre as pessoas envolvidas. À medida que você pratica essa estratégia, você se torna um comunicador mais consciente e eficaz, melhorando todos os aspectos de seus relacionamentos e apoiando sua jornada de recuperação da depressão.

Estabeleça limites saudáveis

Definir e comunicar limites saudáveis é uma habilidade fundamental para construir relacionamentos saudáveis e manter sua própria saúde emocional. Estabelecer limites permite que você se proteja de situações que possam ser prejudiciais ou esgotantes, ao mesmo tempo em que promove a compreensão mútua e o respeito em suas interações com os outros. Orientações sobre como estabelecer limites saudáveis:

Autoconhecimento é a chave: Antes de comunicar seus limites aos outros, é importante que você mesmo saiba quais são esses limites. Isso envolve compreender suas próprias necessidades, valores, tolerâncias e limites emocionais. Conhecer a si mesmo é essencial para estabelecer limites que sejam autênticos e sustentáveis.

Comunique-se com clareza: Ao estabelecer limites, seja claro e direto sobre o que você está confortável em aceitar e o que não está. Use linguagem assertiva e não ambígua para expressar seus limites. Conscientize-se de que as pessoas não podem ler sua mente, então comunicar-se de maneira clara é essencial para evitar mal-entendidos.

Reconheça sua autonomia: Você tem o total direito de definir seus próprios limites, mesmo que isso seja diferente dos limites de outras pessoas. Sua autonomia é importante, e definir limites saudáveis não faz de você egoísta, mas sim alguém que valoriza sua própria saúde emocional.

Estabeleça consequências claras: Ao comunicar seus limites, é útil indicar quais serão as consequências se esses limites não forem respeitados. Isso ajuda a manter a consistência e a seriedade de seus limites. No entanto, concentre-se em consequências que sejam razoáveis e proporcionais à situação.

Pratique a empatia: Ao estabelecer limites, é importante também entender as perspectivas e necessidades dos outros. Praticar a empatia permite que você encontre um equilíbrio entre suas próprias necessidades e as dos outros, promovendo relações saudáveis e equilibradas.

Mantenha a consistência: Uma vez que você tenha estabelecido seus limites, é fundamental manter a consistência. Se você permitir que seus limites sejam violados repetidamente, isso pode resultar em frustração e desrespeito por parte dos outros. Manter seus limites ajuda a construir relacionamentos baseados em respeito mútuo.

Reavaliação periódica: À medida que você cresce e muda, seus limites também podem evoluir. É importante reavaliar periodicamente seus limites para garantir que eles estejam alinhados com suas necessidades atuais. Isso demonstra autenticidade e maturidade em seus relacionamentos.

Benefícios duradouros: Estabelecer limites saudáveis não apenas protege sua saúde emocional, mas também contribui para a construção de relacionamentos mais saudáveis e equilibrados. Quando você comunica seus limites de maneira respeitosa e assertiva, está demonstrando cuidado consigo mesmo e respeito pelos outros. Essa prática fortalece sua autoestima, melhora suas interações sociais e apoia sua jornada contínua de recuperação da depressão.

Seja empático ao ouvir

A empatia é uma ferramenta poderosa na comunicação e nos relacionamentos. Ela envolve a capacidade de se colocar no lugar do outro, compreender seus sentimentos e perspectivas, e responder de maneira sensível. Ao praticar a empatia ao ouvir os outros, você não apenas fortalece os laços entre vocês, mas também demonstra respeito, compreensão e apoio genuíno. Maneiras de incorporar a empatia em suas interações:

Dê sua total atenção: Quando alguém está compartilhando seus sentimentos, dedique sua atenção total a essa pessoa. Mantenha o contato visual, evite distrações e mostre que você está genuinamente interessado no que ela tem a dizer.

Mostre interesse ativo: Faça perguntas abertas e reflexivas para encorajar a outra pessoa a compartilhar mais sobre seus sentimentos. Mostre interesse genuíno em entender sua perspectiva e experiência.

Valide os sentimentos: Demonstre que você compreende os sentimentos da outra pessoa e que respeita sua experiência. Use frases como "Eu entendo como você se sente" ou "Parece que isso foi realmente difícil para você".

Evite julgamento e crítica: Mantenha uma mente aberta e evite fazer julgamentos ou críticas. A empatia envolve aceitar os sentimentos da outra pessoa sem fazer suposições ou avaliações negativas.

Use linguagem não-verbal positiva: Sua linguagem corporal e expressões faciais também são importantes. Sorria, acene com a cabeça e adote uma postura aberta para mostrar que você está envolvido e aberto à conversa.

Reflita os sentimentos: Repita ou reflita os sentimentos que a outra pessoa está expressando. Isso mostra que você está ouvindo e compreendendo, além de criar uma sensação de validação.

Evite dar conselhos prematuros: Evite pular imediatamente para dar conselhos ou soluções. Às vezes, as pessoas só precisam de alguém que as ouça e valide seus sentimentos, em vez de procurar soluções imediatas.

Mostre empatia mesmo em conflitos: A empatia é importante mesmo quando você está enfrentando conflitos. Tente entender a perspectiva da outra pessoa, mesmo que não concorde com ela. Isso pode ajudar a suavizar a situação e promover uma comunicação mais produtiva.

Crie um espaço seguro: Certifique-se de que a outra pessoa se sinta à vontade para compartilhar seus sentimentos sem medo de julgamento. Crie um espaço seguro onde ela possa ser aberta e honesta.

Benefícios de praticar a empatia: Praticar a empatia ao ouvir os outros não apenas fortalece seus relacionamentos, mas também promove uma comunicação mais eficaz e saudável. Quando as pessoas sentem que estão sendo ouvidas e compreendidas, é mais provável que se sintam valorizadas e respeitadas. Isso contribui para relações mais harmoniosas e apoia sua jornada de recuperação da depressão, proporcionando um sistema de apoio sólido e compreensivo.

Escolha o momento adequado

A escolha do momento certo para abordar questões sensíveis ou compartilhar necessidades é uma consideração fundamental para garantir que a comunicação seja eficaz e construtiva. Quando escolhemos o momento adequado, criamos um ambiente propício para o diálogo aberto e respeitoso. Diretrizes para ajudá-lo a determinar o momento apropriado para iniciar uma conversa importante:

Considere o estado emocional: Antes de iniciar uma discussão sensível, avalie o estado emocional de ambas as partes envolvidas. Evite iniciar uma conversa quando você ou a outra pessoa estiverem cansados, estressados, irritados ou emocionalmente abalados. Em vez disso, espere até que ambos estejam em um estado mais calmo e receptivo.

Escolha um momento tranquilo: Busque um ambiente tranquilo e livre de distrações para iniciar a conversa. Isso permite que você se concentre plenamente na discussão e evita interrupções desnecessárias.

Evite discussões em público: Questões sensíveis geralmente são mais bem tratadas em particular. Evite discutir assuntos pessoais ou delicados em locais públicos, onde a privacidade pode ser comprometida.

Defina um momento para conversar: Se possível, defina um horário específico para a conversa. Isso dá a ambas as partes tempo para se prepararem mentalmente e evita surpresas ou interrupções inesperadas.

Demonstre abertura para conversar: Antes de iniciar a conversa, verifique se a outra pessoa está disposta e disponível para ouvir. Pergunte se é um bom momento para conversar ou se há um momento mais conveniente.

Priorize o respeito e o timing: Respeite as prioridades e compromissos da outra pessoa. Evite escolher momentos em que ela esteja ocupada ou sob pressão. Além disso, lembre-se de que certos momentos do dia, como refeições em família ou momentos de relaxamento, podem não ser ideais para iniciar discussões sérias.

Planeje e prepare-se: Antes da conversa, reserve um tempo para organizar seus pensamentos e expressar suas necessidades de maneira clara. Ter clareza sobre o que você deseja comunicar ajudará a tornar a conversa mais direta e produtiva.

Esteja aberto à reação da outra pessoa: Tenha em mente que a outra pessoa pode precisar de tempo para processar o que você está compartilhando. Esteja disposto a ouvir suas reações e sentimentos, mesmo que eles não concordem imediatamente.

Crie uma atmosfera de respeito: Durante a conversa, crie uma atmosfera de respeito mútuo. Escute atentamente, evite interromper e valide os sentimentos da outra pessoa.

Benefícios de escolher o momento adequado: Escolher o momento certo para comunicar necessidades e abordar questões sensíveis é fundamental para garantir que a comunicação seja produtiva e respeitosa.

Quando ambos os lados estão emocionalmente disponíveis e preparados para a conversa, as chances de alcançar um entendimento mútuo e resolver problemas aumentam significativamente. Além disso, essa abordagem contribui para a construção de relacionamentos saudáveis e apoia sua jornada de recuperação da depressão, promovendo uma comunicação positiva e construtiva com as pessoas ao seu redor.

A comunicação eficaz é uma habilidade que pode ser aprimorada com a prática contínua. Quanto mais você se esforçar para se comunicar de maneira clara e respeitosa, mais natural isso se tornará. Lembre-se de que se expressar de maneira saudável é uma parte fundamental de nutrir relacionamentos positivos e construtivos.

Construindo um círculo de apoio: Identificando pessoas que o incentivam e nutrem

Cultivar relacionamentos saudáveis requer discernimento ao escolher as pessoas com as quais você se envolve. Construir um círculo de apoio forte é fundamental para garantir que você esteja rodeado por indivíduos que o apoiam, nutrem e incentivam a crescer. Etapas para construir um círculo de apoio:

Avalie relacionamentos atuais

Avaliar seus relacionamentos atuais é uma etapa importante para cultivar um círculo de apoio saudável e positivo. Nem todos os relacionamentos são iguais, e refletir sobre como você se sente após interações com diferentes pessoas pode ajudá-lo a identificar quais relações são verdadeiramente positivas e nutritivas. Orientações para ajudá-lo a avaliar seus relacionamentos atuais:

Observe suas emoções: Após interações com amigos, familiares e outras pessoas próximas, reserve um momento para observar como você se sente. As interações deixam você feliz, inspirado e apoiado? Ou você sai delas se sentindo esgotado, negativo ou mal compreendido? Suas emoções após interações podem fornecer insights valiosos sobre a qualidade do relacionamento.

Analise a dinâmica do relacionamento: Refletir sobre como a dinâmica do relacionamento funciona pode ser esclarecedor. Você se sente ouvido e valorizado? A outra pessoa demonstra interesse genuíno em suas preocupações e sucessos? Relacionamentos saudáveis são caracterizados por uma comunicação aberta e respeitosa, onde ambas as partes se sentem ouvidas e compreendidas.

Identifique fontes de apoio: Considere quais pessoas em sua vida têm sido consistentemente fontes de apoio e incentivo. Eles estão lá para você em tempos de necessidade? Eles oferecem apoio emocional, encorajamento e compreensão? Identificar aquelas pessoas que genuinamente se importam com o seu bem-estar é fundamental para construir um círculo de apoio positivo.

Avalie os benefícios mútuos: Relacionamentos saudáveis devem ser benéficos para ambas as partes. Pergunte a si mesmo se o relacionamento é mutuamente satisfatório e se há uma troca equilibrada de apoio emocional e respeito. Relações onde apenas uma pessoa é beneficiada podem se tornar desgastantes e desequilibradas ao longo do tempo.

Reflita sobre crescimento pessoal: Os relacionamentos saudáveis também têm o poder de promover o crescimento pessoal. Pergunte-se se as pessoas em sua vida o incentivam a ser a melhor versão de si mesmo. Elas apoiam seus objetivos e aspirações, desafiando-o a crescer e se desenvolver?

Decida quais relações te fazem bem: Após avaliar seus relacionamentos, tome uma decisão consciente sobre quais relações são verdadeiramente nutritivas e contribuem para seu bem-estar emocional. Priorize as pessoas que o apoiam, respeitam suas necessidades e compartilham valores semelhantes.

A importância da avaliação contínua: Tenha em mente que a avaliação de relacionamentos é um processo contínuo. À medida que você cresce e muda, suas necessidades e prioridades também podem evoluir. É fundamental avaliar periodicamente seus relacionamentos para garantir que eles continuem a ser fontes positivas de apoio e enriquecimento em sua vida.

Cultivando relações positivas: Avaliar seus relacionamentos atuais é um passo crucial para criar um círculo de apoio positivo. Ao identificar e nutrir relacionamentos que contribuam para sua felicidade, crescimento e bem-estar emocional, você está construindo uma base sólida para uma jornada de recuperação da depressão e para uma vida mais saudável e significativa.

Busque qualidades positivas

Ao cultivar um círculo de apoio positivo, é fundamental buscar pessoas que exibam qualidades positivas e construtivas em seus relacionamentos. Essas qualidades são indicativos de relações saudáveis e podem fazer uma diferença significativa em sua jornada de recuperação da depressão. As características-chave que você pode buscar ao construir relacionamentos saudáveis são:

Empatia: A empatia é a capacidade de entender e compartilhar os sentimentos dos outros. Pessoas empáticas são capazes de se colocar no seu lugar, oferecer apoio emocional e ouvir sem julgamento. A empatia é fundamental para criar um espaço seguro onde você pode se expressar abertamente.

Compreensão: Relações saudáveis são baseadas na compreensão mútua. Procure pessoas que estejam dispostas a ouvir suas preocupações, entender suas perspectivas e demonstrar interesse genuíno em sua vida. A compreensão cria um ambiente onde você se sente valorizado e compreendido.

Respeito: O respeito é um pilar fundamental de qualquer relacionamento saudável. Busque pessoas que respeitem seus limites, opiniões e escolhas. Relações baseadas no respeito mútuo promovem um ambiente onde você pode ser autêntico sem o medo de ser julgado.

Apoio genuíno: Amigos e entes queridos que oferecem apoio genuíno são valiosos. Procure pessoas que estejam ao seu lado em momentos difíceis, que o incentivem a perseguir seus objetivos e celebrem suas conquistas. O apoio genuíno é uma parte essencial de um relacionamento que promove o crescimento pessoal.

Comunicação aberta: A comunicação eficaz é um componente crucial de relacionamentos saudáveis. Busque pessoas que estejam dispostas a conversar abertamente, expressar suas próprias necessidades e ouvir as suas. Relações onde a comunicação flui livremente são mais propensas a resolver conflitos de maneira construtiva.

Compartilhamento de valores: Relações saudáveis muitas vezes se baseiam em valores compartilhados. Procure pessoas que compartilham seus princípios e crenças fundamentais. Ter valores semelhantes pode criar uma base sólida para a compreensão mútua e a colaboração.

Encorajamento mútuo: Amigos e familiares que o incentivam a se esforçar, crescer e se desenvolver são essenciais. Busque pessoas que acreditam em seu potencial, desafiam você a sair da zona de conforto e apoiam suas ambições.

Criando relações positivas: Ao buscar qualidades positivas em seus relacionamentos, você está construindo a base para conexões que são mutuamente benéficas e enriquecedoras. Lembre-se de que não é apenas sobre o que os outros podem oferecer a você, mas também sobre como você pode contribuir para o bem-estar dos outros. Relações saudáveis são um investimento valioso em sua saúde mental e emocional, proporcionando um círculo de apoio que pode ajudá-lo em sua jornada de recuperação da depressão.

Diversidade no círculo de apoio

Quando se trata de construir um círculo de apoio eficaz, a diversidade desempenha um papel fundamental em enriquecer sua jornada de recuperação da depressão. Ter uma variedade de pessoas em seu círculo, incluindo amigos, familiares, mentores, colegas e profissionais de saúde mental, pode trazer diferentes perspectivas, vivências e benefícios para a sua vida. Razões pelas quais a diversidade no círculo de apoio é tão importante:

Variedade de perspectivas: Cada pessoa em sua vida traz uma perspectiva única para a mesa. Amigos podem compartilhar suas próprias experiências pessoais, familiares podem oferecer um senso de história e raízes, mentores podem trazer conselhos valiosos e profissionais de saúde mental podem fornecer orientação especializada. Ter uma variedade de perspectivas ajuda você a obter insights diferentes sobre suas próprias lutas e desafios.

Aprendizado contínuo: Interagir com pessoas de diferentes origens e áreas de expertise proporciona oportunidades de aprendizado contínuo. Você pode aprender com as histórias de vida de outras pessoas, ganhar novas habilidades, adquirir conhecimentos sobre diferentes áreas e expandir sua compreensão do mundo ao seu redor.

Ampliação da rede de apoio: Construir um círculo de apoio diversificado também significa que você está expandindo sua rede de suporte. Isso é especialmente útil em momentos de necessidade, pois você terá um grupo mais amplo de pessoas para recorrer quando precisar de ajuda, orientação ou consolo.

Resiliência e adaptação: Pessoas diferentes têm maneiras únicas de lidar com desafios e adversidades. Ao ter uma variedade de pessoas em seu círculo de apoio, você pode aprender diferentes estratégias de resiliência e adaptação. Essa diversidade de abordagens pode enriquecer suas próprias habilidades de enfrentamento.

Promoção do bem-estar holístico: Um círculo de apoio diversificado pode ajudar a promover seu bem-estar holístico. Amigos podem ajudar a elevar seu ânimo, familiares podem fornecer conforto emocional, mentores podem orientar suas escolhas e profissionais de saúde mental podem fornecer ferramentas para enfrentar a depressão de maneira eficaz. Ter todos esses recursos disponíveis contribui para uma abordagem mais abrangente para sua saúde mental.

Fortalecendo sua jornada de recuperação: Ao construir um círculo de apoio diversificado, você está fortalecendo sua jornada de recuperação da depressão. Cada pessoa em seu círculo desempenha um papel único em sua vida, contribuindo para o seu crescimento pessoal e oferecendo suporte nos momentos difíceis. A diversidade no círculo de apoio é uma ferramenta poderosa para enriquecer sua experiência e promover sua saúde mental e emocional.

Comunique suas necessidades

Após identificar as pessoas que estão dispostas a apoiar e incentivar seu crescimento, é crucial que você se comunique de maneira eficaz com elas. A comunicação clara de suas necessidades, desejos e expectativas é uma etapa essencial para fortalecer os relacionamentos de apoio em sua vida. Passos importantes para comunicar suas necessidades de maneira eficaz:

Reconheça sua autenticidade: Antes de começar a se comunicar com os outros, é importante reconhecer sua própria autenticidade. Conheça suas próprias necessidades e sentimentos. Isso o ajudará a comunicar-se de maneira mais clara e confiante.

Escolha o momento adequado: Escolher o momento certo para abordar suas necessidades é fundamental. Procure momentos em que você e a outra pessoa estejam calmos e disponíveis para conversar. Evite abordar assuntos delicados quando ambos estiverem ocupados, estressados ou distraídos.

Seja direto e claro: Quando você expressar suas necessidades, seja direto e claro. Use frases simples e evite ambiguidades. Quanto mais claro você for, mais fácil será para a outra pessoa entender o que você está pedindo.

Use comunicação não-violenta: A Comunicação Não-Violenta é uma abordagem que enfatiza a empatia e a compreensão mútua. Ao comunicar suas necessidades, concentre-se em expressar sentimentos e necessidades em vez de criticar ou culpar. Isso ajuda a manter a conversa construtiva e evita conflitos desnecessários.

Fale sobre suas expectativas: Além de expressar suas necessidades, também é importante discutir suas expectativas. Explique como você espera que a outra pessoa o apoie e de que maneira ela pode contribuir para o seu bem-estar.

Esteja aberto ao diálogo: A comunicação é uma via de mão dupla. Esteja aberto a ouvir as perspectivas e necessidades da outra pessoa também. Isso cria um ambiente de respeito mútuo e compreensão.

Agradeça pelo apoio: Após expressar suas necessidades e receber apoio, não se esqueça de agradecer à pessoa por estar disposta a ajudar. A gratidão reforça o vínculo entre vocês e mostra que você valoriza o apoio que está recebendo.

Ajuste e refine: Lembre-se de que a comunicação é um processo contínuo. À medida que sua jornada de recuperação avança, suas necessidades podem mudar. Esteja disposto a ajustar e refinar suas comunicações conforme necessário.

Fortalecendo relacionamentos: Comunicar suas necessidades é uma forma poderosa de fortalecer os relacionamentos de apoio em sua vida. Ao expressar suas necessidades de maneira clara e respeitosa, você permite que as pessoas ao seu redor saibam como podem ser uma fonte eficaz de suporte durante sua jornada de recuperação da depressão. Isso não apenas melhora sua própria saúde mental, mas também fortalece os laços entre você e aqueles que estão dispostos a caminhar ao seu lado.

Retribua o apoio

Nos relacionamentos saudáveis, a troca de apoio e cuidado é essencial. À medida que você recebe apoio de pessoas que estão ao seu redor, é importante lembrar-se de retribuir esse apoio, criando relacionamentos que sejam verdadeiramente bidirecionais. Maneiras de retribuir o apoio que você recebe:

Esteja presente para eles: Assim como você valoriza a presença e o apoio das pessoas ao seu redor, esteja presente para elas também. Ouça com atenção quando elas compartilharem seus sentimentos, desafios e conquistas. Ofereça um ombro amigo e um ouvido atento.

Mostre empatia e compreensão: Demonstre empatia e compreensão quando as pessoas ao seu redor enfrentarem suas próprias lutas. Mostre que você se importa com o que elas estão passando e esteja disposto a oferecer apoio emocional quando necessário.

Ofereça ajuda prática: Além de apoio emocional, esteja disposto a oferecer ajuda prática quando possível. Isso pode incluir ajudar com tarefas cotidianas, oferecer conselhos ou compartilhar recursos úteis.

Celebre as conquistas deles: Quando as pessoas ao seu redor alcançarem suas metas e conquistas, celebre com elas. Mostre que você se alegra com seus sucessos e reconhece o esforço que colocaram em suas realizações.

Seja um apoio incondicional: Cultive um relacionamento onde você seja um apoio incondicional para as pessoas que o apoiam. Isso significa estar presente tanto nos momentos bons quanto nos momentos difíceis, sem julgamento ou crítica.

Expresse gratidão: Não deixe de expressar sua gratidão pelas pessoas que estão ao seu lado. Deixe-as saber como seu apoio é valioso para você e como você aprecia a presença delas em sua vida.

Mantenha a comunicação aberta: Continua a praticar uma comunicação aberta e respeitosa com aqueles que o apoiam. Mantenha-os informados sobre sua jornada de recuperação e esteja disposto a ouvir sobre as experiências deles também.

Cultivando relações duradouras: Retribuir o apoio que você recebe cria relacionamentos duradouros e significativos. Esses relacionamentos não apenas fornecem apoio durante sua jornada de recuperação da depressão, mas também enriquecem sua vida de maneira profunda. Conscientize-se de que todos passamos por momentos de lutas e sucessos, e ter um círculo de pessoas solidárias pode tornar esses momentos mais significativos e gratificantes para todos os envolvidos.

Afaste-se de relacionamentos tóxicos

Um dos aspectos cruciais de cultivar relacionamentos saudáveis é saber reconhecer e afastar-se de relacionamentos que são tóxicos ou prejudiciais para sua saúde mental e emocional. Priorizar o seu bem-estar é essencial para garantir que você esteja cercado por pessoas que promovam positividade e crescimento. Orientações para afastar-se de relacionamentos tóxicos:

Reconheça os sinais de toxicidade: Estar ciente dos sinais de um relacionamento tóxico é o primeiro passo para identificar se um relacionamento está tendo um impacto negativo em sua vida. Isso pode incluir manipulação, abuso verbal ou emocional, falta de respeito, críticas constantes e falta de apoio genuíno.

Avalie o impacto em sua saúde mental: Reflita sobre como o relacionamento afeta sua saúde mental e emocional. Se você perceber que está se sentindo constantemente drenado, ansioso, deprimido ou inseguro devido ao relacionamento, é um sinal de que pode ser tóxico.

Estabeleça limites claros: Se você deseja dar uma chance ao relacionamento, estabeleça limites claros e comunique suas expectativas. Se a outra pessoa não respeitar seus limites e continuar com comportamentos tóxicos, pode ser um sinal de que é hora de afastar-se.

Priorize sua saúde mental: Saiba que sua saúde mental e emocional é sua prioridade. Não hesite em se afastar de relacionamentos que estão prejudicando sua saúde mental, mesmo que seja difícil ou doloroso.

Busque apoio de pessoas saudáveis: Ao afastar-se de relacionamentos tóxicos, concentre-se em fortalecer os relacionamentos saudáveis em sua vida. Procure apoio de amigos, familiares e pessoas que promovam positividade e bem-estar.

Lembre-se de seu próprio valor: Não permita que relacionamentos tóxicos diminuam sua autoestima. Lembre-se de seu próprio valor e não se contente com tratamento desrespeitoso ou prejudicial.

Aceite que é uma escolha saudável: Afastar-se de relacionamentos tóxicos não é um sinal de fracasso; é uma escolha corajosa e saudável para proteger sua saúde mental e emocional. Aceite que você merece relacionamentos que o apoiam e nutrem.

A importância da proteção mental: Afastar-se de relacionamentos tóxicos é uma maneira poderosa de proteger sua saúde mental e emocional. Isso pode abrir espaço para que você se concentre em relacionamentos que contribuem para seu crescimento, felicidade e bem-estar geral. Tenha em mente que você merece rodear-se de pessoas que valorizam você e o apoiam em sua jornada de recuperação da depressão.

Cultivar relacionamentos ao longo do tempo

A construção e manutenção de um círculo de apoio é um processo que se estende ao longo do tempo. À medida que você evolui, cresce e enfrenta diferentes fases da vida, é natural que os relacionamentos também evoluam. Cultivar relacionamentos saudáveis é um compromisso constante, e estar aberto a novas conexões pode enriquecer sua jornada de recuperação da depressão. São maneiras de cultivar relacionamentos ao longo do tempo:

Aceite a evolução natural dos relacionamentos: Relacionamentos são dinâmicos e sujeitos a mudanças. À medida que as pessoas crescem e se desenvolvem, seus interesses, necessidades e prioridades também podem mudar. Esteja aberto a essas mudanças e entenda que nem todos os relacionamentos permanecerão iguais ao longo do tempo.

Crie espaço para novas conexões: À medida que você evolui, novas oportunidades de conhecer pessoas podem surgir. Esteja aberto a fazer novas amizades, seja em ambientes sociais, grupos de apoio ou atividades que você gosta. Novas conexões podem trazer perspectivas frescas e energias positivas para sua vida.

Cultive os relacionamentos existentes: Embora novos relacionamentos possam ser emocionantes, é importante também nutrir os relacionamentos existentes. Continue investindo tempo e esforço em amizades e vínculos que já são significativos para você. Mostre que você valoriza essas conexões e está comprometido em mantê-las saudáveis.

Comunique-se regularmente: A comunicação regular é fundamental para manter os relacionamentos fortes. Mantenha contato com amigos, familiares e membros de seu círculo de apoio. Seja por meio de conversas, mensagens ou encontros, estar presente na vida das pessoas que você valoriza ajuda a manter a conexão.

Esteja disponível nos momentos de necessidade: Assim como você busca apoio em seus relacionamentos, esteja pronto para oferecer apoio quando os outros precisarem. Relacionamentos saudáveis são baseados na reciprocidade e no apoio mútuo.

Cresça junto: À medida que você cresce e se desenvolve, é importante que seus relacionamentos também cresçam e se adaptem. Compartilhe suas experiências, desafios e sucessos com aqueles que estão em seu círculo de apoio, permitindo que eles façam parte de sua jornada.

A evolução dos relacionamentos: Assim como você está em constante evolução, seus relacionamentos também estão. À medida que você enfrenta novos desafios e alcança novos objetivos, seus relacionamentos podem se fortalecer e enriquecer, contribuindo para sua saúde mental e emocional. Valorize a experiência de cultivar relacionamentos ao longo do tempo e permita que eles se tornem uma parte essencial de sua recuperação da depressão.

Os relacionamentos saudáveis desempenham um papel essencial em nossa saúde mental, crescimento pessoal e bem-estar geral. Eles oferecem uma fonte de conforto, encorajamento e compreensão que pode nos ajudar a superar até mesmo os desafios mais difíceis. Ao cultivar relacionamentos positivos, comunicar suas necessidades e construir um círculo de apoio, você está criando um ambiente que nutre sua trilha de autodescoberta e recuperação.

5

CUIDANDO DO CORPO E MENTE

*Cuidar de si mesmo é um ato de amor
que regenera a alma e fortalece a mente.*

Nossa mente e corpo estão intrinsecamente ligados, formando um sistema complexo que afeta diretamente nosso bem-estar emocional e físico. Cuidar de ambos é essencial para promover uma recuperação saudável da depressão e manter uma qualidade de vida positiva. Neste capítulo, exploraremos a ligação entre mente e corpo, o impacto positivo do exercício e endorfinas, bem como a influência da alimentação nutritiva na saúde mental.

A ligação mente-corpo: Autocuidado físico e bem-estar emocional

A interconexão entre mente e corpo é profunda e complexa. O autocuidado físico desempenha um papel fundamental na promoção do bem-estar emocional. Quando você cuida do seu corpo, está fornecendo a ele os recursos necessários para manter um equilíbrio emocional saudável. Alguns aspectos importantes dessa ligação incluem:

Sono adequado

O sono é um pilar fundamental do autocuidado e desempenha um papel de destaque na promoção da saúde mental. Quando você prioriza um sono adequado e reparador, está oferecendo ao seu corpo e mente a oportunidade de se regenerarem e se revitalizarem. Vamos explorar mais a fundo a importância do sono e como ele afeta a sua saúde mental:

O papel do sono no processamento emocional e cognitivo: Durante o sono, o cérebro realiza uma série de processos vitais para a sua saúde mental. Ele processa as informações do dia, ajudando a consolidar as memórias e a compreender experiências emocionais. Além disso, o sono desempenha um papel fundamental na regulação das emoções. A falta de sono adequado pode afetar a sua capacidade de lidar com o estresse e as emoções negativas, levando a mudanças de humor, irritabilidade e até mesmo a um aumento na ansiedade.

Efeitos da falta de sono na saúde mental: A privação de sono tem um impacto profundo na sua saúde mental. Além dos efeitos imediatos, como a irritabilidade e a dificuldade de concentração, a falta de sono a longo prazo está associada a um risco aumentado de desenvolver condições de saúde mental, como a depressão e a ansiedade. Quando você não dorme o suficiente, os mecanismos de regulação emocional do cérebro podem ficar prejudicados, tornando-o mais vulnerável às oscilações emocionais e ao estresse crônico.

Práticas de higiene do sono para melhorar a qualidade do sono: A higiene do sono envolve a adoção de práticas saudáveis para melhorar a qualidade do sono. Estabelecer horários regulares para dormir e acordar ajuda a regular o seu ritmo circadiano, promovendo uma rotina de sono consistente. Além disso, criar um ambiente propício para o sono é essencial. Isso inclui manter o quarto escuro, silencioso e a uma temperatura confortável. Limitar a exposição a dispositivos eletrônicos antes de dormir é importante, pois a luz azul emitida por esses dispositivos pode interferir na produção de melatonina, o hormônio do sono.

A sintonia entre o corpo e a mente: A ligação entre a qualidade do sono e a saúde mental é profunda. Priorizar um sono adequado não é apenas um componente crucial do autocuidado, mas também uma forma de nutrir a sua mente. Ao adotar práticas de higiene do sono e dar à sua mente o descanso de que ela precisa, você está criando uma base sólida para o seu bem-estar emocional. Lembre-se de que o sono é uma ferramenta poderosa para a sua saúde mental, e ao investir nesse aspecto do autocuidado, você está contribuindo para a sua resiliência emocional e para uma vida mais equilibrada.

Gerenciamento de estresse

O estresse é uma parte inevitável da vida, mas a maneira como você lida com ele pode fazer toda a diferença para a sua saúde mental. A ligação entre o estresse físico e emocional é profunda, e compreender como gerenciar o estresse de maneira eficaz é fundamental para promover o seu bem-estar emocional. Vamos explorar mais sobre o estresse, seu impacto na saúde mental e as práticas de gerenciamento de estresse que podem ajudar:

A interconexão entre estresse físico e emocional: Quando você enfrenta uma situação estressante, seu corpo entra em modo de resposta ao estresse, liberando hormônios como o cortisol. Embora esse mecanismo seja uma resposta natural de sobrevivência, o estresse crônico pode ter efeitos prejudiciais na sua saúde mental. O excesso de cortisol, por exemplo, pode prejudicar a função cerebral, afetando a memória, a concentração e a regulação emocional. Além disso, o estresse crônico pode contribuir para o desenvolvimento de condições como a depressão e a ansiedade.

Utilizando ferramentas de gerenciamento de estresse: Felizmente, existem diversas ferramentas e práticas que podem ajudar a reduzir o impacto do estresse na sua saúde mental:

Meditação: A meditação é uma prática milenar que envolve a focalização da mente para criar clareza mental e reduzir o estresse. A meditação regular pode ajudar a acalmar a mente, reduzir a ansiedade e aumentar a resiliência emocional.

Ioga: A ioga combina movimento físico com técnicas de respiração e meditação, proporcionando uma abordagem holística para o gerenciamento do estresse. Ela não apenas ajuda a relaxar o corpo, mas também a cultivar a consciência e a presença no momento presente.

Técnicas de respiração profunda: A respiração profunda é uma ferramenta simples e eficaz para reduzir o estresse imediatamente. Praticar respirações profundas acalma o sistema nervoso, diminuindo a resposta ao estresse.

Exercícios de relaxamento: Exercícios de relaxamento, como tensão e relaxamento muscular progressivo, podem ajudar a liberar a tensão acumulada no corpo. Essas práticas promovem a relaxamento e a sensação de calma.

O impacto positivo do gerenciamento de estresse na saúde mental: Quando você adota práticas de gerenciamento de estresse, está criando um espaço para a estabilidade emocional. Essas práticas não apenas ajudam a reduzir os níveis de cortisol e a acalmar o sistema nervoso, mas também promovem a autocompaixão e a autorregulação emocional. Ao incorporar essas ferramentas em sua rotina, você está investindo no seu bem-estar emocional a longo prazo.

O gerenciamento de estresse é uma habilidade que pode ser aprimorada com o tempo e a prática. Ao priorizar práticas de relaxamento e autocuidado, você está construindo uma base sólida para enfrentar os desafios com resiliência e nutrir a sua saúde mental de maneira integral.

A ligação entre mente e corpo é uma via de mão dupla, onde o autocuidado físico influencia a saúde mental e vice-versa. Priorizar o sono adequado e o gerenciamento de estresse não apenas proporciona benefícios físicos, mas também cria uma base sólida para a estabilidade emocional. Ao adotar práticas de autocuidado que promovem a saúde tanto do corpo quanto da mente, você está investindo no seu bem-estar global.

Conscientize-se de que essa jornada é contínua e exige um compromisso constante, mas os resultados em termos de equilíbrio emocional e qualidade de vida são inestimáveis.

Exercício e endorfinas: Uma dupla poderosa

A relação entre o exercício físico e o bem-estar emocional é profundamente impactante. Não apenas o exercício beneficia o corpo, mas também desencadeia uma série de reações químicas no cérebro que contribuem para uma melhora significativa na saúde mental. Vamos aprofundar essa conexão e entender como as endorfinas desempenham um papel fundamental nesse processo:

Endorfinas e o prazer emocional

As endorfinas, conhecidas como os "hormônios do bem-estar", desempenham um papel fundamental na conexão entre o exercício físico e o bem-estar emocional. Essas substâncias químicas são produzidas naturalmente pelo corpo em resposta à atividade física e têm efeitos notáveis sobre o humor e as emoções. Vamos explorar mais profundamente como as endorfinas influenciam o prazer emocional e por que são tão cruciais para a nossa saúde mental:

A ativação das endorfinas: Quando você se envolve em atividades físicas que aumentam a frequência cardíaca e estimulam os músculos, como uma corrida, uma aula de dança animada ou mesmo um treino de resistência, seu corpo responde de maneira notável. Ele libera endorfinas como uma recompensa natural pelo esforço físico que você está realizando. Essas endorfinas atuam como mensageiros químicos que se ligam aos receptores cerebrais, desencadeando uma série de respostas neuroquímicas que afetam positivamente o seu estado emocional.

Redução da percepção de dor e estresse: Uma das características mais marcantes das endorfinas é a sua capacidade de reduzir a percepção da dor. Isso ocorre porque elas interagem com os receptores de dor no cérebro, diminuindo a sensação de desconforto e promovendo um sentimento de alívio. Além disso, as endorfinas também desempenham um papel crucial no controle do estresse. Quando liberadas, elas têm a capacidade de diminuir os níveis de cortisol, o hormônio do estresse, contribuindo para uma sensação geral de relaxamento e bem-estar.

Sensações de prazer e euforia: Além de reduzir a dor e o estresse, as endorfinas têm um impacto notável sobre as sensações de prazer e euforia. A liberação desses compostos químicos está associada a uma sensação de recompensa e gratificação após o exercício. É por isso que muitas pessoas relatam sentir uma onda de felicidade e contentamento após uma sessão de exercícios vigorosa. Essa sensação de euforia é frequentemente chamada de "euforia do corredor" e é experimentada por muitos atletas após corridas longas e intensas.

A importância do exercício regular: A compreensão da relação entre as endorfinas e o prazer emocional destaca a importância do exercício regular para a saúde mental. O exercício não é apenas uma ferramenta para melhorar a forma física, mas também uma maneira poderosa de promover um estado emocional positivo. Ao se envolver em atividades físicas que estimulam a liberação de endorfinas, você está investindo em sua saúde mental de maneira holística, colhendo os benefícios de um humor melhorado, maior resiliência e uma perspectiva mais otimista da vida.

Redução do estresse e da ansiedade

As endorfinas, os "hormônios do bem-estar", não apenas promovem sensações de prazer e euforia, mas também desempenham um papel significativo na redução do estresse e da ansiedade. A ligação entre atividade física, liberação de endorfinas e estabilidade emocional é profunda e crucial para compreender como cuidar tanto da mente quanto do corpo. Vamos explorar mais detalhadamente como as endorfinas influenciam a tranquilidade emocional:

Mecanismos de redução de estresse: Quando você se envolve em exercícios físicos, como uma caminhada energizante ou uma sessão de ioga relaxante, o corpo entra em ação para liberar endorfinas. Esses compostos químicos interagem com os receptores cerebrais, resultando em uma cascata de respostas neuroquímicas. Uma das respostas mais notáveis é a redução dos níveis de cortisol, o hormônio do estresse.

Ação do cortisol: O cortisol é um hormônio liberado pelo corpo em resposta ao estresse. Embora seja uma resposta natural e adaptativa em situações de perigo ou desafio, níveis elevados de cortisol cronicamente podem ter efeitos prejudiciais para a saúde mental e física. Altos níveis de cortisol estão associados a sintomas de ansiedade, irritabilidade, dificuldade de concentração e até mesmo depressão.

Benefícios duradouros: O efeito da liberação de endorfinas não é apenas momentâneo. Quando você se exercita e experimenta a diminuição dos níveis de cortisol, essa sensação de relaxamento e alívio pode continuar a influenciar o seu estado emocional após a atividade física. Essa é uma das razões pelas quais muitas pessoas relatam sentir-se mais calmas, equilibradas e em paz após uma sessão de exercícios.

Uma abordagem natural para a tranquilidade emocional: A conexão entre a liberação de endorfinas e a redução do estresse é uma abordagem natural e poderosa para melhorar a saúde mental. Enquanto o estresse é uma parte inevitável da vida, encontrar maneiras saudáveis de lidar com ele é essencial para manter o equilíbrio emocional. O exercício não apenas ajuda a diminuir os níveis de cortisol, mas também promove uma sensação de controle sobre os sentimentos de ansiedade e nervosismo.

Integração de práticas regulares: A chave para colher os benefícios emocionais da liberação de endorfinas é a prática regular de exercícios. Integrar atividades físicas em sua rotina diária permite que você experimente esses efeitos positivos de maneira consistente. Ao se comprometer com a prática regular de exercícios, você está investindo em seu bem-estar emocional a longo prazo.

Elevação do humor e bem-estar

A relação entre a liberação de endorfinas e a elevação do humor é uma das razões pelas quais o exercício físico é considerado uma ferramenta valiosa no manejo da saúde mental. A influência das endorfinas no bem-estar emocional vai além do simples alívio do estresse, abrangendo também a melhora do humor e a promoção de uma mentalidade positiva. Vamos explorar mais profundamente essa ligação:

Neurotransmissores do prazer e euforia: As endorfinas são conhecidas como neurotransmissores do prazer e da euforia. Quando você se engaja em atividades físicas, como corrida, natação, dança ou mesmo caminhada, seu corpo começa a liberar essas substâncias químicas naturais. Elas interagem com os receptores cerebrais, desencadeando sensações de prazer, satisfação e euforia.

Impacto na depressão e ansiedade: A relação entre a liberação de endorfinas e a melhora do humor é particularmente relevante para pessoas que lutam contra a depressão e a ansiedade. A depressão é muitas vezes caracterizada por uma sensação persistente de tristeza, falta de interesse e baixo nível de energia. A ansiedade, por outro lado, está associada a uma constante sensação de inquietação e apreensão. O exercício regular pode ser uma maneira eficaz de combater esses sintomas, pois a liberação de endorfinas promove sentimentos de alegria e bem-estar, além de reduzir a sensação de angústia e tensão.

Promovendo uma mentalidade positiva: A ligação entre as endorfinas e o humor positivo também contribui para a promoção de uma mentalidade otimista. Quando você experimenta momentos de prazer e euforia durante ou após o exercício, isso influencia sua perspectiva geral da vida. Sentir-se bem física e emocionalmente pode levar a uma atitude mais positiva em relação a desafios e situações do dia a dia.

Integração na rotina diária: A incorporação regular de atividade física em sua rotina diária é uma maneira eficaz de colher os benefícios das endorfinas para a melhora do humor e do bem-estar. Seja caminhando, dançando, praticando ioga ou se exercitando na academia, dedicar tempo a atividades que promovam a liberação desses neurotransmissores positivos pode ter um impacto duradouro em sua saúde mental.

A incorporação do exercício na rotina de autocuidado

O exercício físico transcende os benefícios puramente físicos e assume um papel de destaque na promoção do bem-estar emocional. Ao incorporar o exercício em sua rotina de autocuidado, você está adotando uma abordagem abrangente para nutrir tanto o corpo quanto a mente. Essa prática pode ter um impacto profundo em sua saúde mental e emocional, proporcionando uma série de benefícios que vão além do condicionamento físico. Vamos explorar mais profundamente essa conexão:

Uma abordagem holística ao autocuidado: O autocuidado vai além de simplesmente tratar do corpo físico. Ele envolve cuidar de todos os aspectos de sua saúde, incluindo sua saúde mental e emocional. O exercício, nesse contexto, se torna uma ferramenta poderosa que abraça essa abordagem holística. Ao cuidar do seu corpo por meio da atividade física, você também está impactando positivamente sua mente, melhorando seu humor, aliviando o estresse e aumentando seu bem-estar geral.

Os efeitos benéficos das endorfinas: A liberação de endorfinas durante o exercício é um dos principais mecanismos pelos quais o corpo e a mente se beneficiam. Esses neurotransmissores naturais agem como analgésicos naturais, reduzindo o estresse e promovendo sentimentos de prazer e satisfação. Essa sensação de euforia não apenas melhora o humor imediatamente após o exercício, mas também cria um efeito cumulativo ao longo do tempo, contribuindo para um estado emocional mais equilibrado e positivo.

Resiliência e positividade: A incorporação regular de exercícios em sua rotina de autocuidado pode aumentar sua resiliência emocional. Quando você experimenta os efeitos positivos das endorfinas e observa as melhorias em seu bem-estar emocional, está criando uma base sólida para enfrentar os desafios da vida com mais positividade e confiança. O aumento do bem-estar emocional resultante do exercício pode ajudar a diminuir os impactos das adversidades, permitindo que você se recupere mais rapidamente e enfrente as dificuldades com uma mentalidade mais otimista.

Uma caminhada de empoderamento: A incorporação do exercício em sua rotina de autocuidado é uma jornada de empoderamento. À medida que você se dedica a cuidar de seu corpo e mente por meio da atividade física, está tomando medidas concretas para melhorar sua qualidade de vida. Essa prática constante de autocuidado cria um ciclo positivo, onde o aumento do bem-estar emocional motiva você a continuar investindo na sua saúde.

Encontrando o equilíbrio: É importante encontrar um equilíbrio que funcione para você ao incorporar o exercício em sua rotina. Escolha atividades que você desfrute e que se alinhem às suas preferências e necessidades. Tenha em mente que o objetivo não é apenas atingir metas físicas, mas também abraçar os efeitos benéficos do exercício em sua saúde mental e emocional.

A incorporação do exercício na rotina de autocuidado é uma abordagem integral para melhorar a qualidade de sua vida. Ao experimentar os efeitos das endorfinas e os benefícios emocionais do exercício, você está capacitando-se a enfrentar desafios com resiliência e cultivar uma mentalidade mais positiva e otimista.

Lembre-se de que qualquer forma de movimento é válida. Encontre atividades físicas que você desfrute e que se encaixem no seu estilo de vida. Comece com pequenos passos e, gradualmente, aumente a intensidade e a duração dos exercícios. A consistência é a chave para colher os benefícios emocionais do exercício. Portanto, busque incorporar atividades físicas de maneira regular em sua vida e desfrute das recompensas duradouras para a sua saúde mental.

Alimentação nutritiva: Nutrindo corpo e mente

A relação entre a dieta e a saúde mental tem ganhado cada vez mais atenção, e com razão. O que você escolhe colocar em seu corpo pode ter um impacto profundo em sua função cerebral, humor e níveis de energia. Uma alimentação nutritiva não apenas sustenta seu corpo, mas também desempenha um papel significativo em manter a saúde emocional e mental. Vamos explorar mais sobre como a alimentação pode influenciar sua saúde mental:

Regulação dos neurotransmissores

A regulação adequada dos neurotransmissores é fundamental para a saúde mental e emocional. Esses mensageiros químicos desempenham papéis essenciais na comunicação entre as células nervosas e afetam diretamente o nosso humor, emoções e até mesmo o comportamento. Alguns neurotransmissores, como serotonina e dopamina, estão intimamente ligados ao bem-estar emocional. Como certos nutrientes podem contribuir para a regulação saudável desses neurotransmissores:

Ácidos graxos ômega-3: Os ácidos graxos ômega-3 são considerados ácidos graxos essenciais, o que significa que o corpo não pode produzi-los por si só e, portanto, precisam ser obtidos por meio da dieta. Esses ácidos graxos desempenham um papel crucial na integridade das membranas celulares, incluindo as células do cérebro. Além disso, eles estão associados a um aumento nos níveis de serotonina e dopamina, contribuindo assim para um humor mais equilibrado e uma maior sensação de bem-estar emocional. Fontes de ômega-3 incluem peixes gordurosos, como salmão e sardinha, além de sementes de chia, linhaça e nozes.

Vitaminas do complexo B: As vitaminas do complexo B, como B6, B9 (ácido fólico) e B12, desempenham um papel fundamental na síntese e regulação de neurotransmissores como serotonina e dopamina. A vitamina B6, por exemplo, é um cofator necessário na conversão do triptofano em serotonina. O ácido fólico está associado a níveis mais elevados de serotonina, enquanto a vitamina B12 é essencial para a formação de neurotransmissores e para a saúde geral do sistema nervoso. Alimentos ricos em vitaminas do complexo B incluem folhas verdes escuras, leguminosas, ovos, carnes magras e grãos integrais.

Vitamina D: A vitamina D, conhecida como a vitamina do sol, também desempenha um papel na regulação dos neurotransmissores e está relacionada à saúde mental. A deficiência de vitamina D tem sido associada a uma maior prevalência de depressão. A vitamina D está envolvida na produção de serotonina e dopamina, e a exposição ao sol é uma das principais maneiras de o corpo produzir essa vitamina. Alimentos fortificados, peixes gordurosos e ovos também são fontes de vitamina D.

Minerais como magnésio e zinco: Minerais como magnésio e zinco são essenciais para muitas reações bioquímicas no corpo, incluindo a produção de neurotransmissores. O magnésio, por exemplo, está envolvido na ativação de enzimas responsáveis pela conversão de triptofano em serotonina. O zinco também desempenha um papel na modulação de neurotransmissores e na regulação do humor. Alimentos ricos em magnésio incluem folhas verdes, nozes, sementes e grãos integrais, enquanto o zinco pode ser encontrado em carnes magras, leguminosas e sementes.

A alimentação desempenha um papel poderoso na regulação dos neurotransmissores que afetam o nosso bem-estar emocional. Escolher alimentos ricos em ácidos graxos ômega-3, vitaminas do complexo B, vitamina D e minerais como magnésio e zinco pode contribuir para a regulação adequada desses neurotransmissores e promover um estado emocional mais equilibrado. Incorporar uma dieta balanceada e diversificada é essencial para garantir que você esteja fornecendo ao seu corpo os nutrientes necessários para uma saúde mental e emocional ótimas.

Impacto na inflamação

A relação entre a dieta e a saúde mental vai além da simples nutrição do cérebro. A escolha dos alimentos pode ter um impacto profundo nos níveis de inflamação no corpo, o que, por sua vez, está ligado à saúde mental. Como a dieta pode afetar a inflamação e, consequentemente, a saúde emocional:

Dieta e inflamação: Uma dieta rica em alimentos processados, gorduras saturadas e açúcares refinados tem sido associada a um aumento nos níveis de inflamação crônica no corpo. A inflamação é uma resposta natural do sistema imunológico a lesões ou infecções, mas a inflamação crônica de baixo grau pode ocorrer quando o corpo está constantemente exposto a alimentos que desencadeiam essa resposta imunológica. Esse estado inflamatório prolongado tem sido associado a uma série de condições de saúde, incluindo distúrbios do humor, como depressão e ansiedade.

Inflamação e saúde mental: A inflamação crônica pode afetar o funcionamento cerebral e a saúde mental de várias maneiras. Ela pode interferir na produção e regulação de neurotransmissores, como serotonina e dopamina, que desempenham um papel fundamental no equilíbrio emocional. Além disso, a inflamação pode afetar a integridade da barreira hematoencefálica, uma estrutura que protege o cérebro de substâncias potencialmente prejudiciais. Quando a barreira hematoencefálica é comprometida, pode haver um aumento na entrada de moléculas inflamatórias no cérebro, o que pode contribuir para sintomas de depressão, ansiedade e outros distúrbios mentais.

Antioxidantes e alimentos anti-inflamatórios: Por outro lado, alimentos ricos em antioxidantes têm propriedades anti-inflamatórias que podem ajudar a combater a inflamação no corpo e promover a saúde mental. Antioxidantes são compostos que neutralizam os radicais livres, moléculas instáveis que podem causar danos às células e desencadear respostas inflamatórias. Alimentos como frutas e vegetais coloridos, nozes, sementes, chá verde e especiarias como açafrão contêm antioxidantes que podem ajudar a reduzir a inflamação e proteger a saúde do cérebro.

A ligação entre a dieta, a inflamação e a saúde mental destaca a importância de escolher alimentos que promovam um ambiente anti-inflamatório no corpo. Optar por uma dieta rica em alimentos integrais, como frutas, vegetais, nozes, sementes, peixes gordurosos e grãos integrais, e limitar o consumo de alimentos processados, açúcares refinados e gorduras saturadas, pode contribuir para a redução da inflamação e o apoio à saúde mental. Lembre-se de que a escolha de alimentos nutritivos não apenas nutre o corpo, mas também desempenha um papel crucial no equilíbrio emocional e na saúde mental geral.

Equilíbrio do açúcar no sangue

A relação entre a dieta e a saúde mental é complexa e multifacetada. Um aspecto fundamental a ser considerado é o equilíbrio do açúcar no sangue, que desempenha um papel crucial no funcionamento cerebral, no humor e na energia. Como a escolha dos tipos de carboidratos pode afetar seu equilíbrio de açúcar no sangue e, consequentemente, sua saúde mental:

Impacto dos carboidratos no açúcar no sangue: Carboidratos são uma fonte importante de energia para o corpo. No entanto, nem todos os carboidratos são criados iguais. Carboidratos simples, encontrados em alimentos como açúcares refinados e produtos de grãos refinados, são rapidamente digeridos e absorvidos pelo corpo, levando a picos rápidos nos níveis de açúcar no sangue. Esses picos são frequentemente seguidos por quedas igualmente rápidas, o que pode resultar em sensações de irritabilidade, fadiga e mudanças de humor.

Carboidratos complexos e estabilidade: Por outro lado, optar por carboidratos complexos, como grãos integrais, vegetais e leguminosas, pode ajudar a manter um equilíbrio mais estável de açúcar no sangue ao longo do dia. Carboidratos complexos são digeridos mais lentamente devido à presença de fibras e outros nutrientes. Isso resulta em uma liberação gradual de glicose na corrente sanguínea, evitando picos e quedas acentuados nos níveis de açúcar no sangue. Essa estabilidade nos níveis de açúcar no sangue contribui para uma sensação constante de energia e bem-estar.

Equilíbrio de energia e humor: O equilíbrio do açúcar no sangue desempenha um papel significativo no humor e na energia. Picos rápidos e subsequentes quedas nos níveis de açúcar no sangue podem levar a mudanças bruscas de humor, sentimentos de irritabilidade, ansiedade e até mesmo depressão. Por outro lado, manter um equilíbrio estável de açúcar no sangue ajuda a promover uma sensação mais constante de energia, foco e humor equilibrado.

A escolha dos tipos de carboidratos que você consome desempenha um papel fundamental na regulação do açúcar no sangue e, por sua vez, na sua saúde mental. Optar por carboidratos complexos e combiná-los com proteínas magras e fibras pode ajudar a manter um equilíbrio mais estável de açúcar no sangue, contribuindo para uma sensação constante de energia, humor positivo e bem-estar emocional. Tenha em mente que a nutrição é uma parte essencial do autocuidado, e fazer escolhas alimentares conscientes pode ter um impacto positivo em sua saúde mental geral.

A importância da hidratação

A hidratação adequada é um componente fundamental do autocuidado que desempenha um papel vital no funcionamento ótimo do corpo e da mente. A água é essencial para inúmeras funções biológicas e tem um impacto direto na saúde mental. Por que a hidratação é crucial para o bem-estar emocional:

Função cerebral e concentração: O cérebro é altamente dependente de uma hidratação adequada para funcionar corretamente. A desidratação pode afetar negativamente a função cognitiva, a memória e a concentração. Mesmo uma leve falta de hidratação pode resultar em dificuldades para se concentrar, processar informações e tomar decisões. Manter-se hidratado é essencial para garantir que seu cérebro funcione com eficácia, o que, por sua vez, influencia seu estado mental e emocional.

Equilíbrio de humor: A hidratação desempenha um papel importante no equilíbrio de humor. A desidratação pode levar a alterações no humor, resultando em sentimentos de irritabilidade, ansiedade e até mesmo depressão. A água é necessária para a produção adequada de neurotransmissores, como serotonina, que está associada ao bem-estar emocional. Manter-se hidratado ajuda a promover um estado emocional mais equilibrado e positivo.

Saúde física e mental integradas: A conexão entre a hidratação e a saúde mental é parte de um sistema mais amplo e interconectado. A desidratação pode impactar a saúde física, levando a dores de cabeça, fadiga e mau funcionamento dos órgãos. Esses problemas físicos também podem influenciar negativamente o estado mental, levando a sentimentos de desconforto e irritação. Ao manter-se hidratado, você está cuidando tanto do seu corpo quanto da sua mente, promovendo um equilíbrio holístico.

O autocuidado físico é uma parte integral da jornada de recuperação da depressão. Ao priorizar o exercício regular, a alimentação nutritiva e outros aspectos do autocuidado, você está capacitando-se para enfrentar os desafios emocionais com mais resiliência e positividade. Lembre-se de que pequenas mudanças podem ter um grande impacto na sua saúde mental, ajudando-o a viver uma vida mais equilibrada e plena.

6

GERENCIANDO O ESTRESSE E A ANSIEDADE

No equilíbrio entre o caos e a calma, encontramos a serenidade que tanto buscamos.

O gerenciamento do estresse e da ansiedade é uma parte fundamental do cuidado com a saúde mental. A depressão, o estresse e a ansiedade muitas vezes estão interligados, e aprender a lidar com esses desafios pode melhorar significativamente a qualidade de vida. Neste capítulo, exploraremos estratégias eficazes para enfrentar esses desafios e incorporar práticas de relaxamento e autocuidado em sua vida diária.

A relação entre depressão, estresse e ansiedade

A depressão, o estresse e a ansiedade são condições que frequentemente coexistem e podem ter um impacto profundo na saúde mental e emocional. A interconexão entre esses estados emocionais complexos pode criar um ciclo prejudicial. O estresse crônico, por exemplo, pode funcionar como um gatilho para o desenvolvimento ou agravamento dos sintomas de ansiedade e depressão. Da mesma forma, uma ansiedade constante pode contribuir para níveis elevados de estresse. Além disso, a depressão muitas vezes está associada a sentimentos de estresse e ansiedade, formando uma rede de emoções negativas que podem afetar significativamente a qualidade de vida.

Pratique a autoconsciência

A autoconsciência é uma habilidade essencial para lidar com os desafios emocionais de estresse, ansiedade e depressão. Ela envolve a capacidade de observar e reconhecer seus próprios pensamentos, emoções e comportamentos de maneira objetiva e sem julgamento. Ao cultivar a autoconsciência, você pode identificar os sinais precoces dessas condições, permitindo que tome medidas preventivas e estratégias de enfrentamento de forma mais eficaz. Mais detalhes sobre como praticar a autoconsciência:

Observação dos sinais precoces: Esteja atento às mudanças sutis em seu estado emocional. Isso inclui estar ciente das flutuações em seu humor, níveis de energia e padrões de sono. Por exemplo, você pode notar se está se sentindo mais cansado do que o normal, se está tendo dificuldades para dormir ou se está experimentando oscilações no seu humor.

Anotações e diário emocional: Manter um diário emocional pode ser uma ferramenta valiosa para a autoconsciência. Reserve um tempo diariamente para escrever sobre como você está se sentindo, o que está ocupando sua mente e quaisquer eventos significativos do dia. Isso pode ajudá-lo a identificar padrões de pensamento e emoções recorrentes.

Prática de *mindfulness*: A prática de *mindfulness* envolve estar presente no momento presente sem julgamento. Isso significa observar seus pensamentos e emoções sem reagir a eles de maneira automática. A meditação *mindfulness* pode ajudá-lo a desenvolver essa habilidade, permitindo que você observe seus pensamentos e sentimentos sem se deixar levar por eles.

Busca por gatilhos: Identificar gatilhos de estresse, ansiedade ou depressão pode ajudá-lo a entender melhor suas reações emocionais. Esses gatilhos podem ser situações, lugares, pessoas ou pensamentos específicos que desencadeiam sentimentos negativos. Ao reconhecer seus gatilhos, você pode estar mais preparado para enfrentá-los quando surgirem.

Autoavaliação regular: Faça uma autoavaliação regular de como você está se sentindo emocionalmente. Tire um tempo para se perguntar como você está lidando com o estresse e se está experimentando sintomas de ansiedade ou depressão. Essa prática regular de autoexame pode ajudá-lo a estar mais conectado com suas emoções.

Intervenção precoce: A autoconsciência permite que você intervenha precocemente quando percebe sinais de estresse, ansiedade ou depressão. Em vez de esperar até que esses sentimentos se intensifiquem, você pode adotar medidas preventivas, como praticar técnicas de relaxamento, procurar apoio social ou buscar ajuda profissional quando necessário.

Em resumo, a prática da autoconsciência envolve a observação atenta de seus próprios pensamentos e emoções, permitindo que você reconheça os sinais precoces de estresse, ansiedade e depressão. Ao estar consciente de como você se sente, você pode adotar uma abordagem proativa para enfrentar esses desafios emocionais e buscar o suporte necessário para promover sua saúde mental e bem-estar emocional.

Estabeleça limites

Estabelecer limites saudáveis é uma habilidade vital para lidar com o estresse e a ansiedade de maneira eficaz. É fundamental reconhecer que você tem um valor inerente e merece cuidar de si mesmo. Definir limites claros em suas responsabilidades e compromissos é uma forma de proteger sua saúde mental e emocional. Mais detalhes sobre como estabelecer e manter limites saudáveis:

Reconhecendo a necessidade de limites: A sobrecarga constante de tarefas e responsabilidades pode levar a níveis elevados de estresse e ansiedade. É importante reconhecer quando você está se sentindo sobrecarregado e quando seus limites estão sendo ultrapassados. Prestar atenção aos sinais de alerta, como exaustão, irritabilidade e falta de motivação, pode ajudá-lo a identificar quando é hora de estabelecer limites.

Aprendendo a dizer "não": Dizer "não" é uma habilidade importante para proteger seu bem-estar emocional. Você não precisa aceitar todas as solicitações e demandas que surgem. Avalie cuidadosamente suas prioridades e compromissos antes de assumir novas responsabilidades. Saiba que dizer "não" não é egoísmo; é um ato de autodisponibilidade e autocuidado.

Priorizando suas responsabilidades: Defina prioridades claras em suas responsabilidades e compromissos. Identifique o que é mais importante e valioso para você. Ao focar nas atividades que têm um impacto significativo em sua vida, você pode evitar a dispersão de energia em tarefas menos relevantes e estressantes.

Comunicando seus limites: Comunique seus limites de maneira clara e respeitosa aos outros. Seja honesto sobre suas capacidades e disponibilidade. Explique que você está comprometido com o seu bem-estar emocional e que precisa equilibrar suas responsabilidades de forma saudável.

Praticando o autocuidado: Priorize o autocuidado como parte fundamental de estabelecer limites saudáveis. Reservar tempo para descansar, relaxar e participar de atividades que o energizam é essencial para evitar a sobrecarga e o esgotamento. O autocuidado também inclui a prática regular de técnicas de relaxamento, como meditação, exercícios de respiração profunda e ioga.

Aprendendo a lidar com a culpa: Estabelecer limites pode às vezes desencadear sentimentos de culpa, especialmente quando você se preocupa com as expectativas dos outros. Lembre-se de que cuidar de si mesmo não é egoísmo, é uma forma de garantir que você esteja emocionalmente bem para apoiar os outros de maneira saudável.

Avaliação e ajuste constante: Esteja aberto a reavaliar seus limites à medida que as circunstâncias mudam. O que era viável em um momento pode não ser possível em outro. Seja flexível em ajustar seus limites de acordo com suas necessidades e circunstâncias atuais.

Benefícios dos limites saudáveis: Estabelecer limites saudáveis não apenas reduz o estresse e a ansiedade, mas também promove um senso de controle sobre sua vida e bem-estar emocional. Ao definir limites, você se empodera a tomar decisões conscientes que promovem sua saúde mental e emocional a longo prazo.

Em resumo, estabelecer limites saudáveis é uma maneira eficaz de gerenciar o estresse e a ansiedade. Reconheça a importância de cuidar de si mesmo e esteja disposto a defender suas necessidades emocionais. Ao estabelecer e manter limites, você está investindo em seu próprio bem-estar e promovendo uma vida mais equilibrada e gratificante.

Estabeleça metas realistas

A definição de metas realistas desempenha um papel fundamental no gerenciamento do estresse e da ansiedade. Metas inatingíveis podem criar uma pressão excessiva e levar a sentimentos de frustração e inadequação. Por outro lado, estabelecer objetivos que são alcançáveis e mensuráveis pode ser uma abordagem eficaz para enfrentar os desafios de forma mais saudável e positiva. A importância de estabelecer metas realistas inclui:

Redução do estresse e pressão: Definir metas que estão fora de alcance imediato pode gerar uma pressão desnecessária. Isso ocorre porque você pode se sentir constantemente sobrecarregado e preocupado em atingir esses objetivos impossíveis. Essa pressão adicional pode aumentar significativamente os níveis de estresse, tornando mais difícil lidar com os desafios cotidianos.

Celebração de pequenas vitórias: Ao estabelecer metas realistas, você cria oportunidades para celebrar as pequenas vitórias ao longo do caminho. Quando você atinge esses marcos menores, é mais provável que sinta um senso de realização e autoconfiança. Esses sentimentos positivos podem contrabalançar os momentos de estresse e ansiedade, fortalecendo sua resiliência emocional.

Foco na jornada: Metas realistas permitem que você se concentre na trilha, em vez de apenas no destino final. Isso significa que você pode apreciar o progresso que está fazendo a cada passo, em vez de se sentir constantemente insatisfeito por não ter atingido um objetivo inatingível. Esse foco na jornada pode ajudar a reduzir o estresse e a ansiedade associados à necessidade de resultados imediatos.

Aumento da autoconfiança: O sucesso em alcançar metas realistas aumenta sua autoconfiança. À medida que você cumpre as metas que estabeleceu para si mesmo, constrói uma crença em sua capacidade de enfrentar desafios e superar obstáculos. Essa autoconfiança pode ser uma ferramenta poderosa para enfrentar o estresse e a ansiedade, já que você sabe que é capaz de lidar com as situações que surgem.

Menos comparação social: Metas realistas também ajudam a evitar a armadilha da comparação social. Quando você define metas que são verdadeiras para você e suas circunstâncias, é menos provável que se compare com os outros e sinta a pressão de corresponder às expectativas alheias. Isso pode aliviar o estresse causado pela preocupação excessiva com o que os outros pensam.

Em suma, estabelecer metas realistas é uma estratégia eficaz para lidar com o estresse e a ansiedade. Ao reduzir a pressão, celebrar as pequenas vitórias, focar na jornada, aumentar a autoconfiança e evitar a comparação social, você está criando um ambiente mais propício para um bem-estar emocional saudável. Lembre-se de que a trajetória é única para cada pessoa, e é importante definir metas que reflitam suas necessidades e capacidades individuais.

Pratique o relaxamento

A prática regular de técnicas de relaxamento pode ser uma ferramenta poderosa para aliviar o estresse e a ansiedade. Meditação, respiração profunda, ioga e outros métodos podem ajudar a acalmar a mente, reduzir a tensão muscular e promover uma sensação de tranquilidade. Ao incorporar essas técnicas em sua rotina diária, você está capacitando-se a enfrentar os desafios emocionais com mais calma e clareza.

Técnicas de relaxamento: Meditação, respiração profunda e outras abordagens

Técnicas de relaxamento são ferramentas valiosas para reduzir o estresse e a ansiedade. Essas práticas podem ajudar a acalmar a mente, reduzir a tensão muscular e promover um estado de tranquilidade. Algumas técnicas eficazes:

Meditação

A meditação é uma prática milenar que tem o poder de acalmar a mente, promover a clareza mental e aliviar o estresse. Uma das abordagens mais conhecidas é a meditação *mindfulness*, que enfatiza a atenção plena ao momento presente. Vamos explorar mais profundamente como a meditação pode ser uma ferramenta eficaz para gerenciar o estresse e a ansiedade:

Meditação *mindfulness*: A meditação *mindfulness*, também conhecida como atenção plena, envolve direcionar conscientemente sua atenção para o momento presente, sem julgamento. Elementos-chave da meditação *mindfulness*:

Observação de pensamentos: Durante a meditação *mindfulness*, você é convidado a observar seus pensamentos à medida que surgem, sem se apegar a eles ou julgá-los. Isso permite que você desenvolva uma relação mais saudável com seus pensamentos, reduzindo a tendência de se deixar levar por preocupações e ansiedades.

Foco na respiração: Uma prática comum na meditação *mindfulness* é focar na respiração. Ao direcionar sua atenção para as sensações da respiração, você cria um ponto de ancoragem no momento presente. Isso ajuda a acalmar a mente e afastar-se das distrações mentais.

Redução do estresse: A meditação *mindfulness* tem sido associada à redução dos níveis de estresse. Ao se concentrar no presente e desapegar-se de pensamentos preocupantes, você pode diminuir a resposta de luta ou fuga do corpo, que é ativada pelo estresse.

Melhoria da autorregulação emocional: A prática regular da meditação *mindfulness* fortalece a capacidade de regular emoções. Você aprende a observar suas emoções sem reagir impulsivamente, o que ajuda a evitar respostas emocionais exageradas diante de desafios.

Benefícios da meditação regular: Além de aliviar o estresse e a ansiedade, a meditação regular oferece uma série de benefícios para a saúde mental e emocional. Entre os principais benefícios, destaca-se:

Clareza mental: A prática regular de meditação ajuda a acalmar o turbilhão de pensamentos, proporcionando maior clareza mental e foco.

Aumento da resiliência: A meditação cultiva a resiliência emocional, permitindo que você enfrente desafios com mais calma e perspectiva.

Melhoria do sono: A meditação pode melhorar a qualidade do sono, reduzindo os pensamentos ansiosos que podem interferir no repouso.

Autoconsciência: A meditação ajuda a desenvolver uma maior autoconsciência, permitindo que você reconheça padrões de pensamento e comportamento.

Incorporar a meditação à sua rotina diária pode ser uma forma eficaz de melhorar sua saúde mental e emocional. Comece com sessões curtas e gradualmente aumente a duração à medida que se familiariza com a prática. Com o tempo, você poderá colher os benefícios de uma mente mais tranquila, focada e resiliente.

Respiração profunda

A respiração profunda é uma técnica de relaxamento que pode ser praticada em qualquer lugar e a qualquer momento para acalmar o sistema nervoso e reduzir o estresse. É uma ferramenta valiosa para restaurar o equilíbrio emocional e promover uma sensação de tranquilidade. Mais sobre essa técnica e seus benefícios:

A arte da respiração profunda: A técnica de respiração profunda envolve inspirar lentamente pelo nariz, permitindo que o ar encha completamente os pulmões. Em seguida, expire suavemente pela boca, liberando todo o ar dos pulmões. O foco está na expansão completa da caixa torácica durante a inspiração e na liberação gradual do ar durante a expiração.

Enquanto pratica a respiração profunda, concentre-se na sensação física da respiração. Sinta o movimento do ar entrando e saindo de seus pulmões e a expansão e contração do peito e do abdômen.

Benefícios para o alívio do estresse: A respiração profunda estimula o sistema nervoso parassimpático, que é responsável pela resposta de relaxamento do corpo. Isso ajuda a reduzir os níveis de cortisol, o hormônio do estresse, e promove uma sensação de calma.

Praticar a respiração profunda regularmente pode diminuir a frequência cardíaca e a pressão arterial, que geralmente aumentam em situações de estresse.

Redução da ansiedade: A técnica de respiração profunda é eficaz para reduzir os sintomas de ansiedade. Focar na respiração ajuda a desviar a atenção dos pensamentos preocupantes e a criar uma sensação de presença no momento presente.

A ansiedade muitas vezes está associada a uma respiração superficial e rápida. A respiração profunda contraria essa tendência, aumentando o suprimento de oxigênio para o corpo e o cérebro, o que pode ajudar a acalmar os sentimentos de nervosismo.

Reserve alguns minutos diariamente: Você pode praticar a respiração profunda por apenas alguns minutos todos os dias. Isso pode ser especialmente útil quando você se sentir sobrecarregado ou ansioso.

Integre-a à sua rotina: A respiração profunda pode ser praticada em qualquer lugar. Você pode fazer isso enquanto está sentado no trabalho, em casa ou durante um momento tranquilo de introspecção.

Crie um ambiente relaxante: Encontre um local silencioso onde você possa se concentrar na técnica sem distrações. Isso ajuda a aprofundar a prática e a experiência de relaxamento.

A respiração profunda é uma técnica simples, porém poderosa, para aliviar o estresse, acalmar a mente e promover uma sensação de tranquilidade. Ao incorporar essa prática em sua rotina, você estará criando um recurso valioso para enfrentar os desafios emocionais com mais serenidade e clareza.

Ioga

A ioga é uma prática milenar que combina movimentos físicos suaves, foco na respiração e atenção plena para promover o equilíbrio entre corpo e mente. Essa abordagem holística para o autocuidado tem ganhado popularidade por seus benefícios não apenas para a saúde física, mas também para a saúde mental. Como a ioga pode ser uma ferramenta eficaz para o alívio do estresse, ansiedade e depressão:

Integração de mente e corpo: A ioga reconhece a interconexão entre o corpo e a mente. Ao combinar posturas físicas (chamadas asanas) com técnicas de respiração e meditação, a ioga promove um estado de equilíbrio integral.

A prática da ioga envolve estar presente no momento presente, concentrando-se na execução das posturas e na sensação da respiração. Essa atenção plena pode ajudar a afastar pensamentos estressantes e a criar um espaço mental mais tranquilo.

Benefícios para o alívio do estresse: A ioga estimula o sistema nervoso parassimpático, que é responsável pela resposta de relaxamento do corpo. Isso ajuda a diminuir a produção de cortisol e a promover uma sensação de calma e relaxamento.

A prática regular de ioga pode ajudar a aliviar a tensão muscular, que muitas vezes é um sintoma físico do estresse acumulado.

Redução da ansiedade: A ioga incentiva a respiração consciente e profunda, o que pode ajudar a interromper os ciclos de pensamentos ansiosos. Focar na respiração e na execução das posturas pode criar uma sensação de tranquilidade mental.

A atenção plena praticada durante a ioga ajuda a afastar preocupações futuras ou remorsos passados, concentrando-se apenas no presente. Isso pode ser especialmente benéfico para reduzir a ansiedade.

Alívio da depressão: A ioga tem sido associada à melhoria do humor e à redução dos sintomas de depressão. A combinação de movimentos suaves, respiração consciente e atenção plena pode criar uma sensação de bem-estar emocional.

A prática da ioga pode estimular a liberação de endorfinas, neurotransmissores conhecidos por seu papel no alívio do estresse e na promoção do bem-estar.

Incorporando a ioga na sua vida: Escolha um estilo que funcione para você: Existem diferentes estilos de ioga, desde os mais suaves até os mais dinâmicos. Escolha aquele que melhor se alinha com suas necessidades e preferências.

Pratique regularmente: A consistência é fundamental para colher os benefícios da ioga. Reserve um tempo regularmente para a prática, mesmo que seja por alguns minutos todos os dias.

Ouça seu corpo: A ioga é sobre respeitar os limites do seu corpo. Não force posturas e ajuste sua prática de acordo com suas necessidades e níveis de conforto.

A ioga oferece uma abordagem abrangente para o alívio do estresse, ansiedade e depressão. Ao praticar essa arte antiga, você está investindo no seu bem-estar emocional e físico, criando um espaço para a tranquilidade e a autocura.

Técnicas de relaxamento muscular

As técnicas de relaxamento muscular são abordagens eficazes para liberar a tensão acumulada no corpo, proporcionando um alívio tanto físico quanto mental. Essas técnicas se baseiam na premissa de que a tensão muscular está interligada ao estresse emocional e que liberar essa tensão pode ter um impacto positivo em seu bem-estar geral. Conheça algumas informações sobre como as técnicas de relaxamento muscular podem ser aplicadas para aliviar o estresse:

Entendendo a ligação entre tensão muscular e estresse: O estresse emocional pode levar à tensão muscular, criando uma sensação de desconforto físico. Da mesma forma, a tensão muscular crônica pode aumentar os níveis de estresse.

Tensão muscular pode manifestar-se como dores de cabeça tensionais, dores nas costas, ombros tensionados e outras formas de desconforto físico.

Benefícios das técnicas de relaxamento muscular: As técnicas de relaxamento muscular oferecem uma série de benefícios para o corpo e a mente, contribuindo para um estado geral de bem-estar e alívio do estresse. Ao praticar essas técnicas regularmente, você pode experimentar:

Promovem o relaxamento profundo: Ao liberar a tensão muscular, você permite que o corpo entre em um estado de relaxamento profundo, diminuindo a ativação do sistema nervoso simpático, responsável pela resposta ao estresse.

Aliviam o desconforto físico: Muitas vezes, a tensão muscular crônica pode levar a dores e desconforto. O relaxamento muscular pode ajudar a aliviar esses sintomas.

Contribuem para a clareza mental: O relaxamento muscular está intimamente ligado ao relaxamento mental. Ao liberar a tensão física, você também pode experimentar uma mente mais tranquila e clara.

Incorporando técnicas de relaxamento muscular: A incorporação de técnicas de relaxamento muscular em sua rotina diária pode ser uma maneira eficaz de aliviar o estresse acumulado e promover uma sensação de tranquilidade. Essas técnicas envolvem conscientemente tensionar e relaxar os grupos musculares do corpo para liberar a tensão física e mental. Algumas orientações para incorporar essas técnicas em sua vida são:

Reserve um tempo tranquilo: Encontre um local calmo e tranquilo onde você possa se concentrar nas técnicas de relaxamento sem interrupções.

Pratique regularmente: Assim como outras práticas de gerenciamento de estresse, a consistência é fundamental para colher os benefícios. Reserve alguns minutos do seu dia para praticar essas técnicas.

Combinar com a respiração: Integrar a respiração consciente com as técnicas de relaxamento muscular pode aprimorar os resultados.

As técnicas de relaxamento muscular podem ser uma adição valiosa à sua caixa de ferramentas de autocuidado para o alívio do estresse. Ao liberar a tensão física, você está dando um passo importante em direção a um estado de relaxamento mental e emocional, promovendo uma sensação de bem-estar e equilíbrio.

Praticando o autocuidado regularmente: Incorporando rituais de alívio do estresse

A prática consistente do autocuidado é fundamental para gerenciar de maneira eficaz o estresse e a ansiedade em nossa vida cotidiana. Incorporar rituais de alívio do estresse em sua rotina diária não apenas ajuda a lidar com os desafios emocionais, mas também promove um estado de equilíbrio e bem-estar duradouros. Algumas estratégias para praticar o autocuidado de forma regular são:

Crie uma rotina de cuidado

Estabelecer uma rotina de cuidado é essencial para cultivar um hábito sustentável de autocuidado, permitindo que você gerencie o estresse e a ansiedade de maneira eficaz. Orientações detalhadas para criar e manter uma rotina de autocuidado:

Reserve um tempo: Determine um período específico do dia que seja mais adequado para você praticar o autocuidado. Pode ser pela manhã, antes de começar suas atividades, ou à noite, como uma maneira de relaxar antes de dormir.

Priorize-se: Considere esse tempo como um compromisso consigo mesmo. Assim como você reserva tempo para tarefas e compromissos, também dedique um tempo para cuidar de sua saúde mental e emocional.

Defina a duração: Reserve um intervalo de tempo que funcione para você. Pode variar de alguns minutos a uma hora, dependendo das atividades que você escolheu incorporar em sua rotina.

Escolha suas práticas: Identifique as atividades que trazem alívio ao seu estresse e ansiedade. Algumas pessoas acham útil meditar, enquanto outras preferem fazer exercícios de respiração, praticar ioga, ler um livro inspirador, ou simplesmente dar um passeio tranquilo.

Experimente: Não tenha medo de experimentar diferentes práticas para encontrar as que melhor se adequam a você. O importante é escolher atividades que você genuinamente desfrute e que tenham um efeito positivo em seu bem-estar.

Variedade: Não tenha medo de variar suas práticas ao longo do tempo. Isso pode evitar a monotonia e manter sua rotina de autocuidado interessante e envolvente.

Mantenha a consistência: Trate seu tempo de autocuidado como um compromisso inegociável. Evite adiar ou cancelar esses momentos, assim como faria com outros compromissos importantes.

Estabeleça um lembrete: Se necessário, defina um lembrete em seu telefone ou crie um lembrete visual em seu espaço para lembrá-lo de reservar um tempo para o autocuidado.

Celebre o progresso: À medida que você mantém a consistência em sua rotina de autocuidado, celebre suas conquistas. Isso pode reforçar a importância desses momentos em sua vida.

Ao criar uma rotina de cuidado, você está investindo ativamente em sua saúde mental e emocional. Lembre-se de que o autocuidado não é egoísmo, mas sim uma base sólida para enfrentar os desafios diários com resiliência e equilíbrio. Adaptar sua rotina conforme necessário e estar aberto a novas práticas pode contribuir para um bem-estar contínuo e duradouro.

Desconecte-se

Em um mundo cada vez mais conectado digitalmente, é essencial reservar tempo para desconectar-se dos dispositivos eletrônicos e da constante estimulação online. A desconexão não apenas alivia o estresse relacionado à tecnologia, mas também proporciona um espaço para descanso mental e uma oportunidade de se reconectar com o mundo ao seu redor. Maneiras práticas de incorporar a desconexão em sua rotina de autocuidado:

Tempo livre de tela: No mundo moderno, estamos constantemente conectados a dispositivos eletrônicos, o que pode aumentar os níveis de estresse e afetar a saúde mental. Estabelecer um tempo livre de tela é uma estratégia crucial para lidar com o estresse e a ansiedade. Modos de implementar o tempo livre de tela em sua vida:

Defina limites: Estabeleça períodos específicos do dia para ficar longe dos dispositivos eletrônicos. Isso pode incluir momentos ao acordar, antes de dormir e durante refeições.

Desligue as notificações: Desative as notificações que não são urgentes ou essenciais. Isso reduzirá as interrupções constantes e permitirá que você se concentre em atividades mais significativas.

Espaço seguro: Crie áreas em sua casa onde os dispositivos eletrônicos não são permitidos, como a mesa de jantar ou um espaço de relaxamento. Isso ajuda a criar um ambiente propício para a desconexão.

Explore atividades offline: Em um mundo cada vez mais digital, dedicar tempo para atividades offline é essencial para o equilíbrio entre a vida virtual e a real. Essas atividades oferecem uma pausa refrescante da constante conectividade e podem ter benefícios significativos para a saúde mental. Maneiras de explorar atividades offline e aproveitar os benefícios:

Atividades ao ar livre: Tire proveito do tempo livre de tela para se envolver em atividades ao ar livre. Caminhar, fazer trilhas, andar de bicicleta ou simplesmente passar um tempo em um parque pode ajudar a relaxar e reduzir o estresse.

Pratique hobbies: Dedique tempo para praticar hobbies que você gosta, como cozinhar, pintar, tocar um instrumento musical ou fazer artesanato. Essas atividades criativas podem proporcionar uma sensação de realização e alegria.

Conexão pessoal: Use esse tempo para se conectar pessoalmente com amigos e familiares. Passar tempo de qualidade juntos, compartilhando risos e histórias, pode reforçar seus laços sociais e promover o bem-estar emocional.

Benefícios da desconexão: A desconexão digital regular traz uma série de benefícios significativos para a saúde mental, emocional e física. Ao reservar tempo para se afastar dos dispositivos eletrônicos e da constante conectividade online, você pode experimentar melhorias em diversos aspectos da sua vida. Alguns benefícios notáveis da desconexão:

Redução do estresse: A desconexão permite que seu cérebro descanse e se recupere do constante fluxo de informações e estímulos online, reduzindo assim os níveis de estresse.

Melhora do sono: A exposição à luz azul dos dispositivos eletrônicos pode interferir na produção de melatonina, o hormônio do sono. Desconectar-se antes de dormir pode melhorar a qualidade do sono.

Aumento da atenção plena: Ao desconectar-se, você pode se concentrar mais nas atividades presentes, aumentando a atenção plena e a apreciação do momento.

Melhora da saúde mental: A desconexão regular pode reduzir a ansiedade relacionada às redes sociais e à comparação constante, promovendo uma visão mais positiva de si mesmo e de sua vida.

Priorizar o tempo livre de tela como parte de sua rotina de autocuidado pode criar um equilíbrio saudável entre o mundo digital e o mundo real, contribuindo para sua saúde mental e emocional.

Atividades relaxantes

Encontrar tempo para se envolver em atividades relaxantes é fundamental para aliviar o estresse e cultivar um senso de tranquilidade em sua vida cotidiana. Ao explorar e incorporar atividades que proporcionam alegria e relaxamento, você está investindo em seu bem-estar emocional. Maneiras de identificar e desfrutar dessas atividades de forma mais completa:

Encontre sua paixão: Tire um tempo para refletir sobre quais atividades despertam seu interesse e paixão. Pergunte a si mesmo quais atividades você gostava quando era mais jovem ou quais hobbies sempre quis experimentar.

Experimente novas coisas: Esteja aberto a experimentar atividades que talvez você nunca tenha considerado antes. Às vezes, a paixão por algo novo pode surgir quando você se permite explorar.

Escute-se: Preste atenção em como você se sente ao se envolver em diferentes atividades. Se uma atividade o deixa genuinamente animado e relaxado, isso pode ser uma indicação de que você encontrou algo que lhe traz alegria.

Reserve tempo: Reserve um período específico do dia, semana ou mês para se dedicar a essas atividades relaxantes. Trate esse tempo como um compromisso não negociável consigo mesmo.

Ritual de relaxamento: Transforme esses momentos em rituais de relaxamento. Crie uma atmosfera acolhedora e tranquila, acendendo velas, colocando música suave ou preparando um chá relaxante.

Benefícios das atividades relaxantes: Participar de atividades relaxantes pode ter um impacto positivo profundo em sua saúde mental, emocional e geral. Essas atividades oferecem uma pausa valiosa das pressões do dia a dia, permitindo que você se reconecte consigo mesmo, encontre prazer no momento presente e cultive um maior equilíbrio emocional. Alguns benefícios importantes das atividades relaxantes são:

Redução do estresse: Participar de atividades relaxantes pode ajudar a reduzir os níveis de cortisol, o hormônio do estresse, e promover uma sensação de calma.

Aumento do prazer: Ao se dedicar a atividades que você gosta, você estimula a liberação de neurotransmissores como a dopamina, aumentando a sensação de prazer e bem-estar.

Foco no momento presente: Participar de atividades relaxantes permite que você se concentre no aqui e agora, afastando-se das preocupações do passado ou do futuro.

Melhora do humor: A alegria que você experimenta ao se envolver em atividades que gosta pode melhorar seu humor e perspectiva.

Tenha em mente que o autocuidado não é um luxo, mas sim uma necessidade para manter sua saúde mental e emocional. Incorporar atividades relaxantes em sua rotina não apenas proporciona momentos de prazer, mas também contribui para um senso geral de equilíbrio e bem-estar.

Pratique a gratidão

A prática da gratidão é uma maneira poderosa de cultivar um estado de espírito positivo e aliviar o estresse e a ansiedade. Ao direcionar sua atenção para as coisas boas em sua vida, você pode mudar sua perspectiva e criar um espaço para a apreciação e alegria. Maneiras de incorporar a gratidão em sua vida diária:

Diário de gratidão: Reserve alguns minutos todos os dias para escrever em um diário de gratidão. Escolha um momento tranquilo, como pela manhã ou antes de dormir, para refletir sobre o seu dia.

Liste as coisas pelas quais você é grato: Anote pelo menos três coisas pelas quais você se sente grato. Isso pode incluir pessoas, experiências, momentos felizes, conquistas pessoais ou simplesmente coisas que trouxeram um sorriso ao seu rosto.

Seja específico: Em vez de apenas listar itens genéricos, tente ser específico sobre o que exatamente lhe trouxe gratidão. Isso ajuda a conectar-se mais profundamente com a experiência positiva.

Mantenha o hábito: Fazer disso um hábito diário pode treinar sua mente para focar no positivo, mesmo nos momentos desafiadores.

Reconheça as pequenas coisas: Não subestime o poder das pequenas coisas que trazem alegria ao seu dia. Pode ser um sorriso de um amigo, uma xícara de café quente ou um momento tranquilo de reflexão.

Benefícios da prática da gratidão: A prática da gratidão é uma abordagem poderosa para cultivar um estado mental mais positivo e uma perspectiva mais saudável sobre a vida. Ao expressar apreço e reconhecimento pelas coisas boas, você pode experimentar uma série de benefícios significativos que impactam tanto sua saúde mental quanto emocional. Alguns dos principais benefícios da prática da gratidão são:

Mudança de perspectiva: A prática da gratidão pode mudar sua maneira de ver o mundo, focando no que está indo bem em vez de se concentrar no negativo.

Redução do estresse: Ao direcionar sua atenção para aspectos positivos, você pode diminuir o impacto do estresse em sua mente e corpo.

Aumento do otimismo: A gratidão está ligada ao otimismo e à resiliência, ajudando-o a enfrentar os desafios com uma mentalidade mais positiva.

Melhoria das relações: Expressar gratidão às pessoas ao seu redor pode fortalecer os relacionamentos e promover um senso de conexão.

A prática da gratidão pode ser uma ferramenta simples, mas profundamente eficaz, para melhorar sua saúde mental e emocional. Ao incorporar essa prática em sua vida diária, você pode criar um ciclo positivo de apreciação e bem-estar.

Integre os rituais de alívio do estresse

Incorporar rituais de alívio do estresse em sua rotina diária pode ser uma abordagem poderosa para manter seu bem-estar emocional. Personalizar esses rituais de acordo com suas preferências e necessidades individuais é fundamental para criar uma prática de autocuidado que seja eficaz e significativa para você. Formas de integrar esses rituais de forma eficaz:

Personalize sua rotina: Comece identificando quais práticas de alívio do estresse ressoam mais com você. Isso pode envolver experimentar diferentes técnicas, como meditação, ioga, leitura ou caminhada, para descobrir o que lhe traz maior conforto e relaxamento.

Encontre a combinação certa: Não há uma abordagem única que funcione para todos. Crie uma combinação de práticas que atendam às suas necessidades e interesses. Por exemplo, você pode optar por começar o dia com meditação e terminar com um passeio relaxante.

Seja flexível: Sua rotina de autocuidado não precisa ser rígida. Às vezes, suas preferências e necessidades podem mudar. Esteja disposto a ajustar sua rotina de acordo com o que faz você se sentir melhor em diferentes momentos.

Ajuste conforme necessário: Esteja consciente de como você se sente após praticar diferentes rituais de alívio do estresse. Observe o impacto emocional e físico de cada prática em seu estado de espírito.

Adapte às circunstâncias: Haverá momentos em que certas práticas podem ser mais benéficas do que outras. Se você estiver se sentindo particularmente ansioso ou estressado, pode optar por uma técnica de relaxamento mais intensiva, como meditação profunda.

Evolução contínua: À medida que você cresce e muda, suas necessidades de autocuidado também podem evoluir. Esteja disposto a ajustar e experimentar novas práticas à medida que se desenvolve.

Benefícios da integração de rituais de alívio do estresse: Incorporar rituais de alívio do estresse em sua rotina diária é uma abordagem holística que pode trazer uma série de benefícios abrangentes para sua saúde mental e emocional. Esses rituais não apenas proporcionam alívio imediato do estresse, mas também contribuem para um bem-estar contínuo e uma maior resiliência emocional. Alguns dos principais benefícios de integrar esses rituais em sua vida são:

Promoção do bem-estar contínuo: A incorporação regular de rituais de alívio do estresse ajuda a manter sua saúde mental e emocional a longo prazo.

Melhoria da resiliência: Ter uma variedade de práticas de autocuidado à disposição aumenta sua capacidade de lidar com os desafios de maneira eficaz.

Autodescoberta: Ao experimentar diferentes práticas, você pode descobrir novas maneiras de se acalmar e se conectar consigo mesmo.

Lidar com o estresse, a ansiedade e a depressão, requer um compromisso contínuo com o autocuidado e as estratégias de enfrentamento. Ao reconhecer a relação entre esses desafios e adotar técnicas de relaxamento, você pode criar um caminho para um maior bem-estar emocional. Praticar regularmente o autocuidado e incorporar rituais de alívio do estresse em sua vida diária pode ajudar a cultivar resiliência, equilíbrio emocional e uma sensação duradoura de paz interior.

7

ESTABELECENDO OBJETIVOS E ENCONTRANDO PROPÓSITO

Cada passo em direção a um objetivo é uma jornada rumo ao nosso propósito mais profundo.

A busca pela recuperação da depressão é uma jornada que envolve mais do que apenas aliviar os sintomas emocionais. É um processo abrangente que visa a restaurar a alegria de viver, reconstruir a conexão consigo mesmo e com o mundo ao seu redor, e estabelecer um senso renovado de propósito. Neste capítulo, exploraremos a importância de definir metas alcançáveis, descobrir seu propósito pessoal e praticar a gratidão como ferramentas fundamentais para a recuperação.

Definindo metas alcançáveis: Como estabelecer passos realistas em direção à recuperação

Estabelecer metas alcançáveis é uma parte fundamental do processo de recuperação e crescimento pessoal. Quando enfrentamos desafios, traumas ou momentos difíceis, ter objetivos claros e realistas pode nos proporcionar um senso de direção e propósito. Algumas estratégias para definir metas que sejam realizáveis e que possam impulsionar sua jornada de recuperação são:

Quebre em passos pequenos

Enfrentar uma situação desafiadora muitas vezes pode parecer esmagador, especialmente quando se trata de alcançar um objetivo significativo. No entanto, uma estratégia eficaz para lidar com essa sensação de avassalamento é dividir o objetivo em passos menores e mais gerenciáveis. Essa abordagem não apenas torna o processo mais acessível, mas também oferece uma sensação constante de realização à medida que você avança em direção ao resultado desejado.

Clarifique seu objetivo: Antes de dividir seu objetivo em etapas menores, tenha uma compreensão clara do que você está tentando alcançar. Defina seu objetivo de maneira específica e mensurável para que você saiba exatamente o que está trabalhando para conquistar.

Identifique as etapas intermediárias: Uma vez que você tenha um objetivo claro em mente, comece a quebrá-lo em passos intermediários. Cada etapa deve ser um passo tangível em direção ao seu objetivo geral. Por exemplo, se seu objetivo é iniciar uma nova carreira, as etapas intermediárias podem incluir a pesquisa de opções de carreira, atualização do currículo, pesquisa de oportunidades de emprego e preparação para entrevistas.

Priorize as etapas: Nem todas as etapas intermediárias são igualmente importantes ou urgentes. Priorize essas etapas com base em sua relevância e no impacto que terão em seu objetivo geral. Isso ajuda a direcionar sua energia para as ações mais importantes.

Celebre as conquistas parciais: À medida que você completa cada etapa intermediária, tire um momento para comemorar. Reconheça o progresso que você fez e a contribuição que cada etapa representa para o seu objetivo final. Essa celebração contínua mantém sua motivação e entusiasmo elevados.

Adapte à medida que avança: À medida que você avança em direção ao seu objetivo, esteja aberto a ajustar suas etapas intermediárias conforme necessário. Às vezes, você pode descobrir novas informações ou desenvolver novas habilidades que afetam a maneira como você aborda as próximas etapas. A flexibilidade é essencial para manter o progresso constante.

Dividir um objetivo maior em passos menores e alcançáveis oferece uma abordagem estratégica para o sucesso. Ao celebrar cada conquista ao longo do caminho, você cria um senso de realização que impulsiona sua motivação e confiança, permitindo que você continue avançando, superando desafios e alcançando seus objetivos com sucesso.

Seja específico

A definição de metas específicas e claras é um passo fundamental para alcançar o sucesso em qualquer empreendimento, especialmente quando se trata de sua recuperação e bem-estar emocional. A especificidade em seus objetivos não apenas fornece uma direção clara, mas também ajuda a criar um plano concreto para alcançá-los. Algumas maneiras sobre como ser mais específico ao definir suas metas são:

Descreva detalhes claros: Ao definir uma meta, evite generalidades. Em vez de dizer algo vago como "quero me sentir melhor", seja específico sobre o que isso significa para você. Descreva os detalhes de como você deseja se sentir melhor e quais aspectos de sua vida estão relacionados a essa melhoria.

Use linguagem precisa: Utilize uma linguagem clara e precisa ao definir sua meta. Evite termos vagos que possam ser interpretados de diferentes maneiras. Quanto mais preciso você for, mais fácil será avaliar seu progresso e medir o sucesso.

Defina critérios mensuráveis: Torne sua meta mensurável, para que você possa acompanhar seu progresso de forma tangível. Isso pode envolver números, como "praticar técnicas de relaxamento por 10 minutos todos os dias", ou indicadores concretos, como "aumentar minha capacidade de concentração durante o trabalho".

Estabeleça um prazo: Defina um prazo realista para atingir sua meta. Isso cria um senso de urgência e motivação para trabalhar em direção ao seu objetivo. Ter um prazo também ajuda a evitar procrastinação.

Visualize o resultado: Ao ser específico sobre sua meta, visualize como será a realização desse objetivo. Isso não apenas aumenta sua motivação, mas também ajuda você a se conectar emocionalmente com o que está buscando alcançar.

Exemplo de meta não específica: Melhorar minha saúde mental.

Exemplo de meta específica: Praticar técnicas de relaxamento por 10 minutos todos os dias durante as próximas 4 semanas para aliviar o estresse e melhorar minha qualidade de vida.

Ao ser específico ao definir suas metas, você transforma suas aspirações em ações concretas e alcançáveis. Isso o coloca no caminho certo para criar um plano de ação detalhado e medir seu progresso de maneira eficaz, aumentando suas chances de sucesso.

Estabeleça prazos realistas

A definição de prazos realistas é uma parte crucial do processo de estabelecer metas alcançáveis. Prazos bem definidos fornecem um senso de direção, mantêm você motivado e criam um senso de realização à medida que você atinge seus objetivos. No entanto, é importante encontrar o equilíbrio certo entre um prazo desafiador e um prazo que seja alcançável e realista. Algumas formas sobre como estabelecer prazos realistas para seus objetivos são:

Avalie o tempo necessário: Antes de definir um prazo, avalie quanto tempo é necessário para concluir cada etapa de seu objetivo. Leve em consideração o grau de complexidade, a quantidade de trabalho envolvida e outros compromissos em sua vida.

Evite prazos muito curtos: Prazos muito curtos podem gerar estresse adicional e pressão, o que pode prejudicar sua saúde mental e sua capacidade de realizar a tarefa com qualidade. Evite estabelecer prazos irrealisticamente curtos que possam causar mais ansiedade do que motivação.

Mantenha-se flexível: Embora seja importante ter prazos definidos, também é crucial manter uma certa flexibilidade. Às vezes, circunstâncias imprevistas podem surgir e atrasar seu progresso. Esteja disposto a ajustar prazos se necessário, sem se sentir derrotado.

Considere sua carga de trabalho: Certifique-se de que o prazo que você estabelece seja factível considerando sua carga de trabalho atual e outros compromissos. Não se sobrecarregue com objetivos que exigem mais tempo do que você realmente tem disponível.

Defina etapas intermediárias: Além de definir um prazo final, considere a definição de prazos para etapas intermediárias do seu objetivo. Isso pode ajudar a manter o foco e a avaliar seu progresso ao longo do caminho.

Exemplo de prazo não realista: Aprender uma nova língua fluentemente em duas semanas.

Exemplo de prazo realista: Aprender uma nova língua básica em seis meses, dedicando uma hora de estudo por dia.

Estabelecer prazos realistas é uma abordagem inteligente para alcançar seus objetivos. Isso permite que você mantenha o equilíbrio entre desafiar-se e garantir que suas metas sejam alcançáveis, o que contribui para uma sensação de realização e progresso constante.

Avalie suas habilidades e recursos

Ao definir metas alcançáveis, é fundamental avaliar suas próprias habilidades, recursos disponíveis e limitações. Uma avaliação honesta e realista ajudará você a estabelecer objetivos que se alinham ao seu potencial e às circunstâncias em que está inserido. Algumas considerações importantes ao avaliar suas habilidades e recursos ao definir metas são:

Autoconhecimento: Tenha uma compreensão clara de suas próprias habilidades, pontos fortes e áreas que precisam de desenvolvimento. Isso permitirá que você estabeleça metas que se alinhem ao seu conjunto de habilidades e que também o desafiem de maneira realista.

Recursos disponíveis: Considere os recursos que você tem à sua disposição para atingir suas metas. Isso pode incluir tempo, financiamento, acesso a informações e apoio de outras pessoas. Certifique-se de que suas metas sejam realizáveis com os recursos que você possui.

Limitações pessoais: Reconheça suas limitações pessoais, como tempo limitado, compromissos existentes e outras responsabilidades. Levar em consideração essas limitações evitará que você defina metas irrealistas que possam levar ao estresse e à frustração.

Adaptabilidade: Embora seja importante estabelecer metas desafiadoras, também é essencial ser adaptável. Se você perceber que suas habilidades ou recursos estão mudando, esteja disposto a ajustar suas metas para refletir essa realidade em evolução.

Equilíbrio e progresso sustentável: Avaliar suas habilidades e recursos ajuda a criar um equilíbrio entre desafio e realização. Definir metas que estejam dentro do alcance aumenta a probabilidade de sucesso, o que, por sua vez, promove um senso de progresso sustentável ao longo do tempo.

Avaliar suas habilidades e recursos é um passo fundamental para estabelecer metas alcançáveis e significativas. Isso não apenas aumenta suas chances de sucesso, mas também contribui para uma abordagem saudável e realista para o autodesenvolvimento e a conquista de objetivos.

Mantenha um registro

Manter um registro das suas metas e do seu progresso é uma prática valiosa que pode aumentar significativamente a sua motivação e a eficácia na busca dos seus objetivos. O ato de registrar seus esforços oferece uma visão tangível do seu progresso e ajuda a manter o foco nas conquistas. Alguns pontos importantes sobre como manter um registro pode ser benéfico são:

Acompanhamento do progresso: Registrar suas metas e o progresso que você está fazendo permite que você veja claramente como está avançando em direção aos seus objetivos. Isso é especialmente útil quando se trata de metas de longo prazo, pois você pode observar o quanto já alcançou ao longo do tempo.

Motivação contínua: Ver seu progresso registrado pode ser extremamente motivador. Quando você percebe o quão longe chegou desde o início, é mais provável que se sinta incentivado a continuar trabalhando em direção às suas metas, mesmo quando enfrentar obstáculos.

Identificação de padrões: Mantenha um registro não apenas do progresso, mas também das estratégias que você está usando para alcançar suas metas. Isso permite que você identifique padrões de sucesso e descubra quais abordagens funcionam melhor para você.

Ajustes e melhorias: Ao manter um registro, você pode identificar rapidamente se algo não está funcionando como esperado. Isso permite que você faça ajustes e adaptações conforme necessário, evitando perder tempo em abordagens que não são eficazes.

Senso de realização: À medida que você marca os marcos alcançados no registro, você ganha um senso tangível de realização. Isso reforça sua confiança e lembra você do progresso constante que está fazendo.

Manter um registro pode ser feito de várias maneiras, desde anotações em um diário físico até o uso de aplicativos ou planilhas digitais. Independentemente da forma que escolher, a prática de registrar suas metas e progresso é uma ferramenta valiosa para mantê-lo no caminho certo e impulsionar o seu sucesso.

Descobrindo seu propósito: Explorando interesses e paixões pessoais

Encontrar um senso de propósito é uma parte vital da recuperação e do crescimento pessoal. Ter um propósito pode dar significado à sua jornada e ajudá-lo a superar os desafios com mais resiliência. Algumas maneiras de explorar seus interesses e paixões pessoais para descobrir seu propósito são:

Faça uma autorreflexão profunda

A autorreflexão profunda é uma ferramenta poderosa para explorar seus interesses, paixões e identificar o propósito que dá significado à sua vida. Ao se dedicar a essa prática, você pode descobrir aspectos de si mesmo que podem orientar suas escolhas e direcionar seus objetivos de maneira mais alinhada com quem você é. Como fazer uma autorreflexão profunda:

Exploração das emoções: Pergunte a si mesmo como você se sente ao realizar certas atividades ou ao pensar em determinados assuntos. A alegria, o entusiasmo e a satisfação são indicadores de que você está alinhado com seus interesses genuínos.

Revivendo momentos significativos: Lembre-se de momentos em sua vida em que você se sentiu realmente realizado e feliz. Esses momentos podem revelar pistas sobre o que realmente importa para você e o que pode contribuir para o seu senso de propósito.

Identificação de padrões: Ao revisitar diferentes experiências e atividades que lhe trouxeram satisfação, procure padrões recorrentes. Isso pode ajudá-lo a identificar os temas que são consistentemente significativos em sua vida.

Valores pessoais: Considere quais valores são fundamentais para você. Suas atividades e objetivos devem estar alinhados com seus valores, pois isso contribui para um senso profundo de propósito e satisfação.

Passatempos e interesses: Explore seus passatempos e interesses. Quais atividades você se sente naturalmente atraído a fazer durante seu tempo livre? Esses interesses podem ser um reflexo das áreas que lhe trazem alegria e realização.

Autoconhecimento contínuo: A autorreflexão profunda é um processo contínuo. À medida que você cresce e evolui, suas paixões e interesses também podem mudar. Portanto, esteja disposto a se autodescobrir ao longo do tempo.

A autorreflexão profunda é uma jornada de auto exploração que pode levar tempo e paciência. No entanto, ao se dedicar a essa prática, você está se aproximando de descobrir o que realmente lhe traz satisfação e realização, orientando suas escolhas e metas de maneira mais autêntica.

Identifique seus valores

Identificar e compreender seus valores fundamentais é essencial para descobrir seu propósito e estabelecer objetivos que estejam alinhados com o que é mais importante para você. Os valores são os princípios e crenças que guiam suas ações, decisões e escolhas na vida. Ao reconhecer e honrar seus valores, você pode criar uma base sólida para um senso mais profundo de propósito. Como identificar seus valores:

Reflexão sobre o que é importante: Pergunte a si mesmo: "O que é mais importante para mim na vida? Quais são os princípios pelos quais eu vivo?" Reflita sobre as áreas da sua vida que são fundamentais, como família, amizade, realização profissional, contribuição social, saúde, entre outros.

Experiências de satisfação: Lembre-se de momentos em que você se sentiu mais realizado e autêntico. Quais valores estavam presentes nessas situações? Essas experiências podem fornecer pistas sobre os valores que estão profundamente enraizados em você.

Contraste de valores: Considere o que você não está disposto a comprometer ou sacrificar. Identificar os valores que você não está disposto a abrir mão ajuda a clarificar o que é realmente importante para você.

Priorização de valores: Classifique seus valores em ordem de importância. Isso pode ajudá-lo a tomar decisões quando houver conflitos entre diferentes valores. Por exemplo, se a autenticidade for um valor maior do que o reconhecimento externo, suas escolhas provavelmente refletirão essa prioridade.

Valores universais vs. pessoais: Alguns valores são universais, como honestidade, empatia e respeito. Outros valores são mais específicos para cada indivíduo. Identificar tanto seus valores universais quanto os pessoais pode fornecer uma visão completa de suas motivações.

Ajuste ao longo do tempo: Saiba que seus valores podem mudar ao longo do tempo, à medida que você cresce e evolui. Esteja aberto a reavaliar seus valores à medida que sua compreensão de si mesmo se aprofunda.

Identificar seus valores é um passo crucial na jornada de encontrar propósito e estabelecer metas que ressoem profundamente com quem você é. Isso ajuda a direcionar suas escolhas de maneira mais autêntica e a construir uma vida que seja verdadeiramente significativa para você.

Experimente coisas novas

Explorar novas atividades e interesses é uma maneira emocionante e enriquecedora de descobrir seu propósito e encontrar o que verdadeiramente ressoa com você. A vida é repleta de oportunidades e experiências que podem ampliar sua perspectiva e ajudá-lo a entender melhor a si mesmo. Alguns pontos sobre por que e como experimentar coisas novas são:

Ampliação de horizontes: Ao se envolver em atividades diferentes das que você está acostumado, você pode descobrir paixões e habilidades que nunca imaginou ter. Isso pode enriquecer sua vida e abrir portas para novas oportunidades.

Saia da zona de conforto: Experimentar coisas novas muitas vezes envolve sair da sua zona de conforto. Embora possa ser desafiador, é exatamente fora desse espaço que você pode encontrar crescimento pessoal e descobrir aspectos ocultos de si mesmo.

Autoconhecimento: Ao experimentar diferentes atividades, você pode aprender mais sobre suas preferências, limitações e habilidades. Isso pode ser um processo de autoconhecimento valioso que o ajuda a entender melhor quem você é e o que lhe traz satisfação.

Descoberta de paixões inesperadas: Às vezes, suas paixões podem surgir de maneiras inesperadas. Tentar algo novo pode despertar um interesse que você nunca considerou antes. Por exemplo, participar de um workshop de arte pode fazer você descobrir uma paixão pela pintura.

Redefinição de objetivos: Experimentar coisas novas pode mudar sua perspectiva e levá-lo a reavaliar seus objetivos. Você pode perceber que algumas atividades trazem mais alegria e propósito à sua vida do que outras, levando a ajustes em suas metas.

Crescimento e aprendizado: Independentemente do resultado, cada experiência nova oferece oportunidades de aprendizado e crescimento. Sucesso ou fracasso, você ganha insights valiosos sobre suas preferências e habilidades.

Comece pequeno: Você não precisa se comprometer com grandes mudanças imediatamente. Comece com pequenas ações, como experimentar um novo hobby, participar de um evento ou fazer uma aula. Isso permite que você teste diferentes experiências sem se sentir sobrecarregado.

A experimentação é uma maneira poderosa de expandir sua visão de mundo, descobrir paixões ocultas e encontrar um propósito significativo.

Ao estar aberto a novas experiências, você se dá a oportunidade de crescer, aprender e criar uma vida mais gratificante.

Busque inspiração

Buscar inspiração é uma maneira poderosa de encontrar direção, motivação e clareza em sua experiência de descoberta de propósito. Através das histórias e experiências de outras pessoas, você pode ganhar insights valiosos sobre como enfrentar desafios, superar obstáculos e encontrar um significado mais profundo em sua própria vida. Informações sobre como buscar inspiração:

Aprendizado com exemplos: Ler livros, assistir a palestras, documentários ou entrevistas com pessoas que você admira pode proporcionar uma visão inspiradora de suas jornadas. Ouvir como eles enfrentaram desafios, superaram adversidades e encontraram um propósito pode oferecer orientação em sua própria busca.

Identificação com histórias: Ao se conectar com histórias de outras pessoas, você pode se identificar com suas lutas e triunfos. Isso pode fazer você se sentir menos sozinho em suas próprias experiências e encorajá-lo a perseguir seus objetivos com mais determinação.

Aprendizado com erros: Ouvir sobre os erros e fracassos de outras pessoas pode ser tão instrutivo quanto aprender sobre seus sucessos. Através dessas histórias, você pode ganhar insights sobre como evitar armadilhas comuns e abordar desafios de maneira mais eficaz.

Abertura a novas perspectivas: Buscar inspiração também pode significar explorar histórias de pessoas com experiências muito diferentes das suas. Isso o expõe a diferentes perspectivas e pode ajudá-lo a reexaminar suas próprias crenças e metas.

Motivação duradoura: As histórias de outras pessoas podem servir como uma fonte constante de motivação. Quando você se depara com obstáculos em sua própria caminhada, pode lembrar como alguém superou desafios semelhantes e encontrou sucesso.

Aplicação prática: À medida que você se inspira em histórias de outras pessoas, procure maneiras práticas de aplicar seus insights em sua própria vida. Pergunte a si mesmo como você pode adaptar suas estratégias e lições para suas circunstâncias únicas.

Buscar inspiração é uma ferramenta valiosa para encontrar clareza em sua jornada de descoberta de propósito. Ao aprender com as experiências dos outros, você pode ganhar sabedoria, coragem e confiança para seguir em direção a um futuro mais significativo.

Voluntariado e contribuição

Participar de atividades de voluntariado e contribuir para o bem-estar de outras pessoas e da comunidade pode ser uma maneira poderosa de encontrar um propósito significativo em sua vida. Engajar-se em ações que beneficiam os outros não apenas traz satisfação pessoal, mas também cria um impacto positivo na sociedade. Como o voluntariado e a contribuição podem ajudar a descobrir um propósito significativo:

Senso de realização: O voluntariado oferece uma oportunidade tangível de fazer a diferença na vida de outras pessoas. A sensação de realizar algo significativo e positivo para os outros pode trazer uma profunda sensação de realização e propósito.

Conexão social: Ao se envolver em atividades de voluntariado, você tem a chance de conhecer pessoas que compartilham valores semelhantes e estão comprometidas em causar um impacto positivo. Isso pode levar a conexões sociais significativas e relacionamentos enriquecedores.

Foco fora de si mesmo: Ao se concentrar em ajudar os outros, você pode ganhar uma nova perspectiva sobre suas próprias preocupações e desafios. Isso pode reduzir o estresse e a ansiedade, permitindo que você se concentre em contribuir de maneira significativa para a vida dos outros.

Desenvolvimento de habilidades: O voluntariado muitas vezes oferece oportunidades para desenvolver novas habilidades ou aprimorar as existentes. Essas habilidades podem ser valiosas tanto em sua vida pessoal quanto profissional, aumentando sua confiança e autoestima.

Sentido de comunidade: Participar de esforços de voluntariado cria um senso de comunidade e pertencimento. Você se torna parte de algo maior do que você mesmo e contribui para um ambiente mais positivo e colaborativo.

Exploração de interesses: O voluntariado também pode ser uma maneira de explorar interesses e paixões que você pode não ter tido a oportunidade de explorar anteriormente. Ao se envolver em diferentes atividades, você pode descobrir novas áreas de interesse que ressoam com seu propósito.

Alegria em servir: Contribuir para o bem-estar dos outros pode ser uma fonte de alegria genuína. A sensação de ajudar alguém em necessidade ou de fazer parte de um projeto de impacto positivo pode criar momentos de felicidade duradoura.

O voluntariado e a contribuição são maneiras concretas e gratificantes de encontrar um propósito significativo em sua vida. Ao se dedicar a ajudar os outros e fazer a diferença, você pode experimentar uma sensação duradoura de realização e satisfação.

O poder da gratidão: Reconhecendo as bênçãos em meio à adversidade

A prática da gratidão é uma ferramenta poderosa para transformar nossa perspectiva, especialmente quando enfrentamos adversidades. Reconhecer as bênçãos e aspectos positivos de nossa vida, mesmo durante os momentos mais difíceis, pode trazer uma mudança profunda em nossa mentalidade e bem-estar. Maneiras de cultivar a gratidão:

Mantenha um diário de gratidão

A prática de manter um diário de gratidão é uma ferramenta poderosa para cultivar a apreciação e o reconhecimento das bênçãos em sua vida, mesmo em meio a desafios e adversidades. Registrar diariamente as coisas pelas quais você é grato pode ter um impacto positivo em sua perspectiva e bem-estar geral. São maneiras de manter um diário de gratidão:

Foco no positivo: Manter um diário de gratidão envolve direcionar sua atenção para as coisas boas em sua vida. Isso ajuda a reduzir o foco nas preocupações e nas dificuldades, permitindo que você veja a luz mesmo nas situações mais escuras.

Prática diária: Reserve um momento todos os dias para escrever no seu diário de gratidão. Isso pode ser pela manhã, à noite ou em qualquer momento que funcione para você. A consistência é fundamental para colher os benefícios dessa prática.

Gratidão pelas pequenas coisas: Não subestime o poder de apreciar as pequenas coisas. Ao reconhecer até mesmo os detalhes mais simples e cotidianos, você treina sua mente para encontrar alegria nas experiências diárias.

Amplitude de enfoque: Além de listar objetos materiais, considere incluir expressões de amor, momentos de alegria, atos de bondade e conexões significativas com os outros em seu diário. A gratidão vai além das coisas tangíveis.

Mudança de perspectiva: Ao escrever sobre o que você é grato, você está cultivando uma mentalidade de abundância em vez de escassez. Isso pode mudar sua perspectiva e ajudá-lo a se concentrar no que você tem em vez do que está faltando.

Celebração das conquistas: Além das experiências diárias, inclua também suas conquistas e sucessos, não importa quão pequenos eles possam parecer. Isso reforça seu senso de realização e motivação.

Ritual reflexivo: Escrever no diário de gratidão pode se tornar um ritual reflexivo em que você tira um momento para reconhecer os aspectos positivos da sua vida. Esse ritual pode contribuir para uma sensação duradoura de contentamento.

Compartilhamento opcional: Se você se sentir confortável, compartilhar seus pensamentos de gratidão com amigos, familiares ou entes queridos pode criar uma atmosfera de positividade e inspiração mútua.

A prática do diário de gratidão é uma ferramenta simples e eficaz para cultivar uma mentalidade positiva e apreciativa. Ao focar nas bênçãos em sua vida, você pode melhorar sua resiliência emocional e encontrar força mesmo durante momentos difíceis.

Encontre gratidão nas pequenas coisas

Cultivar a gratidão pelas pequenas coisas da vida é uma abordagem poderosa para aumentar sua apreciação pela jornada cotidiana. Muitas vezes, é fácil se concentrar nas grandes realizações e esquecer de reconhecer as pequenas alegrias que nos cercam. São maneiras de encontrar gratidão nas pequenas coisas:

Atenção plena: A prática da atenção plena (*mindfulness*) desempenha um papel fundamental em encontrar gratidão nas pequenas coisas. Ao estar completamente presente no momento, você pode notar e apreciar os detalhes que podem passar despercebidos.

Sintonize os sentidos: Use seus sentidos para se conectar com o momento presente. Observe os sons ao seu redor, sinta a textura das coisas, aprecie os aromas e sabores. Esses detalhes sensoriais podem se tornar fontes de gratidão.

Alegria nas simplicidades: Aprenda a encontrar alegria nas coisas mais simples. Um pôr do sol, um abraço caloroso, uma risada espontânea - esses são momentos que podem trazer sentimentos de gratidão e alegria.

Prática regular: Incorpore a busca pela gratidão nas pequenas coisas como parte de sua rotina diária. Tire um momento para refletir sobre os momentos agradáveis que você experimentou e expressar sua gratidão por eles.

Mantra de gratidão: Desenvolva um mantra de gratidão que você possa repetir em momentos cotidianos. Pode ser algo simples como "Sou grato pela beleza ao meu redor" ou "Agradeço pelas pequenas alegrias da vida".

Desenvolvimento de sensibilidade: À medida que você pratica a busca pela gratidão nas pequenas coisas, você se torna mais sensível às sutilezas da vida. Isso pode melhorar sua capacidade de encontrar alegria e satisfação nas experiências diárias.

Presença consciente: A busca pela gratidão nas pequenas coisas é uma maneira de se tornar mais consciente e presente em sua vida. Isso pode ajudar a reduzir o estresse, melhorar o foco e aumentar seu bem-estar emocional.

Notar as conexões: Ao reconhecer e apreciar as pequenas coisas, você pode começar a perceber como tudo está interconectado. Isso pode inspirar um senso de maravilha e uma apreciação mais profunda pela complexidade da vida.

A prática de encontrar gratidão nas pequenas coisas é uma maneira eficaz de trazer alegria e apreciação aos momentos do dia a dia. Isso pode melhorar sua perspectiva geral e promover um senso de contentamento constante.

Reenquadre os desafios

Reenquadrar os desafios é uma abordagem poderosa para cultivar um senso de gratidão e resiliência diante das adversidades. Em vez de focar apenas nas dificuldades, essa prática envolve olhar para as situações desafiadoras de uma perspectiva mais ampla e positiva. São algumas formas de reenquadrar os desafios:

Aprendizado e crescimento: Em vez de ver os desafios como obstáculos que atrapalham o seu caminho, considere-os como oportunidades de aprendizado e crescimento. Cada desafio enfrentado pode ser uma chance de adquirir novas habilidades, conhecimentos e experiências.

Novas perspectivas: Ao reenquadrar os desafios, você pode buscar diferentes perspectivas e lições que podem ser extraídas de cada situação. Isso pode ampliar sua compreensão e ajudar a desenvolver uma mentalidade mais flexível.

Resiliência fortalecida: Superar desafios com sucesso pode aumentar sua resiliência emocional e mental. Cada vez que você enfrenta uma dificuldade e encontra maneiras de superá-la, você se torna mais forte para enfrentar futuros desafios.

Foco nas soluções: Ao reenquadrar os desafios, você direciona seu foco para as soluções em vez dos problemas. Isso pode incentivá-lo a buscar abordagens criativas e construtivas para lidar com as situações.

Celebre as conquistas: Ao superar um desafio, celebre suas conquistas, mesmo que sejam pequenas. Reconheça seus esforços e a coragem que você demonstrou para enfrentar a situação.

Desenvolvimento pessoal: Cada desafio enfrentado oferece a oportunidade de desenvolver características pessoais valiosas, como resiliência, paciência, empatia e adaptabilidade.

Gratidão pela jornada: Ao reenquadrar os desafios, você pode sentir gratidão pela jornada que eles proporcionam. Mesmo nas situações mais difíceis, há algo a ser aprendido e valorizado.

Autodescoberta: Os desafios muitas vezes nos levam a descobrir aspectos ocultos de nós mesmos. Ao enfrentar situações difíceis, você pode encontrar forças internas que nem sabia que possuía.

Reenquadrar os desafios é uma ferramenta poderosa para desenvolver uma mentalidade positiva e construtiva. Isso não apenas promove a gratidão, mas também fortalece sua capacidade de enfrentar as dificuldades com resiliência e otimismo.

Pratique a compaixão

A prática da gratidão não se restringe apenas a reconhecer bens materiais ou circunstâncias favoráveis. Ela também se estende à valorização das relações humanas e à expressão de compaixão em relação aos outros. Ao cultivar a gratidão pela bondade que você recebe das pessoas ao seu redor, você não apenas reforça os laços emocionais, mas também contribui para um ambiente mais positivo e harmonioso. São formas de praticar a compaixão e fortalecer os laços emocionais:

Reconheça a importância das relações: As conexões pessoais em nossa vida são valiosas. Familiares, amigos, colegas e até mesmo estranhos podem desempenhar um papel significativo em nossa jornada. Ao praticar a gratidão pelas relações, você reconhece a importância dessas conexões e como elas enriquecem sua vida.

Expressão de agradecimento: Não hesite em expressar sua gratidão pelas ações bondosas dos outros. Um simples "obrigado" pode ter um impacto significativo e fortalecer a relação. Mostrar apreço pelas pequenas coisas que os outros fazem por você cria um ambiente positivo.

Aprofundar a empatia: A prática da compaixão está intrinsecamente ligada à empatia. Ao reconhecer e valorizar os esforços e sentimentos dos outros, você demonstra empatia e consideração genuína pelas suas experiências.

Foco nas interações positivas: Apreciar as interações positivas que você tem com os outros fortalece o vínculo entre você e eles. Focar nas qualidades e atitudes positivas das pessoas cria uma atmosfera de respeito mútuo e camaradagem.

Compartilhe momentos agradáveis: Compartilhar momentos de alegria, celebrações e conquistas com as pessoas que você aprecia reforça os laços emocionais. Esses momentos compartilhados contribuem para a construção de memórias positivas.

Respeito e generosidade: A prática da gratidão e da compaixão envolve também tratar os outros com respeito e generosidade. Ao agir com bondade em relação aos outros, você promove um ciclo de reciprocidade positiva.

Cultive relações satisfatórias: Ao valorizar as relações pessoais e expressar gratidão pelas contribuições das pessoas em sua vida, você contribui para o desenvolvimento de relações mais satisfatórias e duradouras.

A prática da compaixão e da gratidão pelas relações pessoais enriquece sua vida emocional e cria uma rede de apoio positiva. Ao valorizar as pessoas ao seu redor, você contribui para um ambiente de respeito, empatia e conexão genuína, enriquecendo sua própria jornada e a dos outros.

Foco no presente

A prática da gratidão está intrinsecamente ligada à habilidade de viver no momento presente, de apreciar o que está acontecendo ao seu redor e de reconhecer as bênçãos que você tem em sua vida. Ao cultivar a atenção plena e o foco no presente, você abre espaço para experimentar um profundo senso de contentamento e satisfação. Tópicos sobre como a gratidão está relacionada ao foco no presente:

Atenção plena e a gratidão: A atenção plena, também conhecida como *mindfulness*, envolve estar completamente presente no momento atual. Quando você pratica a gratidão, está direcionando sua atenção para o que está acontecendo agora, em vez de se perder em preocupações passadas ou futuras.

Saborear as pequenas alegrias: Focar no presente permite que você saboreie as pequenas alegrias que muitas vezes passam despercebidas. Pode ser o sabor de uma refeição deliciosa, o calor do sol em sua pele ou o riso de uma criança. Apreciar esses momentos simples traz um profundo senso de gratidão.

Aceitação: A atenção plena envolve aceitar o momento presente exatamente como ele é, sem julgamento ou resistência. Ao praticar a gratidão, você aceita as bênçãos e desafios da vida com um coração aberto, o que pode levar a uma sensação de paz e equilíbrio.

Redução do estresse: O foco no presente ajuda a reduzir o estresse, uma vez que você está direcionando sua energia e atenção para o agora, em vez de se preocupar com o passado ou o futuro. Isso cria um espaço de calma mental onde a gratidão pode florescer.

Conexão com a realidade: Ao focar no presente, você está se conectando com a realidade do momento. Isso pode ser particularmente poderoso em momentos desafiadores, pois permite que você encontre aspectos pelos quais ser grato, mesmo em meio à adversidade.

Prática de gratidão no presente: Uma maneira de integrar a gratidão no momento presente é criar pausas regulares em sua rotina para se concentrar em suas bênçãos. Por exemplo, ao acordar pela manhã, reserve um momento para refletir sobre três coisas pelas quais você é grato. Ao fazer isso, você estará ancorando sua mente no presente e começando o dia com uma atitude positiva.

A alegria do aqui e agora: Quando você aprende a valorizar o momento presente e a reconhecer as coisas boas que estão acontecendo ao seu redor, você experimenta a alegria genuína do aqui e agora. A gratidão se torna uma maneira de enriquecer sua experiência cotidiana.

Cultivar a gratidão pode transformar a maneira como você encara os desafios e nutrir uma mentalidade positiva em sua jornada de recuperação. Reconhecer as bênçãos, mesmo em meio à adversidade, é um passo poderoso em direção ao crescimento pessoal e ao bem-estar emocional.

8
ABRAÇANDO NOVAS POSSIBILIDADES

*A verdadeira beleza reside na aceitação e amor
incondicional que nutrimos por nós mesmos.*

A autoestima e a autoimagem desempenham um papel crucial em nossa saúde mental e bem-estar. Como nos vemos e como nos sentimos em relação a nós mesmos afetam nossa confiança, nossos relacionamentos e nossa capacidade de enfrentar desafios. Neste capítulo, exploraremos maneiras de desconstruir a autocrítica, construir uma autoimagem positiva e cultivar a aceitação do corpo.

Desconstruindo a autocrítica: Desvendando os padrões que prejudicam a autoestima

A autocrítica é uma voz interior que muitas vezes nos julga, nos crítica e nos diminui. Essa autocrítica implacável pode ter um impacto prejudicial na nossa autoestima e autoimagem. Desvendar esses padrões autocríticos é essencial para construir uma relação mais saudável consigo mesmo. Algumas abordagens para desconstruir a autocrítica são:

Autoconsciência

A autoconsciência é uma ferramenta fundamental no processo de desconstruir a autocrítica e desenvolver uma autoestima mais saudável. Ela envolve a prática de observar atentamente seus próprios pensamentos, emoções e padrões mentais. Ao cultivar a autoconsciência, você pode identificar quando a autocrítica surge, compreender suas causas subjacentes e começar a transformar esses padrões de pensamento prejudiciais. Maneiras de como desenvolver a autoconsciência e lidar com a autocrítica:

Observação sem julgamento: Comece dedicando momentos do seu dia para a auto-observação. Isso envolve prestar atenção aos seus pensamentos e sentimentos sem julgamento. Apenas observe, como um observador neutro.

Identificando padrões autocríticos: À medida que você pratica a observação, começará a identificar padrões recorrentes de autocrítica. Esses podem se manifestar como pensamentos negativos sobre si mesmo, autorrecriminação ou comparações desfavoráveis com os outros.

Reconhecendo gatilhos: Ao prestar atenção ao contexto em que a autocrítica surge, você pode identificar os gatilhos emocionais ou situações que a desencadeiam. Isso ajuda a entender por que você reage de maneira autocrítica em certas circunstâncias.

Anotações em um diário: Mantenha um diário de autoconsciência. Anote momentos em que você se sentiu autocrítico e descreva os pensamentos que surgiram. Isso permitirá que você acompanhe os padrões ao longo do tempo e identifique áreas específicas para trabalhar.

Meditação e *mindfulness*: A prática da meditação e do *mindfulness* pode fortalecer a autoconsciência. Ao dedicar um tempo para meditar e focar sua atenção no momento presente, você se torna mais consciente dos pensamentos que passam por sua mente.

Perguntas reflexivas: Pergunte a si mesmo regularmente sobre seus pensamentos e emoções. Por que você está se sentindo dessa maneira? De onde vem essa autocrítica? Essas perguntas podem ajudar a desvendar as causas subjacentes.

Autoaceitação: Entenda que a autoconsciência não é sobre julgar a si mesmo, mas sobre entender a si mesmo. À medida que você se torna mais consciente dos padrões autocríticos, pratique a autoaceitação e a autocompaixão.

Desenvolver a autoconsciência requer prática constante e paciência consigo mesmo. Através da observação atenta, identificação de padrões e reflexão, você estará em uma posição melhor para reconhecer quando a autocrítica surge e iniciar o processo de transformá-la em autocompaixão e autoestima positiva.

Questionando a validade

Questionar a validade das autocríticas é um passo crucial para desmantelar padrões autodestrutivos e construir uma autoimagem mais positiva. Muitas vezes, nossos pensamentos autocríticos são baseados em percepções distorcidas e não refletem a realidade. Maneiras de questionar a validade desses pensamentos e desenvolver uma perspectiva mais equilibrada:

Autoconscientização: O primeiro passo é estar ciente quando os pensamentos autocríticos surgem. Reconheça quando você começa a se criticar e faça uma pausa para questionar a validade desses pensamentos.

Analisando as evidências: Pergunte a si mesmo: "Há evidências concretas que apoiem essa autocrítica?" Às vezes, descobrirá que não existem fatos reais para sustentar seus pensamentos negativos.

Buscando perspectiva: Tente ver a situação de uma perspectiva mais objetiva. Imagine que um amigo ou ente querido está passando pela mesma situação. Você julgaria essa pessoa da mesma maneira que está se julgando?

Desafiando distorções cognitivas: Muitas vezes, nossos pensamentos autocríticos são distorcidos por pensamentos automáticos negativos, como generalizações, polarizações ou filtragem do positivo. Identifique essas distorções e substitua-as por pensamentos mais realistas.

Auto empatia: Pratique a autocompaixão ao questionar a validade das autocríticas. Trate-se com gentileza e compreensão, da mesma forma que trataria um amigo passando por um momento difícil.

Autoafirmações positivas: Contraponha os pensamentos autocríticos com afirmações positivas e realistas. Por exemplo, se você pensa "não sou bom em nada", desafie isso com "eu tenho habilidades únicas e estou em constante crescimento".

Buscando feedback externo: Às vezes, compartilhar seus pensamentos autocríticos com amigos de confiança ou profissionais pode ajudá-lo a obter uma perspectiva mais objetiva e construtiva.

Questionar a validade das autocríticas exige prática constante. Com o tempo, você começará a perceber que muitos desses pensamentos negativos não são verdadeiros e não definem quem você é. Ao desafiar essas percepções distorcidas, você estará construindo uma base mais sólida para uma autoimagem positiva e uma autoestima saudável.

Praticando a autocompaixão

A prática da autocompaixão é uma abordagem transformadora para combater a autocrítica e construir uma autoimagem mais positiva. Em vez de se criticar de maneira severa, você aprende a tratar a si mesmo com gentileza, compaixão e aceitação. Como cultivar a autocompaixão e nutrir uma relação saudável consigo mesmo:

Reconhecimento da autocrítica: Quando você percebe que está se criticando, faça uma pausa consciente. Reconheça o pensamento autocrítico e aceite que é uma reação natural, mas que você tem o poder de escolher uma abordagem diferente.

Autenticidade e humanidade: Lembre-se de que todos nós somos humanos e, portanto, suscetíveis a cometer erros e enfrentar desafios. Aceite suas imperfeições como parte normal da experiência humana.

Auto conversa compassiva: Substitua a autocrítica por palavras de auto conversa compassiva. Imagine o que você diria a um amigo querido que estivesse passando por dificuldades semelhantes. Ofereça a si mesmo as mesmas palavras gentis e apoio.

Aceitação incondicional: Aceite-se incondicionalmente, independentemente de suas falhas ou realizações. A autocompaixão não se baseia em conquistas; é um reconhecimento de seu valor intrínseco como ser humano.

Tratando-se com gentileza: Pratique pequenos gestos de gentileza consigo mesmo. Isso pode incluir tirar um tempo para relaxar, cuidar do seu corpo, ouvir suas necessidades emocionais e praticar atividades que o façam se sentir bem.

Praticando o perdão: Perdoe a si mesmo por erros passados e escolhas que você possa se arrepender. Conscientize-se de que você merece o mesmo perdão que ofereceria a outra pessoa.

Mindfulness na autocompaixão: Ao praticar a autocompaixão, esteja presente no momento. Reconheça seus sentimentos sem julgamento e permita-se sentir as emoções sem suprimi-las.

Cultivando a resiliência emocional: A autocompaixão fortalece sua resiliência emocional, permitindo que você enfrente desafios de maneira mais equilibrada e construtiva.

Prática contínua: A autocompaixão não é uma mudança instantânea, mas uma jornada de autocuidado contínuo. Quanto mais você pratica, mais natural ela se torna em sua vida diária.

Entenda que a autocompaixão não é um sinal de fraqueza, mas sim uma demonstração de força emocional e autenticidade. Ao praticar a autocompaixão, você está desenvolvendo uma base sólida para uma autoestima saudável e uma autoimagem positiva. Isso permite que você se mova pelo mundo com mais confiança, aceitação e amor por si mesmo.

Mudando o diálogo interno

O diálogo interno desempenha um papel crucial na formação da nossa autoimagem e autoestima. A maneira como falamos conosco pode afetar profundamente nossa percepção de nós mesmos e nossa capacidade de enfrentar desafios. Ao substituir os pensamentos autocríticos por afirmações mais realistas e positivas, você está construindo um alicerce sólido para uma autoimagem mais saudável. Maneiras de como mudar o diálogo interno:

Identificando pensamentos autocríticos: Comece a prestar atenção aos pensamentos negativos que surgem em sua mente. Reconheça quando você está se criticando e esteja ciente dos padrões autocríticos recorrentes.

Desafiando a autocrítica: Uma vez que você identificou os pensamentos autocríticos, questione a validade deles. Pergunte a si mesmo se esses pensamentos são baseados em fatos concretos ou se são apenas percepções distorcidas.

Substituindo por afirmações Positivas: Quando você perceber um pensamento autocrítico, substitua-o por uma afirmação positiva e realista. Escolha palavras que reflitam seu valor, suas qualidades e seus esforços contínuos.

Foco no crescimento: Ao substituir pensamentos como "não sou bom o suficiente", mude para afirmações que enfatizem o crescimento e o aprendizado. Por exemplo, "estou sempre em crescimento e aprendendo" reconhece que você está em constante evolução.

Pratique a autocompaixão: Integre a autocompaixão em suas afirmações. Ao adicionar um toque de compaixão e gentileza a suas palavras, você cria um diálogo interno mais amável e apoiador.

Visualize o sucesso: Ao usar afirmações positivas, visualize o sucesso e a realização das metas que você está buscando. Isso fortalece sua crença em suas próprias capacidades.

Repetição regular: Pratique suas afirmações regularmente. Quanto mais você as repete, mais elas se tornam parte integrante do seu pensamento habitual.

Ajuste ao seu estilo: Adapte suas afirmações ao seu estilo de comunicação. Escolha palavras que ressoem com você e que sejam autênticas para sua voz interna.

Neutralizando o negativo: Quando um pensamento autocrítico surgir, não o ignore. Em vez disso, neutralize-o imediatamente com uma afirmação positiva. Isso ajuda a contrabalançar a negatividade.

Entenda que mudar o diálogo interno é um processo gradual. É natural ter momentos de autocrítica, mas a prática constante de substituir esses pensamentos por afirmações positivas pode fazer uma diferença significativa ao longo do tempo. Ao fortalecer seu diálogo interno, você está construindo uma base sólida para uma autoimagem positiva e uma autoestima saudável.

Abraçando a imperfeição

A busca pela perfeição é um ideal inatingível que pode ser prejudicial para a autoestima e a autoimagem. Em vez de se concentrar na busca por uma perfeição irrealista, abraçar a imperfeição é um passo fundamental para construir uma autoestima saudável e uma autoimagem positiva. São maneiras de abraçar a imperfeição e direcionar o foco para o crescimento pessoal:

Reconhecendo a natureza humana: É importante lembrar que a imperfeição é uma parte intrínseca da condição humana. Todos nós cometemos erros, enfrentamos desafios e temos áreas em que podemos melhorar. Isso é normal e não deve ser motivo para autocrítica intensa.

Evitando o perfeccionismo: O perfeccionismo pode ser um obstáculo para a realização e a autoestima saudável. Ao se esforçar excessivamente pela perfeição, você pode se sentir constantemente insatisfeito e criticar a si mesmo por não atender a padrões irreais.

Foco no crescimento e progresso: Em vez de buscar a perfeição, concentre-se no crescimento pessoal e no progresso contínuo. Veja os erros como oportunidades de aprendizado e desenvolvimento. Cada desafio superado é um passo em direção ao seu desenvolvimento pessoal.

Celebrando as conquistas: Celebre suas realizações, por menores que sejam. Reconheça os esforços que você fez e os obstáculos que superou. Isso fortalece sua autoconfiança e incentiva uma visão mais positiva de si mesmo.

Cultivando a autocompaixão: Trate-se com autocompaixão diante das imperfeições e erros. Conscientize-se de que você merece gentileza e aceitação, independentemente de suas falhas.

Aprendendo com os erros: Em vez de se punir por erros, veja-os como oportunidades de aprendizado. Reflita sobre o que você pode aprender e como pode fazer as coisas de maneira diferente no futuro.

Valorizando as experiências: Cada experiência, mesmo as que não saíram como planejado, contribui para seu crescimento e amadurecimento. Valorize as lições que você extrai de cada situação.

Praticando a flexibilidade mental: Desenvolva uma mente mais flexível e adaptável. Quando você aceita a imperfeição, é mais capaz de se ajustar a novas circunstâncias e lidar com os desafios com mais resiliência.

Cultivando a aceitação: Aceite-se como você é, com suas qualidades e imperfeições. A aceitação é um passo fundamental para uma autoimagem positiva e um relacionamento saudável consigo mesmo.

Ao abraçar a imperfeição e se concentrar no crescimento pessoal, você está construindo uma base sólida para uma autoestima positiva e uma autoimagem equilibrada. Lembre-se de que a jornada rumo ao progresso e à autodescoberta é contínua e enriquecedora, repleta de oportunidades para aprender, crescer e se tornar a melhor versão de si mesmo.

Autenticidade sobre perfeição

A busca pela perfeição muitas vezes nos leva a mascarar nossas verdadeiras identidades e a esconder nossas imperfeições. No entanto, a autenticidade é um valor fundamental para construir uma autoimagem positiva e uma autoestima saudável. São maneiras de priorizar a autenticidade em vez da perfeição:

Aceitando sua essência: Ser autêntico significa abraçar sua verdadeira essência, com todas as suas qualidades, defeitos e peculiaridades. Ao aceitar quem você é genuinamente, você fortalece sua autoestima e se sente mais conectado a si mesmo.

Valorizando sua individualidade: Cada pessoa é única, e é essa individualidade que a torna especial. Em vez de tentar se encaixar em moldes pré-determinados de perfeição, valorize suas características únicas e reconheça que elas são parte do que o torna único.

Libertando-se das máscaras: A busca pela perfeição muitas vezes nos leva a usar máscaras para esconder nossas vulnerabilidades. Ao se permitir ser autêntico, você se liberta da necessidade de fingir ser alguém que não é, o que resulta em um alívio emocional significativo.

Criando conexões genuínas: Quando você é autêntico, cria conexões mais genuínas com os outros. As pessoas são naturalmente atraídas por aqueles que são verdadeiros e reais, e essas conexões podem contribuir para uma sensação de pertencimento e aceitação.

Redefinindo o sucesso: Em vez de medir o sucesso pela perfeição, redefina-o em termos de autenticidade e crescimento pessoal. Se esforçar para ser a melhor versão de si mesmo, em vez de uma versão perfeita, é uma meta mais realista e saudável.

Aliviando a pressão: A busca pela perfeição cria uma pressão insustentável. Ao ser autêntico, você libera a pressão de atender a expectativas irreais e permite-se ser mais gentil consigo mesmo.

Foco no bem-estar interior: Priorize seu bem-estar interior em vez de buscar a aprovação externa. Quando você se concentra em como se sente em relação a si mesmo, torna-se menos dependente da validação dos outros.

Encorajando os outros: Sua autenticidade pode inspirar os outros a também abraçarem sua verdadeira essência. Ao ser um exemplo de autenticidade, você pode influenciar positivamente as pessoas ao seu redor.

Crescimento contínuo: Ser autêntico não significa parar de crescer. Pelo contrário, envolve o crescimento contínuo à medida que você se torna mais conectado consigo mesmo e mais alinhado com seus valores e paixões.

Entenda que a autenticidade é uma jornada, não um destino final. À medida que você se esforça para ser mais autêntico, você se liberta das restrições da perfeição e cria espaço para uma autoestima mais saudável, relações mais significativas e uma sensação geral de contentamento consigo mesmo. Celebrar quem você é, com todas as suas imperfeições, é uma chave para viver uma vida autêntica e gratificante.

Aprendendo com a autocrítica

Embora a autocrítica possa ser prejudicial para nossa autoestima e bem-estar, também podemos usá-la como uma ferramenta para o crescimento pessoal e o autodesenvolvimento. São formas de aprender com a autocrítica e transformá-la em uma oportunidade de autodescoberta:

Identificando padrões recorrentes: Ao prestar atenção aos tipos de autocríticas que surgem com frequência, você pode começar a identificar padrões de pensamento que podem indicar áreas em que você deseja crescer. Por exemplo, se você frequentemente se critica por não ser produtivo o suficiente, isso pode indicar um desejo de melhorar sua administração do tempo.

Explorando desafios pessoais: As autocríticas podem apontar para desafios pessoais que você está enfrentando. Em vez de se desencorajar por essas críticas, veja-as como pistas sobre áreas em que você pode precisar de apoio ou desenvolvimento.

Definindo metas de crescimento: Ao refletir sobre as autocríticas que surgem, você pode definir metas de crescimento realistas e tangíveis. Por exemplo, se você se critica por não ser assertivo o suficiente, pode estabelecer a meta de praticar a comunicação assertiva em situações específicas.

Construindo autoconhecimento: A autocrítica pode oferecer insights sobre suas próprias expectativas, crenças e valores. Ao analisar esses aspectos, você pode construir um maior autoconhecimento e entender melhor o que motiva suas autocríticas.

Abordando crenças limitantes: Muitas autocríticas são baseadas em crenças limitantes sobre nós mesmos. Ao confrontar essas crenças e questioná-las, você pode começar a desmantelar padrões autocríticos e construir uma autoimagem mais positiva.

Transformando em autorreflexão construtiva: Ao invés de se criticar de maneira negativa, transforme a autocrítica em autorreflexão construtiva. Em vez de pensar "não sou bom o suficiente", pergunte a si mesmo "como posso me desenvolver nessa área?" Essa mudança de abordagem pode direcionar sua mente para soluções e oportunidades de crescimento.

Aceitando erros como parte do processo: A autocrítica muitas vezes surge de erros ou falhas percebidas. Em vez de se repreender, aceite que erros são naturais e fazem parte do processo de aprendizado e crescimento. Use-os como oportunidades para aprender e melhorar.

Praticando a autocompaixão: Ao aprender com a autocrítica, lembre-se de ser gentil consigo mesmo. Pratique a autocompaixão ao reconhecer que todos cometem erros e enfrentam desafios. Em vez de se culpar, trate-se com a mesma compaixão que você ofereceria a um amigo.

Focando no progresso, não na perfeição: Ao usar a autocrítica como um meio de aprendizado, seu foco muda do ideal de perfeição para o progresso constante. Veja cada desafio e erro como uma oportunidade de crescer e se desenvolver.

Lidar com a autocrítica requer paciência e autocompaixão. Através da autoconsciência, questionamento, autocompaixão e mudança do diálogo interno, você pode gradualmente desconstruir os padrões de autocrítica e construir uma autoestima mais forte e saudável.

Construindo uma autoimagem positiva: Práticas para fortalecer a confiança em si mesmo

Uma autoimagem positiva é fundamental para a autoestima saudável. Construir uma visão positiva de si mesmo envolve reconhecer suas qualidades, habilidades e valor intrínseco. Algumas práticas para fortalecer a confiança em si mesmo e construir uma autoimagem positiva:

Identifique suas qualidades

Reconhecer e valorizar suas próprias qualidades, habilidades e conquistas é um passo fundamental para construir uma autoimagem positiva e uma autoestima saudável. Muitas vezes, estamos tão focados em nossas imperfeições que esquecemos de apreciar o que há de bom em nós. São algumas maneiras de identificar suas qualidades:

Autoavaliação sincera: Tire um tempo para fazer uma autoavaliação sincera. Pergunte a si mesmo quais são suas principais qualidades, o que você faz bem e o que os outros frequentemente elogiam em você. Considere suas realizações, habilidades naturais e características pessoais.

Reflita sobre suas conquistas: Reflita sobre suas conquistas passadas, grandes e pequenas. Isso pode incluir objetivos acadêmicos, profissionais, pessoais e relacionados à saúde. Reconheça as etapas que você deu para alcançá-las e como essas conquistas demonstram suas qualidades.

Peça feedback: Converse com amigos, familiares e colegas confiáveis sobre como eles o veem. Pergunte quais são suas qualidades mais notáveis e como eles percebem suas habilidades. Isso pode fornecer insights valiosos e uma perspectiva externa.

Liste suas qualidades: Faça uma lista física ou digital das suas qualidades, habilidades e conquistas. Seja específico e abrangente. Inclua tanto características pessoais, como empatia e determinação, quanto habilidades práticas, como criatividade, comunicação ou resolução de problemas.

Dê valor às pequenas coisas: Não subestime as pequenas qualidades que você possui. Pode ser sua capacidade de ouvir atentamente, sua disposição para ajudar os outros ou até mesmo sua habilidade de encontrar humor nas situações cotidianas.

Aceite elogios: Quando alguém elogiar você, aceite-o com gratidão em vez de minimizá-lo. Ao receber elogios de maneira genuína, você fortalece sua autoestima e a confiança em suas qualidades.

Evite a autocrítica excessiva: A autocrítica excessiva pode obscurecer suas qualidades. Esteja ciente dos pensamentos negativos e autocríticos que podem surgir e faça um esforço consciente para desafiá-los.

Entenda que cada pessoa é única e tem uma combinação única de qualidades. Não existe uma lista definitiva de qualidades que você "deveria" ter. Valorize-se pelo que você é e reconheça que suas qualidades individuais contribuem para sua singularidade e valor como pessoa. Ao identificar suas qualidades e aceitar quem você é, você estará dando passos importantes em direção a uma autoimagem positiva e a uma maior autoestima.

Celebre suas conquistas

Celebrar suas conquistas, independentemente do tamanho, é uma maneira poderosa de fortalecer sua autoestima e autoconfiança. Muitas vezes, tendemos a minimizar nossas realizações ou a compará-las com as dos outros, o que pode diminuir nossa percepção de nosso próprio valor. No entanto, cada vitória, por menor que seja, é um passo em direção ao seu crescimento e progresso pessoal. Maneiras de celebrar suas conquistas:

Reconhecimento interno: Comece reconhecendo internamente suas conquistas. Tire um momento para apreciar o esforço, o tempo e a dedicação que você investiu para alcançar seus objetivos, independentemente de quão pequenos ou grandes eles sejam.

Anote suas conquistas: Mantenha um registro das suas conquistas em um diário ou em um lugar onde você possa vê-las facilmente. Isso serve como um lembrete visual constante do progresso que você fez ao longo do tempo.

Celebração simbólica: Comemore suas realizações de maneira simbólica. Pode ser acendendo uma vela, escrevendo uma carta de celebração para si mesmo ou dando um passeio tranquilo para refletir sobre suas conquistas.

Compartilhe com os outros: Compartilhar suas conquistas com amigos, familiares ou colegas de confiança pode ser uma fonte de apoio e motivação. Eles podem se alegrar por você e lembrá-lo de como é incrível o que você alcançou.

Ofereça recompensas a si mesmo: Recompense-se de maneira significativa após alcançar um objetivo. Pode ser algo simples, como assistir a um filme que você gosta, comprar algo que você deseja ou reservar um tempo para relaxar e cuidar de si mesmo.

Reflita sobre o progresso: Ao olhar para trás, reflita sobre o progresso que você fez. Compare onde você estava antes com onde está agora e observe como suas ações e esforços contribuíram para essa mudança positiva.

Cultive uma atitude de gratitude: Ao celebrar suas conquistas, cultive uma atitude de gratidão. Reconheça as pessoas, os recursos e as circunstâncias que o apoiaram ao longo do caminho.

Abraçar os desafios: Entenda que enfrentar desafios e superar obstáculos também é uma conquista digna de celebração. Cada vez que você supera um desafio, está crescendo e fortalecendo sua resiliência.

Celebre suas conquistas como um ato de amor próprio e reconhecimento pelo seu próprio valor. Cada passo em direção aos seus objetivos, por menor que seja, é uma demonstração de sua capacidade e determinação. Ao cultivar o hábito de celebrar suas conquistas, você nutre uma autoestima saudável e constrói uma base sólida para uma autoimagem positiva.

Afaste-se da comparação

A armadilha da comparação é um desafio comum que pode afetar negativamente a nossa autoimagem e autoestima. Quando nos comparamos com os outros, estamos nos colocando em uma posição de desvantagem, pois tendemos a focalizar apenas nas realizações dos outros e ignorar nossos próprios sucessos. Estratégias para se afastar da comparação e valorizar sua jornada única:

Pratique a conscientização: Esteja atento aos momentos em que você se pega comparando-se com os outros. Reconheça esses pensamentos sem julgamento e permita-se afastar-se deles.

Lembre-se das diferenças: Tenha em mente que cada pessoa tem uma história de vida única, com experiências, desafios e circunstâncias diferentes. Comparar-se com os outros é injusto, pois não leva em consideração essas diferenças.

Foco interno: Em vez de olhar para fora e comparar suas realizações com as dos outros, foque em sua própria caminhada. Concentre-se em seu crescimento pessoal, em suas conquistas e no progresso que você está fazendo.

Defina suas próprias métricas de sucesso: Em vez de medir o seu sucesso com base nas realizações dos outros, defina suas próprias métricas de sucesso. Pergunte a si mesmo o que é importante para você e como você pode alcançar seus próprios objetivos e aspirações.

Celebre suas diferenças: Celebre as características, qualidades e conquistas que são únicas para você. Reconheça que sua singularidade é o que torna sua experiência valiosa e significativa.

Evite as redes sociais em excesso: As redes sociais podem intensificar a comparação, já que muitas vezes as pessoas compartilham apenas os aspectos positivos de suas vidas. Se você se sentir afetado pela comparação nas redes sociais, considere limitar o tempo que passa nelas.

Pratique a empatia: Em vez de invejar as conquistas dos outros, pratique a empatia. Reconheça que todos enfrentam desafios e lutas, mesmo que não sejam visíveis externamente.

Cultive a autenticidade: Concentre-se em ser autêntico e genuíno em vez de se conformar com padrões externos. Valorize quem você é e as contribuições únicas que você traz para o mundo.

Construa uma comunidade positiva: Cerque-se de pessoas que o apoiam, valorizam sua história e incentivam seu crescimento. Uma comunidade positiva pode ajudá-lo a manter uma perspectiva saudável sobre suas realizações.

Ao afastar-se da comparação e valorizar sua própria experiência, você estará construindo uma base sólida para uma autoimagem positiva e saudável. Conscientize-se de que sua jornada é única e digna de respeito e celebração, independentemente de como ela se compare à história de outras pessoas.

Defina objetivos realistas

Definir objetivos realistas é essencial para construir uma autoimagem positiva e fortalecer sua autoconfiança. Objetivos alcançáveis permitem que você experimente o progresso de maneira tangível, o que pode aumentar sua motivação e senso de realização. São formas para definir objetivos realistas e trabalhar para alcançá-los:

Clarifique suas prioridades: Antes de definir um objetivo, avalie suas prioridades e o que realmente importa para você. Ter clareza sobre o que você deseja alcançar ajudará a direcionar sua energia de maneira eficaz.

Seja específico: Defina seus objetivos de maneira específica e mensurável. Em vez de um objetivo vago como "melhorar minha saúde", defina algo como "fazer exercícios físicos por pelo menos 30 minutos, três vezes por semana".

Quebre em etapas menores: Divida seus objetivos em etapas menores e mais gerenciáveis. Isso tornará o processo mais acessível e o ajudará a acompanhar seu progresso de maneira mais tangível.

Use a estratégia SMART: Use o acrônimo SMART para garantir que seus objetivos sejam específicos, mensuráveis, alcançáveis, relevantes e com prazo definido. Isso ajuda a evitar objetivos vagos ou inatingíveis.

Considere o tempo e os recursos: Avalie quanto tempo e recursos você pode dedicar a alcançar seu objetivo. Leve em consideração sua agenda, compromissos existentes e quaisquer restrições de tempo ou recursos.

Estabeleça prazos realistas: Defina prazos que sejam realistas e alcançáveis. Evite estabelecer prazos muito curtos que possam causar estresse adicional, mas também não estenda demais os prazos, pois isso pode minar sua motivação.

Acompanhe seu progresso: Mantenha um registro do seu progresso à medida que trabalha em direção ao seu objetivo. Isso não apenas o manterá motivado, mas também permitirá que você veja o quanto avançou.

Aprenda com os desafios: Enfrentar desafios faz parte de qualquer jornada em direção a um objetivo. Em vez de se desencorajar, veja os desafios como oportunidades de aprendizado e crescimento.

Ajuste conforme necessário: Esteja disposto a ajustar seus objetivos conforme necessário. À medida que você ganha insights e experiência, pode ser necessário fazer ajustes para garantir que seus objetivos continuem alinhados com suas aspirações.

Celebre o progresso: À medida que alcança marcos e etapas em direção ao seu objetivo, celebre esses sucessos. A comemoração do progresso contribui para a construção de sua autoconfiança e autoestima.

Definir objetivos realistas e trabalhar para alcançá-los não apenas contribui para a realização pessoal, mas também fortalece sua autoconfiança ao longo do tempo. Lembre-se de que cada passo em direção a seus objetivos é uma conquista que merece ser celebrada.

Pratique a autorreflexão positiva

A prática da autorreflexão positiva é uma ferramenta poderosa para fortalecer sua autoimagem e autoconfiança. Tirar um tempo regularmente para refletir sobre suas conquistas, qualidades e momentos de confiança e orgulho pode ajudar a reforçar sua percepção positiva de si mesmo. São estratégias para incorporar a autorreflexão positiva em sua vida:

Crie um espaço tranquilo: Encontre um lugar calmo e tranquilo onde você possa se concentrar em suas reflexões sem distrações. Pode ser um canto aconchegante em sua casa, um local ao ar livre ou qualquer espaço onde você se sinta à vontade.

Estabeleça um momento regular: Defina um horário regular para a autorreflexão positiva. Pode ser diariamente, semanalmente ou conforme sua preferência. Criar uma rotina ajuda a incorporar essa prática de maneira consistente.

Liste suas conquistas: Comece fazendo uma lista de suas conquistas, grandes e pequenas. Isso pode incluir realizações acadêmicas, profissionais, pessoais e qualquer coisa que tenha lhe trazido orgulho. Relembre os desafios que você superou para alcançar essas conquistas.

Reconheça suas qualidades: Identifique suas qualidades, talentos e habilidades. Anote as características que você valoriza em si mesmo, como empatia, criatividade, perseverança e outras qualidades que o tornam único.

Reviva momentos de confiança: Relembre momentos em que você se sentiu confiante e orgulhoso de suas ações. Pode ser uma apresentação bem-sucedida, uma conversa difícil que você conduziu ou qualquer situação em que você tenha demonstrado coragem.

Registre gratidão por si mesmo: Escreva cartas ou notas de gratidão para si mesmo. Reconheça o valor intrínseco que você possui e expresse apreço por sua jornada pessoal.

Pratique a compaixão por si mesmo: Enquanto reflete sobre suas realizações, seja gentil e compassivo consigo mesmo. Evite cair em autocríticas e, em vez disso, cultive uma atitude positiva de autoaceitação.

Mantenha um diário de reflexão: Considere manter um diário dedicado à autorreflexão positiva. Escrever seus pensamentos, sentimentos e insights pode ajudar a aprofundar a prática e acompanhar seu crescimento ao longo do tempo.

Visualize seu futuro positivo: Além de revisitar o passado, visualize o futuro com confiança e otimismo. Imagine-se alcançando seus objetivos e vivendo uma vida plena e realizada.

Conscientize-se de que construir uma autoimagem positiva é um processo contínuo que requer paciência e autenticidade. À medida que você pratica essas estratégias, você estará criando uma base sólida para a autoestima saudável e a confiança duradoura em si mesmo.

Aceitação do corpo: Cultivando amor próprio independentemente das aparências

A aceitação do corpo é um componente fundamental da autoestima e autoimagem positivas. Infelizmente, muitas pessoas lutam com a insatisfação em relação à aparência física. Cultivar o amor próprio independentemente das aparências é crucial para uma saúde mental e emocional robusta. Abordagens para promover a aceitação do corpo:

Desafie os padrões irrealistas

Em um mundo onde os padrões de beleza muitas vezes são ditados pela mídia e pelas redes sociais, é fundamental desafiar essas normas irreais e cultivar o amor próprio independentemente das aparências. São estratégias para ajudá-lo a enfrentar os padrões de beleza inatingíveis e construir uma relação saudável com sua própria imagem corporal:

Reconheça a diversidade de corpos: Lembre-se de que a diversidade de corpos é natural e bela. Cada pessoa é única e tem uma composição genética que determina sua aparência. Valorize e celebre a variedade de formas e tamanhos corporais.

Desconstrua ideais de beleza irreais: Questione os ideais de beleza inatingíveis promovidos pela mídia. Reconheça que muitas imagens que vemos são retocadas e manipuladas para atender a padrões inalcançáveis. Separe a realidade da representação idealizada.

Fique atento às mensagens positivas: Procure consumir conteúdo que promova a positividade corporal e a autoaceitação. Siga pessoas e mídias que celebram a diversidade e desafiam os padrões de beleza prejudiciais.

Pratique a gratidão pelo seu corpo: Diariamente, reserve um momento para praticar a gratidão pelo seu corpo. Reconheça todas as coisas incríveis que seu corpo permite que você faça, desde se mover e explorar até sentir emoções e experimentar a vida.

Evite a autocrítica destrutiva: Quando pensamentos autocríticos surgirem, desafie-os. Pergunte a si mesmo se esses pensamentos são realistas e saudáveis. Cultive a autocompaixão e trate-se com gentileza, assim como você faria com um amigo.

Vista-se para se sentir bem: Escolha roupas que façam você se sentir confortável e confiante, independentemente do que ditam as tendências da moda. A moda deve ser uma expressão de quem você é, não uma forma de se encaixar em padrões.

Pratique a aceitação gradual: Aceitar completamente seu corpo pode ser um processo gradual. Comece reconhecendo partes de si mesmo que você gosta e trabalhe gradualmente em direção a uma aceitação mais ampla.

Cuide do seu corpo com amor: Alimente-se de maneira saudável, pratique exercícios físicos que você gosta e cuide do seu corpo com amor. Priorize o bem-estar em vez de buscar a conformidade com padrões externos.

Busque apoio: Se você está lutando para cultivar uma relação positiva com sua imagem corporal, considere procurar apoio profissional. Terapia ou aconselhamento podem ser recursos valiosos para trabalhar questões relacionadas à autoimagem.

Desafiar os padrões irreais de beleza é um ato de empoderamento pessoal. Ao cultivar o amor próprio e aceitar seu corpo como ele é, você se liberta das expectativas prejudiciais e cria espaço para uma autoestima saudável e positiva. Saiba que você é mais do que sua aparência externa e merece respeito e amor, independentemente das normas da sociedade.

Pratique o cuidado do corpo

Praticar o cuidado do corpo é essencial para promover não apenas uma boa saúde física, mas também para fortalecer sua autoestima e amor próprio. O cuidado do corpo deve ser encarado como um ato de amor próprio e bem-estar, não como uma busca obsessiva pela perfeição. São maneiras de cuidar do seu corpo de maneira saudável e compassiva:

Nutrição consciente: Alimentar-se de maneira saudável é um modo de nutrir seu corpo e fornecer os nutrientes necessários para o seu funcionamento adequado. Em vez de adotar dietas restritivas ou extremas, busque uma alimentação equilibrada, rica em vegetais, frutas, proteínas magras, carboidratos complexos e gorduras saudáveis.

Hidratação adequada: Beber água é fundamental para manter seu corpo hidratado e funcionando corretamente. A hidratação também pode contribuir para a saúde da pele e dos órgãos internos.

Exercício que você gosta: Praticar exercícios físicos regularmente traz uma série de benefícios, incluindo o fortalecimento muscular, melhoria da saúde cardiovascular e liberação de endorfinas, que contribuem para o bem-estar emocional. Escolha atividades que você goste e que se encaixem em seu estilo de vida.

Respeite seus limites: Enquanto se exercita, respeite os limites do seu corpo. Não force ou pratique exercícios intensos que causem dor ou desconforto excessivo. O exercício deve ser uma forma de se sentir bem, não uma fonte de estresse.

Priorize o descanso: O descanso adequado é fundamental para a recuperação do corpo e a manutenção da saúde mental. Garanta que você esteja dormindo o suficiente todas as noites para acordar revigorado e cheio de energia.

Ouça seu corpo: Aprenda a ouvir os sinais do seu corpo. Se você estiver cansado, dê-se permissão para descansar. Se estiver com fome, alimente-se. Sintonize-se com as necessidades do seu corpo e responda a elas com gentileza.

Evite a autocrítica: Ao cuidar do seu corpo, evite cair na armadilha da autocrítica. Em vez de focar em como seu corpo se compara a padrões externos, concentre-se em como você se sente. Priorize a saúde, o bem-estar e o amor próprio.

Aprecie as conquistas: Assim como na construção da autoestima, celebre as conquistas que você alcança em relação ao cuidado do corpo. Cada escolha saudável que você faz é um passo em direção ao seu bem-estar.

Entenda que o cuidado do corpo é uma prática contínua e individualizada. O objetivo é sentir-se bem e saudável, respeitando e valorizando seu corpo como ele é. Ao praticar o cuidado do corpo com amor e compaixão, você fortalece sua relação consigo mesmo e contribui para uma vida mais equilibrada e satisfatória.

Fale com gentileza a si mesmo

Mudar a forma como você fala consigo mesmo é um passo fundamental para construir uma autoimagem positiva e fortalecer sua autoestima. Em vez de se envolver em autocrítica constante, é importante cultivar a autocompaixão e falar consigo mesmo com gentileza e carinho.

Reconheça seus pensamentos: Esteja atento aos pensamentos negativos e autocríticos que surgem. Ao perceber esses pensamentos, você pode interrompê-los e substituí-los por afirmações mais gentis e positivas.

Trate-se como um amigo: Imagine que você está falando com um amigo querido que está passando por um momento desafiador. Como você falaria com essa pessoa? Aplique o mesmo nível de carinho e compreensão ao falar consigo mesmo.

Cultive a autocompaixão: Em vez de se julgar duramente por cometer erros ou enfrentar dificuldades, pratique a autocompaixão. Reconheça que todos têm momentos de falha e que isso não diminui seu valor como pessoa.

Afirmações positivas: Crie afirmações positivas que reflitam sua autoimagem desejada. Por exemplo, diga a si mesmo: "Eu sou digno de amor e respeito", "Minhas imperfeições não me definem", "Eu sou suficiente exatamente como sou".

Desafie pensamentos distorcidos: Quando pensamentos autocríticos surgirem, questione sua validade. Pergunte a si mesmo se esses pensamentos são baseados em fatos reais ou se são distorções negativas.

Pratique a autocompaixão em momentos de dificuldade: Quando você enfrentar desafios, ao invés de se criticar, ofereça a si mesmo palavras de incentivo e apoio. Saiba que você merece compaixão, assim como qualquer outra pessoa.

Aceite suas imperfeições: Aceitar suas imperfeições é uma parte essencial da autocompaixão. Em vez de se esforçar para ser perfeito, aceite-se como uma pessoa em constante evolução.

Respeite seu corpo: Trate seu corpo com respeito e apreciação. Ao invés de focar nas aparências, concentre-se em como seu corpo te permite viver, se mover e experimentar a vida.

Celebre seus esforços: Celebre os esforços que você faz para se tratar com gentileza e amor próprio. Cada passo em direção a uma autocompaixão mais forte é uma vitória significativa.

Ao falar com gentileza a si mesmo e cultivar a autocompaixão, você está construindo um relacionamento mais saudável e positivo consigo mesmo. Isso contribui não apenas para uma autoimagem positiva, mas também para uma maior resiliência emocional e bem-estar geral. Tenha em mente que merece todo o amor, carinho e respeito que ofereceria a qualquer outra pessoa em sua vida.

Celebre a função e a saúde

Uma parte crucial da construção de uma autoimagem positiva e do cultivo do amor próprio é aprender a valorizar seu corpo por sua função e saúde, em vez de apenas focar na aparência. São maneiras de mudar seu foco e celebrar seu corpo de maneira mais saudável:

Reconheça as conquistas do seu corpo: Em vez de se concentrar apenas na estética, reconheça as incríveis conquistas que seu corpo realiza todos os dias. Ele permite que você se mova, respire, sinta e experimente o mundo ao seu redor.

Pratique a gratidão pelo seu corpo: Reserve um tempo para refletir sobre as coisas que seu corpo faz por você. Agradeça por sua capacidade de ver, ouvir, tocar, saborear e cheirar. Essas são experiências valiosas que seu corpo proporciona.

Celebre as habilidades do seu corpo: Valorize as habilidades do seu corpo, seja dançar, correr, cozinhar ou qualquer outra atividade que você goste. Concentre-se em como essas habilidades enriquecem sua vida e proporcionam alegria.

Aprecie a saúde interna: Entenda que a saúde vai além da aparência externa. Valorize o bom funcionamento dos seus órgãos, sistemas e a energia que seu corpo possui para enfrentar o dia a dia.

Pratique o cuidado com a saúde: Cuidar do seu corpo com práticas saudáveis, como uma alimentação equilibrada, exercícios regulares e sono adequado, é uma forma de demonstrar amor próprio e gratidão pela sua saúde.

Desenvolva hábitos positivos: Concentre-se em desenvolver hábitos que promovam o bem-estar do seu corpo, em vez de seguir tendências que se concentram apenas na estética.

Evite a comparação: Evite comparar seu corpo com os padrões de beleza inatingíveis apresentados pela mídia. Conscientize-se de que a diversidade de corpos é natural e bela, e não existe um único padrão de beleza.

Pratique a aceitação: Aceitar seu corpo como ele é, com todas as suas características únicas, é um passo importante em direção ao amor próprio. Abrace suas características individuais e celebre sua singularidade.

Ao adotar uma mentalidade de celebração da função e saúde do seu corpo, você desenvolve uma relação mais positiva e saudável com ele. Isso não apenas contribui para uma autoimagem positiva, mas também para um bem-estar emocional e mental mais equilibrado. Saiba que seu corpo é uma parte valiosa de quem você é e merece ser valorizado por tudo o que é capaz de realizar.

Pratique a gratidão pelo corpo

A prática da gratidão pelo corpo é uma maneira poderosa de cultivar uma atitude positiva em relação a si mesmo e ao seu próprio corpo. Ao reconhecer e apreciar as muitas formas pelas quais seu corpo o apoia e permite que você viva sua vida, você constrói uma base sólida para uma autoimagem positiva e um amor próprio saudável. São algumas maneiras de incorporar a gratidão pelo corpo em sua vida diária:

Prática diária de gratidão: Reserve um momento todos os dias para expressar gratidão pelo seu corpo. Pode ser ao acordar de manhã, antes de dormir à noite ou em qualquer momento que você escolher. Dê um tempo para refletir sobre o que seu corpo realizou durante o dia.

Reconheça suas conquistas diárias: Agradeça ao seu corpo por suas realizações diárias, sejam grandes ou pequenas. Isso pode incluir desde a capacidade de se levantar da cama até a realização de tarefas do dia a dia.

Aprecie sua mobilidade: Reconheça a capacidade de se mover, caminhar, dançar e explorar o mundo ao seu redor. Muitas vezes, tomamos a mobilidade como garantida, mas a gratidão por essa habilidade pode trazer uma perspectiva renovada.

Valorize sua saúde: Lembre-se de que a saúde é um ativo valioso. Agradeça pela saúde do seu coração, pulmões, sistema digestivo e outros sistemas que funcionam para te manter vivo e bem.

Sinta o toque de alegria: Reconheça como seu corpo experimenta o toque, seja ao abraçar alguém querido, sentir a textura de um objeto ou desfrutar de uma refeição deliciosa.

Agradeça pela sua energia: A energia que seu corpo lhe fornece para realizar suas atividades diárias é um presente valioso. Agradeça por cada momento em que você se sente energizado e pronto para enfrentar o dia.

Cultive uma mentalidade positiva: À medida que você pratica a gratidão pelo seu corpo, você começa a cultivar uma mentalidade positiva em relação a si mesmo. Isso pode influenciar positivamente sua autoestima e autoimagem.

Seja gentil consigo mesmo: Entenda que a gratidão não deve ser uma pressão adicional. Se você não se sentir grato todos os dias, tudo bem. Trata-se de incorporar essa prática de uma maneira gentil e sem julgamento.

Cultivar uma autoestima positiva e uma autoimagem saudável é um processo contínuo. Isso requer autocompaixão, práticas conscientes e um compromisso com a aceitação de quem você é, independentemente das circunstâncias externas. Ao adotar essas práticas, você estará construindo uma base sólida para uma autoimagem mais positiva e amor próprio duradouro.

9
RESILIÊNCIA E ADVERSIDADE

*Como as árvores que dobram, mas não quebram,
somos capazes de superar tempestades.*

A vida é repleta de altos e baixos, desafios e triunfos. A resiliência é a capacidade de enfrentar adversidades, superar obstáculos e emergir mais forte do que antes. Neste capítulo, exploraremos o conceito de resiliência, como transformar adversidades em crescimento pessoal e como construir resiliência emocional para lidar com os contratempos da vida.

Entendendo a resiliência: Superando desafios e saindo mais forte

A resiliência não se trata apenas de superar obstáculos; é a habilidade de se adaptar e crescer a partir de experiências difíceis. Quando nos deparamos com adversidades, a resiliência nos capacita a não apenas sobreviver, mas também a prosperar. São formas de entender e cultivar a resiliência:

Aceitação da mudança

A vida é um fluxo constante de mudanças e transformações. A capacidade de aceitar e se adaptar a essas mudanças é fundamental para desenvolver resiliência. A aceitação da mudança não significa que você precise gostar de todas as mudanças ou considerá-las sempre positivas, mas sim reconhecer que elas são uma parte inevitável da experiência humana. A importância da aceitação da mudança e como desenvolvê-la:

Reconhecendo a natureza transitória: Nada na vida permanece estático. As circunstâncias, pessoas e até mesmo você, estão em constante evolução. Aceitar que tudo está em fluxo pode ajudá-lo a se preparar emocionalmente para as mudanças.

Liberando o controle excessivo: Muitas vezes, lutamos contra a mudança porque ela nos tira da zona de conforto e nos faz sentir que perdemos o controle. No entanto, a verdadeira força vem da capacidade de se adaptar e encontrar novas maneiras de enfrentar as situações.

Enfrentando o desconhecido: Mudanças muitas vezes trazem o desconhecido, e isso pode ser assustador. Ao aceitar a mudança, você está abrindo a porta para novas experiências e oportunidades de crescimento.

Aprendendo com a adversidade: Muitas vezes, a mudança é acompanhada de desafios e adversidades. Ao aceitar esses desafios como parte da jornada, você pode encontrar maneiras de aprender com eles e se tornar mais resiliente.

Flexibilidade mental: A aceitação da mudança requer flexibilidade mental. Isso significa estar disposto a reavaliar suas crenças, planos e perspectivas à medida que as circunstâncias evoluem.

Praticando a não-apego: O apego rígido às coisas como eram no passado pode causar sofrimento quando a mudança ocorre. Praticar o desapego e a adaptabilidade ajuda a reduzir a resistência à mudança.

Vivendo no momento presente: A aceitação da mudança muitas vezes está ligada à capacidade de viver no momento presente. Ao se concentrar no aqui e agora, você pode lidar melhor com as mudanças à medida que surgem.

A aceitação da mudança não é uma tarefa fácil, especialmente quando enfrentamos mudanças significativas e inesperadas. No entanto, desenvolver essa habilidade ao longo do tempo pode fortalecer sua resiliência e capacidade de enfrentar os desafios da vida de forma mais equilibrada. Lembre-se de que, assim como as estações mudam e o ciclo da vida continua, você também tem a capacidade de se adaptar e crescer, independentemente das mudanças que surgem em seu caminho.

Fortalecendo a mentalidade

Uma das chaves para a resiliência é adotar uma mentalidade de crescimento, na qual você vê os desafios não como obstáculos insuperáveis, mas como oportunidades de aprendizado e desenvolvimento pessoal. A mentalidade de crescimento é baseada na crença de que suas habilidades e capacidades podem ser desenvolvidas ao longo do tempo com esforço, prática e dedicação. São maneiras de fortalecer essa mentalidade:

Ressignifique os desafios: Em vez de ver os desafios como problemas impossíveis, veja-os como oportunidades para desenvolver novas habilidades e superar limitações.

Esteja aberto para o aprendizado: Encare cada desafio como uma lição valiosa. Pergunte a si mesmo o que você pode aprender da situação e como pode aplicar esse aprendizado no futuro.

Seja persistente: A mentalidade de crescimento envolve persistência e resiliência. Em vez de desistir diante das dificuldades, veja-as como uma chance de continuar tentando e melhorando.

Adote uma atitude positiva: Mantenha uma atitude positiva em relação aos desafios, mesmo quando as coisas parecerem difíceis. Acredite que você é capaz de superar as adversidades.

Celebre o esforço: Em vez de se concentrar apenas nos resultados finais, celebre o esforço e a dedicação que você coloca em enfrentar os desafios. O progresso é uma conquista por si só.

Explore novas abordagens: Esteja disposto a tentar diferentes abordagens para resolver problemas e superar obstáculos. Aprenda com as tentativas e erros, ajustando suas estratégias conforme necessário.

Cultive a autocompaixão: Conscientize-se de que está tudo bem não ser perfeito. A mentalidade de crescimento envolve aceitar suas falhas e erros como parte do processo de aprendizado.

Visualize o sucesso: Imagine-se superando os desafios e atingindo seus objetivos. Visualizar o sucesso pode fortalecer sua determinação e motivação.

Busque inspiração: Leia sobre pessoas que enfrentaram adversidades e superaram obstáculos. Suas histórias podem oferecer insights e inspiração para sua própria caminhada.

Foco no progresso: Em vez de se comparar com os outros, concentre-se em seu próprio progresso. Cada pequena etapa em direção ao seu objetivo é uma vitória.

Desenvolver uma mentalidade de crescimento requer prática e perseverança, mas os benefícios são significativos. Ao adotar essa abordagem, você não apenas se torna mais resiliente diante dos desafios, mas também experimenta um crescimento pessoal contínuo. Saiba que a jornada é tão valiosa quanto o destino e que cada desafio enfrentado é uma oportunidade de se fortalecer e evoluir.

Busca por soluções

Uma das principais características da resiliência é a capacidade de se concentrar na busca por soluções, em vez de ficar preso aos problemas. Quando você enfrenta adversidades com uma mentalidade voltada para a resolução, está mais propenso a superar obstáculos de maneira eficaz e construtiva. Estratégias para desenvolver a habilidade de buscar soluções durante momentos difíceis:

Mantenha a calma: Enfrentar desafios pode ser estressante, mas manter a calma é fundamental para encontrar soluções. Respire fundo e dê a si mesmo um momento para se acalmar antes de começar a lidar com o problema.

Analise a situação: Antes de tomar medidas, entenda completamente a situação. Identifique os principais desafios, obstáculos e fatores que estão contribuindo para o problema.

Quebre em passos menores: Divida o problema em etapas menores e mais gerenciáveis. Isso torna a situação menos avassaladora e permite que você foque em soluções específicas para cada etapa.

Explore diferentes abordagens: Esteja aberto a considerar diferentes maneiras de lidar com o desafio. Nem sempre existe uma única solução certa, e explorar várias opções pode levar a resultados melhores.

Peça ajuda: Não hesite em pedir ajuda e orientação a pessoas em quem confia. Às vezes, uma perspectiva externa pode trazer novas ideias e insights.

Utilize recursos disponíveis: Identifique quais recursos você tem à sua disposição para enfrentar o desafio. Isso pode incluir conhecimento, habilidades, tempo, pessoas e ferramentas.

Seja flexível: Esteja disposto a ajustar suas abordagens à medida que obtém mais informações. Flexibilidade é crucial para adaptar-se às mudanças de circunstâncias.

Aprenda com experiências anteriores: Reflita sobre situações semelhantes que você enfrentou no passado. O que funcionou? O que não funcionou? Use essas experiências para orientar suas decisões.

Mantenha o foco nas soluções: Enquanto trabalha para superar o problema, concentre-se nas ações que o levarão em direção à resolução. Evite se prender aos aspectos negativos da situação.

Celebre as vitórias: À medida que encontrar soluções e superar os obstáculos, celebre cada vitória, por menor que seja. Isso reforçará sua confiança em lidar com futuros desafios.

Lembrar-se de que a busca por soluções é uma parte essencial da resiliência pode ajudá-lo a enfrentar as adversidades com uma abordagem mais positiva e eficaz. Em vez de se sentir derrotado pelos problemas, você se torna um solucionador ativo, capaz de superar obstáculos e alcançar um resultado positivo. A resiliência é construída ao longo do tempo, à medida que você pratica e aprimora essas habilidades de resolução de problemas.

Redes de apoio

Em meio às adversidades, uma das ferramentas mais valiosas que você pode ter é uma rede de apoio sólida. Amigos, familiares, mentores e colegas de confiança formam uma rede de suporte emocional e prático que desempenha um papel fundamental em sua capacidade de superar desafios com resiliência. Considerações importantes sobre como construir e aproveitar redes de apoio:

Comunique suas necessidades: É essencial comunicar às pessoas próximas a você quando está enfrentando dificuldades. Compartilhar seus sentimentos e desafios pode abrir as portas para o apoio emocional e prático.

Identifique as pessoas certas: Procure pessoas em sua vida que demonstraram empatia, compreensão e apoio no passado. Essas são as pessoas que provavelmente estarão dispostas a ajudar durante momentos difíceis.

Variedade na rede: Ter uma variedade de pessoas em sua rede de apoio pode ser útil. Amigos, familiares, colegas de trabalho e mentores podem oferecer diferentes perspectivas e tipos de apoio.

Reciprocidade: Lembre-se de que as redes de apoio funcionam em ambas as direções. Esteja disposto a apoiar os outros também quando eles enfrentarem desafios.

Ouvir atentamente: Quando você recebe apoio, valorize a oportunidade de compartilhar seus sentimentos e preocupações. Da mesma forma, esteja pronto para ouvir atentamente quando alguém da sua rede precisar de apoio.

Definir limites: Embora seja importante buscar apoio, também é crucial definir limites saudáveis. Isso garante que você não se sobrecarregue ou coloque pressão indevida em seus relacionamentos.

Agradecer e reconhecer: Mostre gratidão às pessoas que estão ao seu lado durante as adversidades. Expressar sua apreciação reforça os laços e cria um ambiente de apoio contínuo.

Pedir ajuda com honestidade: Se você estiver enfrentando desafios que estão além de sua capacidade de lidar sozinho, não hesite em pedir ajuda. Isso não é um sinal de fraqueza, mas sim de coragem e autoconsciência.

Participar de comunidades de apoio: Além das conexões pessoais, você pode procurar grupos ou comunidades que compartilhem interesses ou experiências semelhantes. Esses grupos podem oferecer um espaço seguro para compartilhar e obter apoio.

Valorizar a diversidade de apoio: Cada pessoa em sua rede de apoio pode oferecer algo único. Algumas pessoas podem fornecer conselhos práticos, enquanto outras podem oferecer conforto emocional. Valorize a diversidade de contribuições.

Tenha em mente que as redes de apoio são uma via de mão dupla. Enquanto você recebe apoio durante momentos difíceis, também é importante estar disposto a apoiar os outros quando eles precisarem. As conexões que você cultiva ao longo do tempo podem se tornar uma fonte valiosa de resiliência, permitindo que você enfrente os desafios com maior confiança e determinação.

Autocuidado

Em tempos de adversidade, o autocuidado se torna uma ferramenta essencial para fortalecer sua resiliência emocional e física. Priorizar o autocuidado é um ato de amor próprio que o capacita a enfrentar desafios com mais clareza mental, equilíbrio emocional e força física. Elementos-chave do autocuidado que podem contribuir significativamente para a sua resiliência:

Gerenciamento do estresse: O estresse é uma reação natural às adversidades, mas o gerenciamento adequado é crucial. Práticas como a meditação, a respiração profunda, o yoga e o *mindfulness* podem ajudar a reduzir o estresse e a ansiedade.

Sono adequado: O sono desempenha um papel fundamental na resiliência. Certifique-se de dormir o suficiente para permitir que seu corpo e mente se recuperem adequadamente.

Alimentação nutritiva: Uma dieta balanceada e nutritiva pode fornecer ao seu corpo os nutrientes necessários para enfrentar desafios. Certifique-se de incluir uma variedade de alimentos saudáveis em suas refeições.

Atividade física: O exercício regular não apenas contribui para sua saúde física, mas também tem um impacto positivo em seu bem-estar emocional. Encontre formas de se movimentar que sejam agradáveis para você.

Atividades relaxantes: Dedique tempo para atividades que relaxam e revitalizam você. Isso pode incluir ler, ouvir música, praticar um hobby ou passar tempo na natureza.

Tempo para si mesmo: Reserve momentos para cuidar de si mesmo, sem distrações. Isso pode envolver simplesmente descansar, praticar a meditação ou fazer algo que você genuinamente goste.

Limites saudáveis: Estabeleça limites claros para proteger sua energia emocional e física. Saiba quando dizer "não" e quando buscar ajuda.

Busca de ajuda profissional: Se você estiver enfrentando dificuldades emocionais significativas, procurar ajuda de um profissional de saúde mental é uma parte importante do autocuidado.

Conexões sociais: Mantenha conexões significativas com amigos, familiares e outras pessoas que lhe proporcionem suporte emocional. O apoio social é um componente-chave da resiliência.

Práticas de relaxamento: Explore práticas de relaxamento, como a meditação, o *mindfulness* e o relaxamento progressivo, para acalmar a mente e aliviar a tensão.

Tempo de lazer: Reserve tempo para fazer coisas que você desfruta, sem pressão ou obrigações. O lazer é uma maneira vital de recarregar suas energias.

Gestão do tempo: Organizar seu tempo de maneira eficaz pode ajudar a reduzir o estresse e criar espaço para o autocuidado.

Aprendendo a dizer "sim" para si mesmo: Pratique colocar suas próprias necessidades em primeiro lugar de vez em quando, sem se sentir culpado.

O autocuidado não é apenas um luxo, mas uma parte essencial da construção da resiliência. Quando você está bem cuidado, é mais capaz de enfrentar os desafios de maneira eficaz e manter uma perspectiva positiva, mesmo em tempos difíceis. Entenda que, ao cuidar de si mesmo, você está investindo em sua própria capacidade de enfrentar a adversidade com coragem e força.

Transformando adversidades em crescimento: Aprendizado com momentos difíceis

As adversidades não precisam ser apenas obstáculos a serem superados; elas também podem ser oportunidades para o crescimento pessoal e o desenvolvimento. Ao abordar as adversidades com uma mentalidade de aprendizado, você pode transformar momentos difíceis em valiosas lições de vida:

Reflexão e autoavaliação

A capacidade de transformar adversidades em crescimento é uma marca de resiliência. Ao enfrentar desafios e momentos difíceis, a reflexão e a autoavaliação desempenham um papel fundamental no processo de aprender e crescer a partir das experiências. Maneiras de incorporar a reflexão e a autoavaliação para promover o crescimento pessoal:

Reservando um tempo para reflexão: Depois de passar por uma adversidade, tire um tempo para se afastar do calor do momento e refletir sobre o que aconteceu. Isso permite que você ganhe perspectiva e compreenda melhor a situação.

Identificando lições aprendidas: Pergunte a si mesmo o que você aprendeu com a experiência. Quais foram as lições valiosas que você pode levar para a vida? Identificar essas lições ajuda a transformar a adversidade em um aprendizado positivo.

Avaliando suas reações: Avalie como você reagiu à adversidade. Isso inclui suas emoções, pensamentos e comportamentos. Identificar padrões de reação pode ajudá-lo a entender melhor como lidar com desafios no futuro.

Reconhecendo o seu crescimento: Considere como a adversidade o ajudou a crescer e a se desenvolver como pessoa. Reconheça as maneiras pelas quais você se tornou mais forte, mais resiliente e mais capaz de enfrentar desafios.

Identificando recursos e apoio: Reflita sobre os recursos e o apoio que você buscou ou encontrou durante a adversidade. Isso pode incluir amigos, familiares, profissionais de saúde mental ou outras fontes de suporte. Reconheça a importância desses recursos.

Visualizando estratégias alternativas: Pergunte a si mesmo como você poderia ter lidado com a situação de maneira diferente. Isso não é para se culpar, mas para identificar estratégias alternativas que possam ser úteis no futuro.

Praticando a autocompaixão: Seja gentil consigo mesmo ao refletir sobre a adversidade. Evite se criticar por como você lidou com a situação. Em vez disso, adote uma atitude de autocompaixão e compreenda que todos enfrentam desafios.

Definindo intenções futuras: Com base nas lições aprendidas, defina intenções para o futuro. Pergunte a si mesmo como você gostaria de lidar com desafios semelhantes daqui para frente. Isso pode ajudar a orientar suas ações e decisões.

Integrando o crescimento: Leve o aprendizado e o crescimento adquiridos com você. Integre essas lições em sua vida diária e aplique-as sempre que enfrentar dificuldades.

A reflexão e a autoavaliação não apenas ajudam a extrair valor das adversidades, mas também contribuem para o desenvolvimento pessoal contínuo. Ao enfrentar os desafios com uma abordagem de aprendizado, você está capacitando a si mesmo para se tornar mais resiliente e para encontrar significado e crescimento em todas as experiências da vida.

Identificando pontos fortes

As adversidades frequentemente nos colocam à prova, mas também nos proporcionam a oportunidade de descobrir e reconhecer nossos próprios pontos fortes e capacidades. Identificar esses pontos fortes não apenas aumenta nossa autoestima, mas também nos ajuda a enfrentar futuros desafios com mais confiança. Maneiras de identificar e reconhecer seus pontos fortes durante adversidades:

Autoconsciência: Esteja atento aos seus próprios pensamentos, emoções e ações durante momentos difíceis. Observe como você lida com o estresse, quais estratégias de enfrentamento você utiliza e como você se mantém resiliente.

Reflexão pós-desafio: Após superar uma adversidade, tire um tempo para refletir sobre as ações que você tomou para enfrentá-la. Considere as decisões que você tomou, as estratégias que funcionaram e como você lidou emocionalmente com a situação.

Resiliência demonstrada: Pergunte a si mesmo quais aspectos da sua resiliência foram notáveis durante momentos difíceis. Isso pode incluir sua capacidade de se adaptar, persistir e se recuperar após um revés.

Habilidades adquiridas: Identifique as habilidades que você adquiriu ou aprimorou durante as adversidades. Isso pode variar desde habilidades práticas até habilidades emocionais, como a capacidade de lidar com o estresse e a incerteza.

Apoio oferecido e recebido: Reconheça as maneiras como você apoiou a si mesmo e aos outros durante desafios. Isso inclui tanto o apoio prático quanto o apoio emocional que você ofereceu ou recebeu.

Coragem e persistência: Lembre-se das vezes em que você teve coragem para enfrentar situações difíceis e persistência para continuar apesar das dificuldades. Essas são demonstrações de sua força interior.

Flexibilidade e adaptação: Identifique os momentos em que você foi capaz de se adaptar a circunstâncias em constante mudança. A capacidade de se ajustar é um sinal de resiliência.

Empatia e compaixão: Reconheça sua capacidade de mostrar empatia e compaixão por si mesmo e pelos outros durante momentos desafiadores. Essa qualidade demonstra sua conexão emocional e sua capacidade de apoiar os outros.

Aceitação e aprendizado: Valorize sua capacidade de aceitar as adversidades como parte da vida e aprender com essas experiências. O aprendizado contínuo é um sinal de crescimento pessoal.

Ao identificar seus pontos fortes em meio às adversidades, você constrói uma imagem mais sólida e positiva de si mesmo. Isso também o capacita a enfrentar futuros desafios com confiança, sabendo que você possui os recursos internos para superar obstáculos e crescer a partir das experiências difíceis.

Aprendizado com erros

Cometer erros é uma parte inevitável da vida, e muitas vezes, nossa reação a esses erros pode influenciar significativamente nosso desenvolvimento pessoal e nossa resiliência. Em vez de se culpar e se sentir derrotado por erros cometidos, é fundamental adotar uma perspectiva de aprendizado. Os erros não precisam ser fontes de vergonha; eles podem ser transformados em oportunidades valiosas para o crescimento e o aprimoramento pessoal. São maneiras de aprender com seus erros e usá-los como trampolins para o desenvolvimento:

Aceite a imperfeição: Reconheça que todos cometem erros e que a imperfeição é uma parte natural da experiência humana. Não seja excessivamente duro consigo mesmo; em vez disso, encare seus erros como momentos de aprendizado.

Reflita sobre as lições: Após cometer um erro, reserve um tempo para refletir sobre o que aconteceu. Pergunte a si mesmo o que você pode aprender dessa situação, quais foram as consequências do erro e como você poderia agir de forma diferente no futuro.

Identifique os gaps no conhecimento: Muitas vezes, os erros ocorrem devido a lacunas em nosso conhecimento ou habilidades. Identifique quaisquer áreas em que você possa precisar de mais informações ou treinamento para evitar cometer o mesmo erro novamente.

Ajuste as estratégias futuras: Use seus erros como base para ajustar suas estratégias e abordagens futuras. Considere o que você poderia fazer de maneira diferente para evitar situações semelhantes no futuro.

Cultive a autocompaixão: Em vez de se punir por um erro, pratique a autocompaixão. Conscientize-se de que todos cometem erros, e você merece gentileza e compreensão, assim como qualquer outra pessoa.

Transforme o negativo em positivo: Olhe para além do erro e considere como você pode transformar uma situação negativa em algo positivo. Isso pode envolver a busca por soluções criativas ou a transformação de um erro em uma oportunidade para demonstrar sua resiliência.

Crescimento pessoal: Entenda que o crescimento muitas vezes ocorre através da experiência. Cometer erros e enfrentar as consequências desses erros pode levar a um maior autoconhecimento e autodesenvolvimento.

Enfrente o medo de errar: Às vezes, o medo de cometer erros pode nos impedir de assumir riscos e buscar nossos objetivos. Aprenda a abraçar o risco calculado e a enfrentar o medo de errar, sabendo que você pode aprender valiosas lições ao longo do caminho.

Redefina o significado de erro: Redefina o significado de erro em sua mente. Em vez de ser um fracasso, considere-o como um passo em direção ao sucesso, pois cada erro traz consigo a oportunidade de aprender e crescer.

Lembrar que os erros são oportunidades de aprendizado pode ajudar a minimizar a autocrítica e a vergonha que muitas vezes acompanham os equívocos. Ao adotar uma mentalidade de aprendizado e crescimento, você pode transformar os erros em catalisadores positivos para o desenvolvimento pessoal e a resiliência.

Mudança de perspectiva

A maneira como encaramos as adversidades pode ter um impacto profundo em nossa capacidade de lidar com elas e crescer a partir delas. Em vez de ver os momentos difíceis como obstáculos intransponíveis, é possível adotar uma mudança de perspectiva e olhar para as adversidades como parte integrante da jornada humana. Essa mudança de mentalidade pode abrir portas para a sabedoria, o autoconhecimento e o crescimento pessoal. Maneiras de mudar sua perspectiva em relação às adversidades:

Aceitação da natureza humana: Reconheça que enfrentar desafios é uma parte natural da experiência humana. Ninguém está imune a dificuldades e todos nós enfrentamos momentos difíceis em algum momento de nossas vidas.

Oportunidade de autoconhecimento: Veja as adversidades como oportunidades para se conhecer melhor. Quando enfrentamos desafios, somos frequentemente levados a examinar nossas emoções, crenças e valores. Isso nos permite crescer e nos desenvolver como indivíduos.

Fortalecimento da resiliência: Adversidades testam nossa resiliência e capacidade de adaptação. Ao enfrentar esses desafios de frente, podemos fortalecer nossa resiliência emocional e mental, nos tornando mais aptos a lidar com futuras situações difíceis.

Aprendizado contínuo: Cada adversidade traz consigo uma lição valiosa. Ao encarar os desafios como oportunidades de aprendizado, você pode adquirir novas habilidades, conhecimentos e insights que podem ser aplicados em outras áreas da sua vida.

Mudança de prioridades: Em meio às adversidades, muitas vezes reavaliamos nossas prioridades e valores. Essa reflexão pode nos ajudar a direcionar nossas energias para o que realmente importa e a abandonar o que não contribui para nosso bem-estar.

Crescimento pessoal: Enfrentar adversidades exige que saiamos da nossa zona de conforto. Esse processo de superar obstáculos pode levar ao crescimento pessoal e à expansão dos limites do que acreditávamos ser possível.

Empatia e compreensão: Passar por dificuldades pode aumentar nossa empatia e compreensão pelos desafios enfrentados por outras pessoas. Isso pode fortalecer nossas conexões com os outros e nos tornar mais compassivos.

Foco nas soluções: Ao mudar a perspectiva, você se concentra menos nos problemas em si e mais nas soluções. Isso pode permitir que você aborde os desafios de maneira mais pragmática e proativa.

Transformação de energia negativa: Em vez de se deixar consumir pela negatividade das adversidades, transforme essa energia em motivação para superar os obstáculos e alcançar seus objetivos.

Transformar adversidades em crescimento requer uma mentalidade de abertura para o aprendizado e uma disposição para explorar o que cada desafio pode ensinar. Cada vez que você enfrenta uma adversidade de maneira construtiva, está pavimentando o caminho para um eu mais forte, sábio e resiliente.

Construindo resiliência emocional: Estratégias para lidar melhor com contratempos

A resiliência emocional é a capacidade de lidar com os altos e baixos emocionais da vida de maneira saudável e construtiva. Desenvolver essa resiliência emocional pode ajudá-lo a enfrentar os contratempos com mais confiança e equilíbrio emocional:

Desenvolvimento da inteligência emocional

O desenvolvimento da inteligência emocional é fundamental para lidar de maneira eficaz com a adversidade e construir resiliência. A inteligência emocional envolve a habilidade de reconhecer, compreender e gerenciar suas próprias emoções, bem como as emoções dos outros. Ao cultivar essa capacidade, você pode enfrentar os desafios de forma mais equilibrada e tomar decisões conscientes em momentos de adversidade. Aspectos importantes do desenvolvimento da inteligência emocional:

Reconhecimento das emoções: A primeira etapa para desenvolver a inteligência emocional é aprender a reconhecer suas emoções. Isso envolve estar atento aos seus sentimentos e ser capaz de identificar as diferentes nuances emocionais que você está experimentando.

Compreensão das emoções: Compreender as emoções requer explorar as causas subjacentes de seus sentimentos. Pergunte a si mesmo por que você está se sentindo de uma determinada maneira e quais pensamentos, eventos ou situações podem estar influenciando suas emoções.

Aceitação e validade das emoções: Todas as emoções são válidas, mesmo aquelas consideradas negativas, como tristeza, raiva ou medo. A inteligência emocional envolve aceitar suas emoções sem julgamento e permitir-se sentir o que está sentindo.

Regulação emocional: Uma parte essencial da inteligência emocional é a capacidade de regular suas emoções. Isso envolve encontrar maneiras saudáveis de lidar com emoções intensas, como praticar técnicas de relaxamento, meditação, exercícios físicos ou expressar seus sentimentos de maneira construtiva.

Empatia: Desenvolver empatia, ou seja, a capacidade de entender e compartilhar os sentimentos dos outros, também é parte integrante da inteligência emocional. Isso permite que você se relacione melhor com os outros, criando laços mais fortes e compreendendo suas perspectivas.

Tomada de decisões conscientes: Quando você está ciente de suas emoções e das emoções dos outros, pode tomar decisões mais conscientes em momentos de adversidade. Isso evita que suas emoções o dominem e o ajuda a escolher a melhor abordagem para enfrentar os desafios.

Comunicação eficaz: A inteligência emocional também está relacionada à comunicação eficaz. Saber expressar suas emoções de maneira clara e respeitosa, assim como entender as emoções dos outros, pode melhorar significativamente a forma como você lida com situações difíceis.

Desenvolver a inteligência emocional requer prática constante e autoconsciência. À medida que você fortalece essa habilidade, estará mais preparado para enfrentar adversidades com resiliência, empatia e uma abordagem construtiva. A inteligência emocional não apenas ajuda a melhorar sua capacidade de lidar com os desafios, mas também contribui para relacionamentos mais saudáveis, tomadas de decisão mais conscientes e uma maior sensação de bem-estar emocional.

Prática da resposta positiva

A prática da resposta positiva é uma estratégia essencial para construir resiliência diante de adversidades. Em vez de reagir de maneira impulsiva ou negativa aos desafios, essa abordagem envolve dar um passo atrás, avaliar a situação de maneira objetiva e escolher uma resposta mais construtiva. Passos para implementar a prática da resposta positiva em sua vida:

Autoconsciência: O primeiro passo é estar ciente de suas reações e padrões de resposta diante dos desafios. Observe como você tende a reagir e quais emoções predominam em diferentes situações.

Dê um passo atrás: Ao se deparar com uma adversidade, evite reagir imediatamente. Dê a si mesmo um momento para respirar e ganhar perspectiva. Isso ajuda a evitar respostas impulsivas baseadas em emoções intensas.

Avalie a situação: Analise objetivamente a situação. Quais são os fatos envolvidos? Quais são as diferentes maneiras de interpretar a situação? Quais são as possíveis consequências de diferentes cursos de ação?

Escolha uma resposta construtiva: Em vez de se deixar levar por emoções negativas, escolha uma resposta que seja construtiva e alinhada com seus objetivos. Pergunte a si mesmo: "Qual é a melhor maneira de lidar com isso?" ou "Como posso transformar essa situação em uma oportunidade de crescimento?"

Pratique a empatia: Ao escolher uma resposta positiva, tente entender a perspectiva das outras pessoas envolvidas na situação. Isso ajuda a promover a comunicação eficaz e a construção de soluções colaborativas.

Mantenha o foco em soluções: Concentre-se em encontrar soluções em vez de se concentrar no problema em si. Pergunte a si mesmo: "O que posso fazer para resolver ou melhorar essa situação?" e tome medidas nessa direção.

Aprenda com experiências anteriores: Reflita sobre como você lidou com desafios semelhantes no passado. O que funcionou bem? O que poderia ser melhorado? Use essas experiências como aprendizado para aprimorar sua abordagem atual.

Cultive a calma: Praticar técnicas de relaxamento, como respiração profunda ou meditação, pode ajudar a cultivar a calma e a clareza mental necessárias para escolher uma resposta positiva.

A prática da resposta positiva exige paciência e autodisciplina. Embora possa ser desafiador no início, com o tempo e a prática regular, você desenvolverá a capacidade de responder de maneira mais construtiva aos desafios. Essa abordagem não apenas fortalece sua resiliência, mas também contribui para melhores relacionamentos, tomadas de decisão mais conscientes e uma sensação geral de bem-estar emocional.

Fortalecimento da resiliência interna

Fortalecer a resiliência interna é um processo fundamental para lidar eficazmente com adversidades e desafios. Isso envolve desenvolver a capacidade de enfrentar dificuldades com confiança, adaptabilidade e autossuficiência emocional. Ao fortalecer sua resiliência interna, você se torna mais capaz de enfrentar os altos e baixos da vida de maneira equilibrada e positiva. Estratégias para desenvolver essa resiliência interna:

Autoconhecimento: Entender suas emoções, gatilhos e padrões de resposta é crucial para fortalecer a resiliência interna. Isso permitirá que você identifique áreas específicas que precisam de mais atenção e autodesenvolvimento.

Construção da autoconfiança: Cultive a confiança em suas habilidades e capacidades. Lembre-se de experiências passadas em que você superou desafios com sucesso. Isso ajuda a construir uma base sólida de autoconfiança.

Desenvolvimento da autossuficiência emocional: Trabalhe no desenvolvimento da autossuficiência emocional, o que significa confiar em si mesmo para gerenciar suas emoções e lidar com os altos e baixos da vida. Pratique a autorregulação emocional e evite depender excessivamente das respostas emocionais dos outros.

Resiliência mental: Cultive uma mentalidade resiliente, onde você encara desafios como oportunidades de crescimento e aprendizado. Desenvolva a capacidade de se adaptar às mudanças e encontrar soluções diante de obstáculos.

Prática do autocuidado: Priorize o autocuidado para fortalecer sua resiliência interna. Isso envolve cuidar de sua saúde física, mental e emocional. Praticar atividades relaxantes, exercícios, meditação e sono adequado contribui para sua capacidade de lidar com o estresse.

Desenvolvimento de redes de apoio: Embora o foco seja na resiliência interna, ter redes de apoio sólidas, como amigos e familiares, ainda é importante. Compartilhar suas lutas e buscar conselhos pode enriquecer sua perspectiva e fornecer suporte emocional.

Aceitação da incerteza: A vida é cheia de incertezas, e desenvolver a resiliência interna envolve aceitar que nem sempre podemos controlar todas as situações. Aprenda a lidar com a incerteza de maneira saudável e adaptativa.

Desenvolvimento de habilidades de tomada de decisão: Melhore suas habilidades de tomada de decisão para que você possa enfrentar escolhas difíceis de maneira mais confiante e assertiva. Isso reduzirá a indecisão e o estresse associado a ela.

Aprendizado contínuo: Mantenha uma abordagem de aprendizado contínuo em sua vida. Busque adquirir novas habilidades, conhecimentos e experiências que contribuam para sua resiliência e crescimento pessoal.

O fortalecimento da resiliência interna é um processo contínuo que requer dedicação e autotransformação. Quanto mais você desenvolve essa capacidade, mais preparado estará para enfrentar os desafios que a vida inevitavelmente apresenta.

Cultivo da flexibilidade mental

A flexibilidade mental é uma habilidade essencial para lidar com as complexidades da vida e superar adversidades. Envolve a capacidade de se adaptar, ajustar-se e aceitar mudanças de maneira construtiva e positiva. Desenvolver essa habilidade permite que você navegue pelas incertezas e desafios de maneira mais eficaz. Estratégias para cultivar a flexibilidade mental:

Abra-se para novas perspectivas: Esteja disposto a ver as situações de diferentes ângulos. Ao adotar uma perspectiva mais ampla, você pode encontrar soluções inovadoras e abordagens alternativas para os desafios.

Pratique a tolerância à ambiguidade: A vida muitas vezes é ambígua e incerta. Desenvolver a tolerância à ambiguidade ajuda você a se sentir mais à vontade em situações desconhecidas e a lidar com a ansiedade associada a elas.

Esteja aberto a mudanças: Em vez de resistir a mudanças, esteja disposto a aceitá-las. Lembre-se de que a mudança é uma constante na vida e pode levar a oportunidades de crescimento e desenvolvimento.

Pratique a *mindfulness*: A prática da atenção plena ajuda você a estar presente no momento atual e a aceitar o que está acontecendo sem julgamento. Isso fortalece sua capacidade de se adaptar a situações em constante mudança.

Aprenda com a adversidade: Encare as adversidades como oportunidades de aprendizado e crescimento. Ao ver os desafios como experiências de aprendizado, você pode se tornar mais flexível em sua abordagem à vida.

Desenvolva resiliência emocional: A flexibilidade mental está relacionada à sua capacidade de lidar com emoções de maneira saudável. Pratique a regulação emocional para que você possa responder às situações de maneira equilibrada, em vez de reagir impulsivamente.

Evite o perfeccionismo: O perfeccionismo pode criar rigidez em sua abordagem à vida. Ao se afastar do desejo de perfeição, você se torna mais flexível e aberto às imperfeições naturais da existência.

Pratique a adaptação: Provoque mudanças intencionais em sua rotina, mesmo que pequenas, para desenvolver sua capacidade de se adaptar a diferentes circunstâncias.

Aceite a incerteza: A incerteza é uma parte inevitável da vida. Desenvolver a flexibilidade mental envolve aceitar que nem sempre podemos ter todas as respostas e que está tudo bem.

A flexibilidade mental é uma habilidade que pode ser aprimorada ao longo do tempo com prática e comprometimento. Quanto mais você se esforçar para cultivá-la, mais equipado estará para enfrentar mudanças e adversidades com resiliência e uma atitude positiva.

Estratégias de gerenciamento de estresse

Em momentos de adversidade, o estresse pode se tornar uma presença constante em nossas vidas. Aprender a gerenciar o estresse de maneira saudável é essencial para fortalecer a resiliência emocional e enfrentar os desafios com mais tranquilidade. Estratégias eficazes de gerenciamento de estresse:

Meditação: A meditação é uma prática que envolve o foco na respiração e na atenção plena. Ela ajuda a acalmar a mente, reduzir o estresse e promover um estado de relaxamento profundo.

Exercícios de respiração: Técnicas de respiração, como a respiração profunda, podem ajudar a diminuir o estresse rapidamente. Essas técnicas focam em respirar de forma lenta e profunda para acalmar o sistema nervoso.

Atividades relaxantes: Envolver-se em atividades relaxantes, como ouvir música suave, praticar ioga, tomar um banho quente ou ler um livro, pode ajudar a reduzir os níveis de estresse e promover um estado de tranquilidade.

Prática de *mindfulness*: A atenção plena envolve estar presente no momento atual, sem julgamento. Praticar a atenção plena pode ajudar a reduzir a ansiedade e o estresse, ao focar na experiência presente em vez de preocupações futuras.

Exercício físico: A atividade física regular é uma maneira poderosa de reduzir o estresse. A liberação de endorfinas durante o exercício ajuda a melhorar o humor e a lidar com o estresse de maneira mais saudável.

Converse com alguém: Compartilhar suas preocupações e sentimentos com um amigo de confiança, membro da família ou profissional de saúde mental pode ajudar a aliviar o estresse. Às vezes, apenas falar sobre o que está acontecendo pode trazer alívio.

Estabeleça limites: Aprenda a dizer não quando necessário e a estabelecer limites saudáveis em sua vida. Isso pode ajudar a reduzir a sobrecarga de tarefas e responsabilidades que podem contribuir para o estresse.

Pratique o autocuidado: Reserve tempo para cuidar de si mesmo. Faça atividades que lhe tragam alegria e relaxamento, como hobbies, leitura ou simplesmente descansar.

Durma bem: A falta de sono pode aumentar o estresse e afetar negativamente sua capacidade de lidar com desafios. Priorize o sono adequado para se sentir mais equilibrado emocionalmente.

Evite o multitarefa excessivo: Dividir sua atenção entre muitas tarefas pode aumentar o estresse. Concentre-se em uma tarefa de cada vez para melhorar a eficiência e reduzir a sensação de sobrecarga.

Experimente diferentes estratégias de gerenciamento de estresse para descobrir quais funcionam melhor para você. Saiba que o objetivo não é eliminar completamente o estresse, mas sim desenvolver habilidades para lidar com ele de maneira saudável e eficaz. Integrar essas práticas em sua vida cotidiana pode contribuir significativamente para fortalecer sua resiliência emocional diante da adversidade.

Comunicação efetiva

A comunicação desempenha um papel crucial na construção da resiliência emocional e na maneira como enfrentamos os desafios. Ter habilidades de comunicação eficazes nos permite expressar nossos sentimentos, necessidades e preocupações de maneira saudável, enquanto também ouvimos e compreendemos os outros. Aspectos importantes da comunicação efetiva e como eles contribuem para a resiliência:

Expressão emocional: A resiliência não envolve reprimir as emoções, mas sim expressá-las de maneira construtiva. Ao praticar a expressão emocional adequada, você pode liberar sentimentos acumulados, evitar a retenção de estresse e melhorar o bem-estar emocional.

Escuta ativa: A habilidade de ouvir com empatia é fundamental para a comunicação efetiva. Ao ouvir atentamente os outros, você demonstra respeito e compreensão, criando conexões mais profundas e fortalecendo os relacionamentos.

Resolução de conflitos: A comunicação eficaz é essencial para resolver conflitos de maneira construtiva. Aprender a expressar suas preocupações de forma calma e não acusatória, enquanto também é capaz de ouvir o ponto de vista dos outros, ajuda a evitar escaladas de conflito e a encontrar soluções satisfatórias.

Comunicação assertiva: A assertividade envolve expressar suas opiniões, sentimentos e necessidades de maneira clara e respeitosa. Ser assertivo permite que você defenda seus interesses sem ser agressivo e, ao mesmo tempo, mantenha o respeito mútuo.

Empatia: A capacidade de se colocar no lugar do outro e compreender suas perspectivas e sentimentos é fundamental para a comunicação efetiva. A empatia cria conexões mais profundas e ajuda a criar um ambiente de apoio mútuo.

Comunicação não violenta: A abordagem de comunicação não violenta envolve expressar seus sentimentos e necessidades de maneira aberta e honesta, ao mesmo tempo em que evita culpar ou julgar os outros. Isso promove a compreensão e ajuda a evitar mal-entendidos.

Clareza e precisão: Ao comunicar suas preocupações e necessidades, seja claro e preciso em suas palavras. Evite ambiguidades que possam levar a mal-entendidos e conflitos.

Comunicação em momentos de estresse: Em momentos de adversidade, é especialmente importante manter a calma e a clareza ao se comunicar. A comunicação efetiva pode ajudar a aliviar o estresse e resolver problemas de maneira mais eficiente.

Construção de relacionamentos: A comunicação efetiva fortalece os relacionamentos ao criar um ambiente de confiança e respeito. Relações saudáveis são um fator importante na construção da resiliência emocional.

Comunicação interna: Além da comunicação com os outros, é importante praticar a comunicação interna. Desenvolver um diálogo interno positivo e construtivo pode ajudar a enfrentar desafios com maior autoconfiança e resiliência.

Investir na melhoria das suas habilidades de comunicação pode impactar significativamente sua capacidade de enfrentar a adversidade de maneira eficaz. Comunicar-se de maneira aberta, empática e construtiva não apenas fortalece suas relações interpessoais, mas também contribui para uma resiliência emocional mais robusta diante dos desafios da vida.

Cultivo da empatia

A empatia é uma habilidade emocional fundamental para construir resiliência e enfrentar a adversidade de maneira mais eficaz. Envolve a capacidade de se colocar no lugar do outro, entender seus sentimentos e perspectivas e responder com compreensão e compaixão. Cultivar a empatia não apenas fortalece as relações interpessoais, mas também promove um ambiente de apoio mútuo, contribuindo para a resiliência emocional. Maneiras de cultivar a empatia em sua vida:

Auto empatia: Comece desenvolvendo empatia por si mesmo. Reconheça seus próprios sentimentos, compreenda suas necessidades e trate-se com gentileza e compaixão, mesmo quando enfrenta desafios.

Escuta ativa: Pratique ouvir os outros com atenção genuína. Quando alguém compartilha suas preocupações ou experiências, demonstre interesse e valide seus sentimentos. Isso fortalece as conexões e cria um ambiente de apoio.

Evite julgamentos: Ao interagir com os outros, evite julgamentos precipitados. Lembre-se de que cada pessoa tem sua própria história e contextos únicos que moldam suas experiências.

Perguntas abertas: Faça perguntas abertas que incentivem os outros a compartilhar mais sobre seus sentimentos e pensamentos. Isso demonstra interesse genuíno e permite que você compreenda melhor suas perspectivas.

Pratique a empatia cognitiva e emocional: A empatia cognitiva envolve entender os pensamentos e perspectivas dos outros, enquanto a empatia emocional envolve compreender e se conectar com suas emoções. Ambas são importantes para construir relações empáticas.

Coloque-se no lugar do outro: Imagine como você se sentiria na situação do outro. Isso ajuda a criar um senso de conexão e compreensão.

Demonstre apoio: Quando alguém enfrenta desafios, ofereça apoio genuíno. Isso pode ser por meio de palavras de encorajamento, gestos de solidariedade ou oferecendo sua ajuda.

Pratique a paciência: Nem sempre é fácil entender completamente as experiências dos outros. Pratique a paciência e esteja disposto a ouvir, mesmo que a perspectiva deles seja diferente da sua.

Reconheça a diversidade: Reconheça e valorize as diferenças entre as pessoas. A empatia envolve aceitar a variedade de experiências e perspectivas.

Aprenda com a empatia: À medida que você desenvolve empatia, também aprende muito sobre as emoções humanas e como se relacionar de maneira mais profunda. Isso enriquece suas habilidades de comunicação e resiliência.

Cultivar a empatia não apenas enriquece suas conexões com os outros, mas também fortalece sua capacidade de enfrentar a adversidade. Ao criar um ambiente de compreensão e apoio mútuo, você constrói uma rede de suporte emocional que contribui para sua resiliência emocional. A empatia não apenas promove relacionamentos saudáveis, mas também ajuda você a enfrentar desafios com mais compreensão e compaixão, tanto por si mesmo quanto pelos outros.

A resiliência não é apenas uma característica inata; é uma habilidade que pode ser desenvolvida ao longo do tempo. Ao entender o conceito de resiliência, aprender a transformar adversidades em crescimento pessoal e praticar estratégias para construir resiliência emocional, você estará preparado para enfrentar os desafios da vida de maneira mais forte, confiante e adaptável.

10
A IMPORTÂNCIA DO AUTOCUIDADO

*O autocuidado é um presente que nos damos
para florescermos em nossa melhor versão.*

O autocuidado é uma prática fundamental para manter o bem-estar físico, emocional e mental ao longo da vida. Envolve ações intencionais e deliberadas que visam cuidar de si mesmo de maneira abrangente, considerando todas as áreas da vida. Neste capítulo, exploraremos o significado do autocuidado, como incorporá-lo em sua rotina diária e como evitar a exaustão por meio de práticas saudáveis.

Definindo autocuidado abrangente

O autocuidado não se trata apenas de cuidar do corpo físico, mas envolve todos os aspectos da sua saúde e bem-estar. Isso inclui a atenção às necessidades emocionais, mentais, espirituais e sociais. O autocuidado abrangente reconhece que todas essas áreas estão interconectadas e desempenham um papel importante em sua qualidade de vida. Áreas-chave para considerar ao praticar o autocuidado abrangente:

Saúde física

Cuidar da saúde física é um pilar fundamental do autocuidado abrangente. Ao priorizar o bem-estar do seu corpo, você estabelece uma base sólida para uma vida saudável e ativa. São formas de cuidar da sua saúde física:

Nutrição adequada: Uma alimentação balanceada e nutritiva fornece ao seu corpo os nutrientes essenciais de que ele precisa para funcionar de maneira eficaz. Priorize uma variedade de alimentos, incluindo frutas, legumes, proteínas magras, grãos integrais e gorduras saudáveis. Evite o consumo excessivo de alimentos ultraprocessados, ricos em açúcares adicionados, gorduras saturadas e sódio.

Hidratação: A ingestão adequada de água é vital para manter seu corpo funcionando corretamente. A água desempenha um papel essencial na digestão, absorção de nutrientes, regulação da temperatura corporal e eliminação de resíduos. Mantenha-se hidratado ao longo do dia, bebendo água regularmente e ajustando sua ingestão com base em atividades físicas, clima e necessidades individuais.

Exercícios regulares: A prática regular de exercícios físicos traz uma série de benefícios para a saúde. Escolha atividades que você goste e que se adequem ao seu estilo de vida, como caminhadas, corrida, natação, yoga, musculação ou dança. O exercício ajuda a fortalecer os músculos, melhorar a flexibilidade, aumentar a resistência cardiovascular e liberar endorfinas, que são hormônios do bem-estar.

Sono adequado: O sono é essencial para a recuperação e regeneração do corpo. Estabeleça uma rotina de sono consistente, permitindo que você durma de 7 a 9 horas por noite. Um sono de qualidade contribui para a função cognitiva, equilíbrio hormonal, reparação celular e saúde mental. Crie um ambiente propício ao sono, com um colchão confortável, temperatura adequada e redução da exposição à luz antes de dormir.

Gerenciamento do estresse: O estresse crônico pode afetar negativamente a saúde física. Pratique técnicas de gerenciamento do estresse, como meditação, *mindfulness*, exercícios de respiração e atividades relaxantes. Encontre maneiras saudáveis de lidar com o estresse, reduzindo-o e promovendo uma sensação de calma e equilíbrio.

Check-ups médicos: Agendar consultas médicas regulares é importante para monitorar sua saúde física. Realize exames de rotina, como exames de sangue, exames de pressão arterial e exames de saúde preventivos. Isso ajuda a identificar precocemente possíveis problemas de saúde e permite que você tome medidas preventivas.

Evitar comportamentos nocivos: Evite comportamentos prejudiciais à saúde, como o consumo excessivo de álcool, tabagismo e uso de substâncias ilícitas. Esses hábitos podem ter um impacto negativo na sua saúde física e aumentar o risco de doenças crônicas.

Ao cuidar da sua saúde física, você está investindo no seu próprio bem-estar a longo prazo. Lembre-se de que pequenas mudanças positivas no seu estilo de vida podem ter um grande impacto na sua qualidade de vida e na sua capacidade de desfrutar de todas as dimensões do autocuidado abrangente.

Saúde emocional

A saúde emocional desempenha um papel crucial no seu bem-estar geral. Priorizar sua saúde mental envolve cuidar da sua mente de maneira proativa, desenvolvendo habilidades para lidar com desafios emocionais e cultivando uma mente equilibrada. Maneiras de cuidar da sua saúde emocional:

Técnicas de gerenciamento do estresse: O estresse é uma parte inevitável da vida, mas como você lida com ele pode fazer a diferença. Praticar técnicas de gerenciamento do estresse, como meditação, *mindfulness* e exercícios de respiração, ajuda a reduzir a ansiedade e a aumentar a sensação de calma. Essas práticas podem ajudar você a se conectar com o momento presente e a diminuir a ruminação mental.

Autoconhecimento: Aumentar sua consciência sobre seus próprios sentimentos, emoções e padrões de pensamento é essencial para a saúde emocional. Esteja atento aos seus pensamentos e sentimentos e, quando necessário, desafie pensamentos negativos ou distorcidos. Isso pode ajudar a evitar a amplificação de emoções negativas.

Expressão emocional: Encontrar maneiras saudáveis de expressar suas emoções é fundamental para manter a saúde emocional. Fale sobre seus sentimentos com amigos de confiança ou familiares, ou considere manter um diário para desabafar suas emoções. A expressão emocional pode ajudar a liberar sentimentos reprimidos e aliviar o peso emocional.

Buscar apoio profissional: Se você está enfrentando desafios emocionais complexos, buscar a ajuda de um terapeuta ou psicólogo é uma opção valiosa. Esses profissionais podem oferecer orientação, técnicas de enfrentamento e um espaço seguro para explorar questões emocionais profundas. Não hesite em procurar ajuda quando necessário.

Cultivar relacionamentos saudáveis: Relações sociais positivas têm um impacto significativo na sua saúde emocional. Mantenha contato com amigos e familiares que oferecem apoio e compreensão. Ter pessoas com quem você pode compartilhar seus sentimentos pode proporcionar um senso de conexão e pertencimento.

Estabelecer limites saudáveis: Definir limites saudáveis em suas interações sociais e compromissos é essencial para proteger sua saúde emocional. Aprenda a dizer "não" quando necessário e reserve tempo para si mesmo, para atividades relaxantes e para recarregar suas energias.

Promover o bem-estar geral: Tenha em mente que sua saúde emocional está interligada com outras áreas do seu bem-estar. Cuidar da sua saúde física, praticar atividades de lazer que você gosta e cultivar relacionamentos saudáveis também contribui para a sua saúde emocional.

A saúde emocional é um processo contínuo que requer atenção, prática e autocuidado constante. Ao adotar práticas saudáveis de gerenciamento do estresse, desenvolver autoconhecimento e buscar apoio quando necessário, você estará construindo uma base sólida para uma mente equilibrada e emocionalmente saudável.

Saúde mental

A saúde mental é um aspecto fundamental do seu bem-estar geral. Priorizar a saúde mental envolve cuidar da sua mente de maneira proativa, desenvolvendo estratégias para manter uma mente saudável e equilibrada. Detalhes sobre como cuidar da sua saúde mental de maneira abrangente:

Técnicas de gerenciamento do estresse: O estresse faz parte da vida, mas você pode aprender a lidar com ele de maneira eficaz. Técnicas como meditação, *mindfulness* e exercícios de respiração ajudam a reduzir a ansiedade e a aumentar a resiliência emocional. A prática regular dessas técnicas pode ajudar a acalmar a mente, melhorar a concentração e promover uma sensação de paz interior.

Autoconhecimento e autorregulação: Conhecer seus próprios padrões de pensamento, emoções e reações é fundamental para a saúde mental. Esteja atento aos pensamentos negativos ou distorcidos e desafie-os com base em evidências objetivas. A autorregulação envolve a capacidade de controlar suas emoções e reações de maneira consciente, evitando respostas impulsivas.

Busca por ajuda profissional: Se você estiver enfrentando desafios emocionais mais profundos, buscar ajuda de um terapeuta ou psicólogo é uma opção valiosa. Esses profissionais podem oferecer apoio especializado, técnicas de enfrentamento e uma perspectiva objetiva sobre suas preocupações. Não hesite em buscar orientação quando necessário.

Promoção do pensamento positivo: Cultivar uma mentalidade positiva pode ter um impacto significativo na sua saúde mental. Pratique o foco no presente, a gratidão e a visualização positiva. Ao direcionar sua atenção para aspectos positivos da vida, você pode reduzir os padrões de pensamento negativos e cultivar uma perspectiva otimista.

Estabelecimento de rotina e estrutura: Ter uma rotina regular ajuda a manter a estabilidade emocional. A falta de estrutura pode aumentar a ansiedade e o estresse. Estabeleça horários para atividades, sono, trabalho e lazer, criando uma sensação de previsibilidade e controle.

Incorporação de atividades de lazer: Atividades que trazem prazer e relaxamento são essenciais para a saúde mental. Reserve tempo para hobbies, interesses e momentos de lazer. Essas atividades podem atuar como uma pausa necessária do estresse diário e promover o bem-estar emocional.

Alimentação balanceada e saúde mental: A relação entre a alimentação e a saúde mental é significativa. Priorize uma dieta balanceada rica em nutrientes, como ácidos graxos ômega-3, vitaminas do complexo B e antioxidantes. Esses nutrientes estão associados ao funcionamento saudável do cérebro.

Limitação do uso de tecnologia: Embora a tecnologia seja útil, o uso excessivo de dispositivos eletrônicos pode afetar a saúde mental.

Estabeleça limites para o tempo gasto em dispositivos e promova momentos de desconexão para recarregar a mente.

A saúde mental requer cuidados contínuos e proativos. Ao adotar práticas de gerenciamento do estresse, buscar apoio quando necessário e cultivar uma mentalidade positiva, você estará fortalecendo sua resiliência emocional e promovendo uma mente saudável e equilibrada.

Saúde espiritual

A saúde espiritual é uma parte essencial do autocuidado abrangente, pois envolve uma conexão profunda com algo maior do que você mesmo. Embora a espiritualidade seja uma experiência altamente individual, cultivá-la pode trazer benefícios significativos para a sua saúde mental e emocional. Detalhes sobre como nutrir a sua saúde espiritual:

Conexão com o significado e propósito: A dimensão espiritual envolve a busca por um senso de significado e propósito na vida. Isso pode ser alcançado através da reflexão sobre suas crenças, valores e objetivos. Quando você se conecta com um propósito maior, fica mais preparado para enfrentar os desafios com uma perspectiva positiva.

Práticas de reflexão e meditação: A meditação e as práticas de reflexão são formas poderosas de cultivar a saúde espiritual. A meditação não apenas acalma a mente, mas também ajuda a criar um espaço interno para a introspecção e a conexão espiritual. Práticas de reflexão, como manter um diário de gratidão ou fazer perguntas profundas, também podem contribuir para o crescimento espiritual.

Conexão com a natureza: Muitas pessoas encontram uma conexão espiritual profunda ao se envolverem com a natureza. Passar tempo ao ar livre, observar a beleza natural e se sentir parte do mundo ao seu redor pode trazer uma sensação de paz e harmonia.

Cultivo de valores e ética: A dimensão espiritual também está relacionada aos seus valores e ética. Identificar e viver de acordo com valores significativos ajuda a criar uma base sólida para sua saúde espiritual. Isso pode envolver a prática da compaixão, generosidade e respeito por todos os seres.

Desenvolvimento da empatia e compaixão: Cultivar a espiritualidade muitas vezes envolve desenvolver a empatia e a compaixão por si mesmo e pelos outros. A capacidade de se conectar com as experiências e sentimentos dos outros pode levar a relacionamentos mais saudáveis e a uma abordagem mais compassiva diante das adversidades.

Rituais e práticas espirituais: Rituais e práticas espirituais podem variar amplamente de pessoa para pessoa. Isso pode incluir orações, rituais de gratidão, cerimônias de conexão ou qualquer outra atividade que o ajude a se sentir conectado com a espiritualidade.

A dimensão espiritual é uma parte valiosa do seu bem-estar geral. Ao cultivar essa conexão com algo maior, você pode encontrar um senso de equilíbrio, propósito e significado que fortalece sua resiliência e capacidade de enfrentar desafios com uma perspectiva positiva.

Relações sociais

As relações sociais são pilares essenciais do autocuidado abrangente e do bem-estar emocional. Cultivar relacionamentos saudáveis e significativos pode ter um impacto profundo na sua qualidade de vida. São maneiras de nutrir suas relações sociais:

Apoio emocional e conexão: Relações saudáveis oferecem um apoio emocional vital durante momentos de alegria e desafios. Ter amigos, familiares e entes queridos com quem você pode compartilhar suas experiências, sentimentos e preocupações proporciona uma sensação de conexão e pertencimento.

Redução do isolamento e solidão: A interação social desempenha um papel importante na redução do isolamento e da solidão. Manter-se envolvido em atividades sociais e manter contato com pessoas queridas ajuda a criar um senso de comunidade e apoio.

Atividades sociais e interações significativas: Participar de atividades sociais, encontros e reuniões com amigos e familiares não apenas fortalece os laços, mas também traz alegria e diversão à sua vida. Engajar-se em conversas significativas e compartilhar experiências enriquecedoras contribui para um senso de propósito.

Comunicação efetiva: Praticar a comunicação eficaz é fundamental para construir e manter relacionamentos saudáveis. Isso envolve ouvir atentamente, expressar seus sentimentos de maneira respeitosa e estar disposto a resolver conflitos de maneira construtiva.

Compartilhamento de experiências e suporte: Relacionamentos saudáveis oferecem um espaço seguro para compartilhar suas experiências, alegrias e desafios. Ter pessoas em quem você pode confiar para oferecer suporte e aconselhamento é crucial para o seu bem-estar emocional.

Diversidade de relações: Lembrando-se de que suas relações sociais vêm em várias formas, como amigos, familiares, colegas e mentores. Cada tipo de relação oferece diferentes formas de apoio e enriquecimento.

Estabelecimento de limites saudáveis: Lembre-se de que estabelecer limites saudáveis em seus relacionamentos é essencial. Isso envolve garantir que suas próprias necessidades também sejam atendidas e que os relacionamentos sejam baseados em respeito mútuo.

Ao nutrir suas relações sociais e investir tempo e energia em conexões significativas, você constrói um sistema de apoio que pode ajudar a fortalecer sua resiliência emocional. Ter pessoas em quem você pode confiar para compartilhar suas alegrias e desafios torna sua jornada mais gratificante e menos isolada.

Desenvolvimento pessoal

O desenvolvimento pessoal é um componente fundamental do autocuidado abrangente, permitindo que você cresça, aprenda e evolua como indivíduo. Ao investir em seu crescimento pessoal, você não apenas se enriquece, mas também fortalece sua capacidade de enfrentar desafios e aproveitar a vida ao máximo. Informações detalhadas sobre como cultivar o desenvolvimento pessoal:

Definindo metas e desafios: O desenvolvimento pessoal envolve definir metas desafiadoras que estejam alinhadas aos seus interesses e valores. Ao ter metas claras, você cria um senso de direção e propósito em sua vida, além de um incentivo para se superar.

Aprendizado contínuo: A busca pelo aprendizado contínuo é um dos pilares do desenvolvimento pessoal. Isso pode incluir a leitura de livros, a participação em cursos, a aquisição de novas habilidades e a exploração de tópicos que o intrigam. O aprendizado não apenas amplia seus horizontes, mas também mantém sua mente ativa e curiosa.

Exploração de hobbies e interesses: Dedicar tempo a hobbies e interesses que lhe trazem alegria e satisfação é uma maneira valiosa de cuidar de si mesmo. Isso pode incluir atividades como pintura, tocar um instrumento musical, cozinhar, escrever ou praticar esportes. A exploração de novos interesses enriquece sua vida e oferece uma saída criativa.

Autoconhecimento: O desenvolvimento pessoal também envolve o autoconhecimento. Tire um tempo para se entender melhor, identificando seus valores, forças, fraquezas e áreas em que deseja crescer. O autoconhecimento ajuda você a tomar decisões alinhadas com suas necessidades e aspirações.

Desafio positivo: Ao buscar desafios positivos, você se coloca fora da zona de conforto e estimula o crescimento. Isso não apenas expande suas habilidades, mas também aumenta sua confiança em sua capacidade de superar obstáculos.

Estabelecimento de prioridades: Priorize as atividades que contribuem para seu desenvolvimento pessoal. Embora a vida possa estar ocupada, dedicar tempo a esse aspecto é crucial para sua evolução contínua.

Autodescoberta e realização: O desenvolvimento pessoal pode levar a uma maior autodescoberta e realização. À medida que você se desafia, aprende e cresce, experimenta uma sensação de satisfação pessoal e um aumento de autoestima.

Entenda que o desenvolvimento pessoal é uma jornada contínua, e cada passo que você dá em direção ao crescimento contribui para um sentido mais profundo de propósito e significado em sua vida. Ao cultivar o desenvolvimento pessoal, você investe em si mesmo, enriquece sua perspectiva e está melhor preparado para enfrentar os desafios que surgirem.

Lazer e diversão

Incorporar o lazer e momentos de diversão em sua vida é essencial para promover um equilíbrio saudável entre suas responsabilidades e seu bem-estar. O lazer não é apenas uma indulgência, mas uma parte vital do autocuidado abrangente. Maneiras de priorizar o lazer e a diversão em sua rotina:

Equilíbrio e alívio do estresse: O lazer desempenha um papel importante em equilibrar as demandas da vida cotidiana. Quando você se dedica a atividades prazerosas e relaxantes, pode aliviar o estresse acumulado e recarregar suas energias, o que contribui para uma maior resiliência diante dos desafios.

Exploração de hobbies: Seja qual for seu interesse ou paixão, dedicar tempo a um hobby que você ama é uma maneira valiosa de incorporar o lazer em sua vida. Pode ser cozinhar, praticar esportes, jardinagem, arte, música, ou qualquer outra atividade que o faça se sentir feliz e realizado.

Desconexão digital: O lazer também envolve se desconectar das distrações digitais e permitir-se estar presente no momento. Isso pode incluir passeios ao ar livre, leitura de um livro físico ou desfrutar de uma conversa cara a cara com amigos e familiares.

Criação de memórias positivas: Ao reservar tempo para atividades divertidas e relaxantes, você cria memórias positivas que contribuem para sua felicidade a longo prazo. Essas experiências podem trazer sorrisos ao seu rosto quando você se lembrar delas.

Momentos de recarregamento: O lazer oferece momentos de recarregamento, permitindo que você se afaste das preocupações do dia a dia. Isso revitaliza sua mente e aumenta sua motivação para enfrentar suas responsabilidades com mais energia.

Fomento à criatividade: Atividades de lazer frequentemente estimulam a criatividade, o que é benéfico para a mente e o bem-estar emocional. Ao se engajar em atividades criativas, você pode encontrar uma saída para expressar-se e liberar emoções.

Alegria e satisfação: A diversão e o lazer proporcionam uma sensação de alegria e satisfação, adicionando um toque de positividade à sua vida. Esses momentos podem ser uma pausa bem-vinda em sua rotina, ajudando-o a apreciar os pequenos prazeres da vida.

Incorporar o lazer e a diversão em sua vida não é apenas uma indulgência, mas uma necessidade para sua saúde e bem-estar geral. Ao priorizar o lazer, você cuida de sua mente, corpo e espírito, promovendo um estilo de vida equilibrado e feliz. Lembre-se de reservar tempo regularmente para atividades que lhe tragam alegria e permitam que você desfrute da beleza da vida.

Ao abraçar todas essas áreas do autocuidado abrangente, você cria uma base sólida para uma vida equilibrada e saudável. Entenda que cada pessoa é única, então adapte essas práticas às suas necessidades individuais.

Incorporando a rotina de autocuidado

Incorporar o autocuidado em sua rotina diária é uma maneira eficaz de garantir que você esteja constantemente cuidando de todas as áreas do seu bem-estar. Ao criar uma rotina que inclui práticas saudáveis de autocuidado, você estabelece uma base sólida para a manutenção do seu equilíbrio e bem-estar a longo prazo. Estratégias para incorporar o autocuidado em sua vida:

Defina prioridades

Definir prioridades é um passo crucial ao incorporar o autocuidado em sua vida. Ao identificar as áreas que são mais significativas para você, você cria uma base sólida para construir hábitos saudáveis que promovam seu bem-estar integral. Como definir prioridades no autocuidado e avaliar suas necessidades e objetivos:

Autoavaliação: Comece refletindo sobre suas necessidades e objetivos pessoais. Pergunte a si mesmo o que é importante para você e o que você deseja alcançar em termos de saúde física, emocional e mental. Considere os aspectos que você gostaria de melhorar ou fortalecer em sua vida.

Áreas do autocuidado: O autocuidado abrange uma ampla gama de áreas, incluindo saúde física, emocional, mental, espiritual, relacional e pessoal. Liste essas áreas e considere quais delas são mais relevantes para suas necessidades e objetivos atuais.

Priorização clara: Uma vez que você tenha identificado as áreas de autocuidado que são mais significativas para você, é hora de estabelecer prioridades claras. Pergunte a si mesmo quais áreas são mais urgentes ou precisam de mais atenção neste momento. Isso ajudará você a focar seus esforços e recursos nessas áreas específicas.

Necessidades e metas pessoais: Considere suas necessidades e metas pessoais ao definir suas prioridades. Por exemplo, se você deseja melhorar sua saúde física, pode priorizar a atividade física regular e uma alimentação balanceada. Se está buscando melhorar sua saúde emocional, pode focar em técnicas de gerenciamento do estresse e práticas de autocuidado emocional.

Estabelecer prioridades claras no autocuidado permite que você concentre sua energia e esforços nas áreas que mais importam para você. Isso ajuda a garantir que você esteja dedicando tempo e atenção aos aspectos que contribuem significativamente para seu bem-estar geral e felicidade.

Crie uma rotina

Estabelecer uma rotina de autocuidado é um passo essencial para garantir que você esteja dedicando tempo regularmente para cuidar de si mesmo. Ao criar uma estrutura consistente em sua vida, você torna mais fácil incorporar hábitos saudáveis que promovem seu bem-estar. Detalhes sobre como criar uma rotina de autocuidado eficaz:

Identifique momentos ideais: Comece identificando momentos do dia em que você pode dedicar tempo ao autocuidado. Isso pode variar de pessoa para pessoa, dependendo de sua programação e preferências. Alguns preferem começar o dia com práticas de autocuidado, enquanto outros acham que é melhor reservar um tempo à noite.

Planeje antecipadamente: Agende seu tempo de autocuidado com antecedência. Reserve um período específico em sua agenda para que você tenha um compromisso consigo mesmo. Isso ajuda a evitar que outros compromissos ocupem esse tempo e mostra que você valoriza seu bem-estar.

Variedade de atividades: Sua rotina de autocuidado pode incluir uma variedade de atividades, desde exercícios físicos até práticas de relaxamento, leitura, meditação, ioga, tempo ao ar livre e muito mais. Experimente diferentes atividades para descobrir quais são as mais eficazes para você.

Equilíbrio entre as áreas: Ao criar sua rotina de autocuidado, lembre-se de incluir práticas que abordem várias áreas do bem-estar, como saúde física, emocional, mental e espiritual. Isso ajuda a manter um equilíbrio abrangente em sua vida.

Defina lembretes: Se você é propenso a esquecer seus momentos de autocuidado, defina lembretes em seu telefone ou calendário. Esses lembretes podem ajudá-lo a se manter responsável por suas práticas regulares.

Adapte-se às mudanças: Sua rotina de autocuidado pode precisar de ajustes ao longo do tempo devido a mudanças em sua programação ou circunstâncias. Esteja aberto a fazer adaptações conforme necessário, mas sempre priorize o tempo para cuidar de si mesmo.

Consistência é a chave: A consistência é fundamental para que a rotina de autocuidado seja eficaz. Mesmo que haja dias agitados, reserve um tempo, mesmo que seja breve, para praticar o autocuidado. Isso ajuda a manter os benefícios ao longo do tempo.

Ao criar uma rotina de autocuidado, você está criando um espaço dedicado a você mesmo, onde pode recarregar, relaxar e promover seu bem-estar. Essa rotina se tornará uma parte essencial do seu dia, permitindo que você se sinta mais equilibrado, saudável e revitalizado.

Seja flexível

Embora estabelecer uma rotina de autocuidado seja importante, é igualmente essencial ser flexível e adaptável. A vida muitas vezes apresenta imprevistos, mudanças de planos e situações que podem interferir na sua rotina planejada. Maneiras de como cultivar flexibilidade em sua rotina de autocuidado:

Aceitando a natureza flutuante da vida: Entenda que a vida é dinâmica e nem sempre seguirá um curso previsível. Haverá momentos em que você precisará ajustar sua rotina devido a compromissos inesperados, mudanças de horários ou circunstâncias imprevistas. Em vez de se frustrar com essas situações, veja-as como oportunidades para praticar a adaptação.

Plano de contingência: Mantenha um plano de contingência em mente. Isso significa que você pode ter alternativas ou versões mais curtas de suas práticas de autocuidado que podem ser encaixadas quando o tempo for limitado. Por exemplo, se você planejava uma sessão de ioga de uma hora, mas se encontra com pouco tempo, pode optar por alguns minutos de respiração profunda e alongamentos rápidos.

Aproveite pequenos momentos: Encontre maneiras de incorporar práticas de autocuidado em momentos mais curtos do seu dia. Isso pode incluir alguns minutos de meditação antes de uma reunião, uma caminhada curta durante o intervalo do almoço ou até mesmo um momento para apreciar a natureza enquanto você espera por algo.

Ajustes não significam abandono: É importante entender que fazer ajustes em sua rotina de autocuidado não significa que você está abandonando ou negligenciando sua saúde. Pelo contrário, é um reconhecimento de que a vida é variável e você está comprometido em encontrar maneiras de continuar cuidando de si mesmo, mesmo quando as circunstâncias mudam.

Adapte-se com gentileza: Quando você precisar fazer ajustes na sua rotina, faça-o com gentileza consigo mesmo. Evite se culpar por não seguir rigidamente o plano original. Saiba que a flexibilidade é uma habilidade valiosa e que seu compromisso com o autocuidado permanece intacto, independentemente das mudanças que ocorram.

Cultivar a flexibilidade em sua rotina de autocuidado permitirá que você seja mais resiliente diante das mudanças e desafios da vida. Ao se adaptar com uma mentalidade positiva, você mantém sua capacidade de cuidar de si mesmo, independentemente das circunstâncias.

Estabeleça limites

Definir e manter limites saudáveis é uma parte crucial do autocuidado. Estabelecer esses limites permite que você proteja sua saúde física, emocional e mental, evitando a exaustão e o esgotamento. A importância de estabelecer limites e como fazê-lo:

O valor dos limites: Estabelecer limites saudáveis é uma maneira de demonstrar respeito por si mesmo e suas necessidades. Ao definir claramente o que você está disposto a fazer e até onde está disposto a se comprometer, você evita sobrecarregar-se com obrigações excessivas e atividades que não contribuem para seu bem-estar.

A importância do "não": Aprender a dizer "não" quando necessário é uma habilidade vital para o autocuidado. Dizer "não" não significa que você é egoísta; significa que você está valorizando suas próprias necessidades e equilíbrio. Quando você aceita compromissos demais, pode acabar esgotando suas energias, prejudicando sua saúde e reduzindo sua capacidade de cuidar de si mesmo.

Identificando seus limites: Para estabelecer limites eficazes, você precisa identificar suas próprias necessidades e capacidades. Avalie quanto tempo e energia você tem disponível para atividades diversas, incluindo trabalho, relacionamentos e autocuidado. Ao conhecer seus limites, você pode fazer escolhas mais conscientes sobre como direcionar sua energia.

Priorizando o bem-estar: Quando você estabelece limites, está colocando seu bem-estar em primeiro lugar. Avalie se uma atividade ou compromisso é verdadeiramente benéfico para você. Se algo interferir significativamente em seu autocuidado ou gerar estresse excessivo, considere dizer "não" ou fazer ajustes para proteger seu equilíbrio.

Comunicando-se de forma respeitosa: Comunicar seus limites de maneira respeitosa e assertiva é essencial. Expresse seus limites de forma clara e direta, evitando a necessidade de justificar excessivamente suas escolhas.

Tenha em mente que é perfeitamente válido recusar um convite ou compromisso se isso interferir com seu autocuidado.

Aprenda a dizer "sim" para você mesmo: Estabelecer limites é uma maneira de dizer "sim" para suas próprias necessidades. Ao definir esses limites, você está criando espaço para cuidar de si mesmo, cultivar o bem-estar e prevenir a sobrecarga. Conscientize-se de que, ao cuidar de si mesmo, você estará melhor equipado para oferecer apoio e estar presente nas áreas importantes da sua vida.

Ao estabelecer limites saudáveis, você está investindo no seu próprio bem-estar e sustentando sua capacidade de cuidar de si mesmo a longo prazo. Isso não apenas fortalece sua saúde física e emocional, mas também contribui para relacionamentos mais equilibrados e uma vida mais gratificante.

Pratique a consistência

A consistência desempenha um papel fundamental na transformação do autocuidado em um hábito duradouro e eficaz. Manter uma prática regular de autocuidado, mesmo quando a vida fica agitada, é essencial para garantir que você continue a colher os benefícios a longo prazo. Informações sobre por que a consistência é crucial e como você pode praticá-la:

A base dos hábitos saudáveis: A consistência é a base para a formação de hábitos saudáveis. Quando você realiza práticas de autocuidado regularmente, elas se tornam parte integrante de sua rotina e modo de vida. Com o tempo, essas práticas se tornam automáticas, o que facilita a incorporação do autocuidado em seu dia a dia.

Mantendo o equilíbrio: A vida muitas vezes apresenta desafios e momentos ocupados, mas é durante esses períodos que o autocuidado se torna ainda mais essencial. A consistência no autocuidado ajuda a manter o equilíbrio, reduzindo os efeitos negativos do estresse e da exaustão. Ao continuar a priorizar seu bem-estar, você estará mais preparado para enfrentar os desafios que surgem.

Prevenção da exaustão: Quando você é consistente em suas práticas de autocuidado, está prevenindo a exaustão e o esgotamento. Em vez de esperar até que a exaustão o force a parar e cuidar de si mesmo, a consistência permite que você recarregue suas energias regularmente, mantendo-se em um estado de saúde mais positivo.

Compromisso com você mesmo: Ao praticar a consistência no autocuidado, você está demonstrando um compromisso consigo mesmo e com sua saúde. Mesmo quando a vida fica agitada, reservar um tempo para se cuidar reforça a mensagem de que seu bem-estar é uma prioridade não negociável. Esse compromisso contínuo fortalece sua autoestima e autovalorização.

Lembre-se de que a consistência é um processo e que pode haver momentos em que você escorregue. O importante é voltar à prática de autocuidado sem se culpar. À medida que você pratica a consistência, verá que o autocuidado se tornará uma parte natural e essencial de sua vida, contribuindo para sua saúde e felicidade contínuas.

Experimente diferentes atividades

A diversidade de atividades de autocuidado permite que você descubra quais práticas ressoam mais com suas necessidades e preferências individuais. Experimentar diferentes atividades é uma maneira de encontrar aquelas que trazem mais benefícios, prazer e alívio em sua jornada de cuidado pessoal. Como explorar diferentes atividades de autocuidado:

A descoberta do autocuidado pessoal: Cada indivíduo é único, e o que funciona como autocuidado para uma pessoa pode não ser a escolha ideal para outra. Ao experimentar uma variedade de atividades, você está se dando a oportunidade de descobrir quais práticas ressoam com você em níveis físico, emocional e mental.

Variando de acordo com as necessidades: As necessidades de autocuidado podem variar ao longo do tempo e das circunstâncias. O que é benéfico em um dia pode não ser a melhor escolha em outro. Experimentar diferentes atividades permite que você adapte seu autocuidado às suas necessidades e ao que está acontecendo em sua vida.

Práticas físicas e mentais: As atividades de autocuidado variam amplamente, abrangendo desde atividades físicas até práticas mentais e emocionais. Você pode explorar atividades como caminhar, correr, nadar, ioga, meditação, pintura, escrita, leitura, ouvir música, entre outras. A chave é escolher o que se alinha com seu estado atual e necessidades.

Equilíbrio entre esforço e relaxamento: Ao experimentar diferentes atividades de autocuidado, considere a variedade de experiências que elas proporcionam. Algumas atividades podem ser mais enérgicas e estimulantes, enquanto outras podem ser relaxantes e tranquilas. Encontrar um equilíbrio entre esses tipos de atividades pode ser benéfico para atender a diferentes aspectos de suas necessidades.

Experimentação contínua: O autocuidado não é estático; é um processo em constante evolução. À medida que você passa por diferentes fases da vida, suas preferências e necessidades de autocuidado também podem mudar. Portanto, esteja aberto à experimentação contínua. Isso pode envolver revisitar atividades que você não praticava há algum tempo, bem como explorar novas práticas que chamam sua atenção.

Lembrando que o autocuidado é uma jornada individual, a exploração de diferentes atividades de autocuidado permite que você crie uma caixa de ferramentas personalizada para cuidar de sua saúde física, mental, emocional e espiritual.

Adaptação ao longo do tempo

O autocuidado é um processo dinâmico que evolui à medida que você passa por diferentes fases da vida, enfrenta novos desafios e experimenta mudanças em suas circunstâncias. Adaptar suas práticas de autocuidado ao longo do tempo é fundamental para garantir que você esteja cuidando de si mesmo de maneira eficaz e relevante. Maneiras para se adaptar ao autocuidado ao longo do tempo:

A importância da avaliação contínua: Avaliar regularmente suas práticas de autocuidado é essencial para garantir que elas continuem a atender às suas necessidades. O que funciona para você em um momento da vida pode não ser tão eficaz em outro. A vida está em constante mudança, e suas prioridades e responsabilidades podem se modificar ao longo do tempo.

Identificando mudanças e necessidades: Esteja atento às mudanças em sua vida, tanto as positivas quanto as desafiadoras. Seja uma mudança de emprego, um novo relacionamento, a chegada de um filho, a aposentadoria ou qualquer outra transição, esses eventos podem impactar suas necessidades de autocuidado. Identifique como essas mudanças podem estar afetando você e ajuste suas práticas de acordo.

Flexibilidade e adaptação: Ser flexível em relação às suas práticas de autocuidado é crucial. Se você perceber que uma atividade ou abordagem já não está lhe proporcionando os mesmos benefícios, esteja disposto a fazer ajustes. Isso pode envolver a introdução de novas práticas, a modificação das práticas existentes ou até mesmo a eliminação daquelas que não estão mais servindo a você.

O papel da autoconsciência: A autoconsciência é fundamental para perceber quando é hora de fazer ajustes em suas práticas de autocuidado. Preste atenção às suas emoções, níveis de estresse, energia e bem-estar geral. Esses sinais podem indicar se suas práticas atuais estão sendo eficazes ou se é necessário fazer mudanças.

Apoio externo: Conversar com amigos, familiares ou profissionais de saúde mental pode ajudar a ganhar uma perspectiva externa sobre suas práticas de autocuidado. Eles podem oferecer insights sobre áreas que talvez você não tenha considerado ou sugestões para ajustes que podem ser benéficos.

Mantenha a abertura: Esteja aberto a experimentar novas abordagens de autocuidado à medida que você evolui. O que pode parecer fora de sua zona de conforto inicialmente pode ser exatamente o que você precisa em uma nova fase da vida. Permita-se explorar e crescer com suas práticas.

A evolução contínua do autocuidado: Lembrar-se de que o autocuidado é um processo em evolução pode aliviar a pressão de encontrar uma fórmula perfeita. A capacidade de se adaptar e ajustar suas práticas de autocuidado demonstra um compromisso contínuo com sua saúde e bem-estar.

Incorporar o autocuidado em sua rotina não apenas beneficia você, mas também pode ter um impacto positivo em sua saúde, relacionamentos e qualidade de vida geral. A jornada do autocuidado é um investimento constante em seu bem-estar, e a adaptação é a chave para garantir que você esteja sempre cuidando de si mesmo da melhor maneira possível.

Evitando a exaustão

A falta de autocuidado pode levar à exaustão física e emocional, afetando negativamente sua saúde e qualidade de vida. Reconhecer os sinais de sobrecarga é crucial para prevenir a exaustão. Maneiras de evitar a exaustão e cuidar melhor de si mesmo:

Esteja atento aos sinais

A vida moderna frequentemente exige muito de nós, e é fácil cair na armadilha da sobrecarga. Reconhecer os sinais de que você está se aproximando ou já está em um estado de exaustão é crucial para evitar consequências mais graves para sua saúde física, mental e emocional. Esteja atento aos sinais de sobrecarga:

Fadiga constante: Um dos primeiros sinais de que você pode estar sobrecarregado é a fadiga constante. Se você está se sentindo esgotado mesmo após uma boa noite de sono ou sente que não tem energia para realizar tarefas simples, é um sinal de que seu corpo está pedindo descanso.

Irritabilidade e mudanças de humor: A sobrecarga também pode se manifestar por meio de irritabilidade, explosões emocionais ou mudanças de humor. Se você perceber que está reagindo de maneira exagerada a situações que normalmente não o afetariam tanto, é um sinal de que sua capacidade de lidar com o estresse está comprometida.

Dificuldade de concentração e tomada de decisões: Quando estamos sobrecarregados, nossa capacidade de concentração e tomada de decisões pode ser prejudicada. Se você se encontra lutando para se concentrar no trabalho ou nas atividades cotidianas e tomando decisões impulsivas, isso pode indicar um nível de estresse prejudicial.

Falta de motivação e interesse: A sobrecarga também pode levar à perda de motivação e interesse nas coisas que normalmente lhe trazem alegria. Se você está se sentindo apático em relação às atividades que costumavam lhe entusiasmar, é importante prestar atenção a esse sinal.

Problemas de sono e saúde física: A exaustão pode afetar seu sono, levando a problemas como insônia ou sono fragmentado. Além disso, a sobrecarga prolongada pode impactar negativamente sua saúde física, aumentando a suscetibilidade a doenças e diminuindo a função imunológica.

Respeite seus limites: A chave para evitar a exaustão é respeitar seus próprios limites. Saiba quando é hora de desacelerar, dizer não a compromissos extras e priorizar o autocuidado. Ignorar os sinais de sobrecarga pode resultar em esgotamento, burnout e problemas de saúde mais sérios.

A importância do autocuidado regular: A prática regular do autocuidado é uma forma eficaz de prevenir a sobrecarga. Ao reservar tempo para cuidar de si mesmo, você reabastece suas energias e constrói resiliência para lidar com os desafios da vida. Tenha em mente que cuidar de si mesmo não é egoísmo, mas sim um investimento em sua própria saúde e bem-estar.

Esteja atento aos sinais que seu corpo e mente estão enviando e não hesite em fazer ajustes em sua rotina para aliviar a sobrecarga. Se necessário, busque ajuda profissional, como terapia ou aconselhamento, para aprender estratégias eficazes de gerenciamento do estresse e prevenir problemas mais sérios relacionados à sobrecarga.

Tire pausas regulares

Em um mundo cada vez mais acelerado e cheio de demandas, é essencial reservar momentos regulares ao longo do dia para fazer pausas e recarregar suas energias. As pausas não são apenas uma indulgência; elas são uma necessidade para manter seu bem-estar físico, mental e emocional. A importância de tirar pausas regulares inclui:

Renovação de energia: Tirar pausas ao longo do dia permite que você renove sua energia física, mental e emocional. Mesmo uma pausa curta pode ajudar a revitalizar sua mente e recarregar seu corpo, tornando-o mais alerta e produtivo.

Melhora do foco e da produtividade: Quando você está constantemente focado em uma tarefa, é fácil ficar com a mente cansada e perder a clareza. Fazer pausas regulares melhora seu foco e concentração, permitindo que você volte às suas atividades com uma mente mais clara e produtiva.

Redução do estresse: O estresse contínuo sem pausas pode levar à acumulação de tensão e ansiedade. Tirar momentos para relaxar e respirar profundamente durante o dia ajuda a reduzir o estresse e promove uma sensação de calma.

Prevenção da fadiga mental: A fadiga mental ocorre quando sua mente fica sobrecarregada e esgotada. Tirar pausas regulares ajuda a prevenir a fadiga mental, permitindo que sua mente descanse e se recupere antes de enfrentar novas tarefas.

Lembre-se de que as pausas não precisam ser longas para serem eficazes. Encontre um ritmo que funcione para você e seu estilo de trabalho. Reservar momentos para pausas regulares demonstra autocompaixão e um compromisso com sua saúde e bem-estar geral. É uma prática simples, mas poderosa, que pode ter um impacto positivo significativo em sua qualidade de vida.

Pratique a autorreflexão

A prática da autorreflexão é uma ferramenta valiosa para manter um equilíbrio saudável entre suas responsabilidades e suas necessidades pessoais. Ela envolve tirar um tempo regularmente para se conectar consigo mesmo, avaliar como você está se sentindo e se certificar de que está priorizando seu próprio bem-estar. São formas de praticar a autorreflexão para um autocuidado sustentável:

Conexão consigo mesmo: A autorreflexão é um momento de pausa em meio à agitação da vida cotidiana. É um espaço onde você pode se reconectar consigo mesmo, explorar seus sentimentos e pensamentos, e ganhar uma compreensão mais profunda de suas próprias necessidades e desejos.

Avaliação do equilíbrio: Durante a autorreflexão, você pode avaliar como está equilibrando suas responsabilidades com suas necessidades pessoais. Pergunte a si mesmo: "Estou me cuidando adequadamente? Estou reservando tempo para atividades que me trazem alegria e relaxamento?" Isso o ajuda a identificar áreas onde pode estar se sobrecarregando e onde pode ajustar sua abordagem.

Sinais de alerta: A autorreflexão também permite que você reconheça os sinais de alerta de que algo está desequilibrado. Se você está se sentindo constantemente estressado, exausto, irritado ou emocionalmente sobrecarregado, esses podem ser sinais de que é hora de ajustar sua abordagem e dedicar mais tempo ao autocuidado.

Definição de prioridades: A autorreflexão ajuda você a definir prioridades claras. Ao avaliar suas responsabilidades e suas necessidades pessoais, você pode identificar o que é mais importante para o seu bem-estar e focar nesses aspectos.

A autorreflexão não é apenas uma atividade ocasional, mas um compromisso contínuo consigo mesmo. Ao reservar tempo para se autorrefletir regularmente, você está investindo na sua saúde física, emocional e mental. Isso permite que você mantenha um equilíbrio saudável em sua vida e faça ajustes conforme necessário para um autocuidado sustentável e eficaz.

Peça ajuda

Pedir ajuda é um ato de coragem e autocompaixão, e é essencial para manter um autocuidado eficaz e sustentável. Muitas vezes, a sobrecarga ou o esgotamento podem nos levar a acreditar que precisamos lidar com tudo sozinhos, mas isso não é verdade. Ao solicitar apoio, você fortalece sua rede de suporte e permite que outros compartilhem o fardo das suas responsabilidades. Maneiras de como pedir ajuda de forma saudável e eficaz:

Reconhecendo a necessidade de ajuda: É importante estar ciente dos sinais de que você está se sentindo sobrecarregado ou incapaz de lidar com suas responsabilidades sozinho. Isso pode incluir sentimentos de exaustão constante, irritabilidade, dificuldade de concentração e falta de motivação. Se você perceber esses sinais, é um indicativo de que é hora de pedir ajuda.

Destacando sua rede de suporte: Sua rede de suporte inclui amigos, familiares, colegas e profissionais de saúde. Essas pessoas estão lá para apoiá-lo e podem oferecer perspectivas, conselhos e assistência prática. Não hesite em recorrer a eles quando precisar de ajuda.

Quebrando o estigma: Pedir ajuda não é sinal de fraqueza. Na verdade, é um sinal de autoconsciência e respeito por si mesmo. O autocuidado envolve reconhecer seus próprios limites e tomar medidas para manter seu bem-estar. Abraçar a ideia de pedir ajuda ajudará a quebrar o estigma associado à necessidade de apoio.

A força na vulnerabilidade: Pedir ajuda é um ato de vulnerabilidade, mas é também um ato de coragem. Isso demonstra que você está disposto a reconhecer suas necessidades e a alcançar os recursos disponíveis para atender a essas necessidades. Acolher o apoio de outros fortalece seus relacionamentos e promove um autocuidado mais eficaz e equilibrado. Saiba que você não está sozinho e que há pessoas dispostas a estender a mão quando precisar.

Aprenda a dizer não

A habilidade de dizer não é fundamental para o seu autocuidado e bem-estar. Embora seja natural querer ajudar e agradar aos outros, aceitar tarefas e compromissos em excesso pode levar à sobrecarga e exaustão. Aprender a dizer não de forma assertiva e respeitosa é uma forma poderosa de proteger seu tempo, energia e saúde mental. São maneiras sobre como desenvolver essa habilidade:

Reconhecendo a importância de dizer não: Dizer "não" não significa ser egoísta ou rude. Pelo contrário, é uma maneira de honrar seus próprios limites e necessidades. Quando você aceita demais, pode comprometer seu bem-estar e eficácia em outras áreas da vida.

Avaliando compromissos: Antes de concordar com novas tarefas ou compromissos, leve um momento para avaliar sua carga atual. Pergunte a si mesmo se você realmente tem o tempo e a energia necessários para se dedicar a essa nova responsabilidade.

Comunicando com clareza: Ao dizer não, seja claro e direto. Você não precisa dar desculpas elaboradas ou se justificar excessivamente. Uma resposta simples e honesta, como "No momento, não tenho a capacidade de assumir mais tarefas" é suficiente.

Oferecendo alternativas: Se possível, ofereça alternativas ou sugestões. Por exemplo, você pode dizer: "Não posso ajudar com isso agora, mas talvez possamos encontrar outra pessoa que possa" ou "Estou um pouco sobrecarregado no momento, mas posso ajudar depois dessa data."

Defendendo seu tempo e energia: Entenda que é perfeitamente aceitável priorizar seu próprio bem-estar. Dizer "não" não é um sinal de fraqueza, mas sim de autoconsciência e autocompaixão.

Praticando o não com gratidão: Às vezes, dizer não é uma forma de preservar sua capacidade de dar o seu melhor quando realmente importa. Ao dizer não a coisas que não estão alinhadas com suas prioridades, você está liberando espaço e energia para as coisas que realmente importam.

Aprendendo com a experiência: Tenha em mente que aprender a dizer não é um processo contínuo. Pode ser desafiador no início, especialmente se você está acostumado a dizer sim automaticamente. Com o tempo, no entanto, essa habilidade se tornará mais natural e lhe trará benefícios duradouros.

Cultivando relacionamentos saudáveis: Dizer não também envolve estabelecer limites saudáveis em seus relacionamentos. Pessoas que valorizam seu bem-estar respeitarão suas decisões e entenderão quando você precisar dizer não.

Saiba que dizer não é um ato de autocuidado e uma maneira de proteger sua saúde mental e emocional. Ao estabelecer limites e equilibrar suas responsabilidades, você está se capacitando a viver uma vida mais equilibrada e satisfatória.

Ajuste expectativas

A expectativa é uma parte natural da vida, mas quando não é gerenciada adequadamente, pode levar a sentimentos de pressão, estresse e exaustão. Ajustar suas expectativas para um nível realista é uma estratégia essencial para proteger seu bem-estar emocional e manter um senso de equilíbrio. São maneiras de praticar o ajuste de expectativas:

Reconhecendo a importância do ajuste: Expectativas irreais podem criar um ciclo de insatisfação e frustração. A aceitação de que nem tudo pode ser alcançado ou controlado de maneira perfeita é um passo crucial para a redução do estresse e da sobrecarga.

Definindo prioridades: Ao ajustar suas expectativas, é importante identificar suas prioridades. Pergunte a si mesmo quais são as metas mais importantes e realizáveis no momento. Concentre-se naquilo que é essencial para você e que pode ser alcançado com os recursos e o tempo disponíveis.

Evitando o perfeccionismo: O perfeccionismo é uma armadilha comum que pode levar a expectativas irrealmente altas. Reconheça que buscar a perfeição é muitas vezes inatingível e pode causar mais estresse do que benefícios. Em vez disso, procure a excelência dentro de um quadro realista.

Praticando a autocompaixão: Seja gentil consigo mesmo quando as coisas não saírem como planejado. Lembre-se de que todos enfrentam desafios e momentos em que as coisas não saem conforme o esperado. Em vez de se criticar, pratique a autocompaixão e reconheça seu esforço.

Estabelecendo metas realistas: Ao definir metas, certifique-se de que elas sejam alcançáveis dentro das circunstâncias atuais. Metas realistas levam em consideração seus recursos, tempo e capacidade. Dividir objetivos maiores em etapas menores também pode torná-los mais alcançáveis.

Praticando a flexibilidade: A vida é imprevisível e nem sempre ocorre como planejamos. Esteja disposto a ajustar suas expectativas conforme as situações mudam. A flexibilidade permite que você se adapte às mudanças e evite frustrações desnecessárias.

Celebrando as conquistas: Ao ajustar suas expectativas, também é importante reconhecer e celebrar suas conquistas, por menores que sejam. Apreciar o progresso que você faz em direção às suas metas ajuda a manter uma perspectiva positiva.

Buscando ajuda e apoio: Se você se sentir sobrecarregado ou lutar para ajustar suas expectativas, considere procurar ajuda de amigos, familiares ou profissionais de saúde mental. Ter uma perspectiva externa pode ajudar a avaliar suas expectativas de maneira mais objetiva.

Ao praticar o ajuste de expectativas, você está construindo uma base sólida para uma vida equilibrada e saudável. Ao definir metas realistas, praticar a autocompaixão e adotar uma abordagem flexível, você pode reduzir o estresse e a sobrecarga, permitindo que você se concentre no que é mais importante para o seu bem-estar.

Faça o que te faz bem

Uma parte fundamental do autocuidado é priorizar as atividades que trazem alegria, relaxamento e satisfação pessoal. Fazer o que te faz bem não é apenas um luxo, mas uma necessidade para manter um equilíbrio saudável na vida. São formas de escolher e dedicar tempo a atividades que contribuem para o seu bem-estar:

Identificando atividades que te fazem bem: Comece identificando as atividades que verdadeiramente te trazem alegria e satisfação. Pense em hobbies, interesses ou passatempos que você gosta, bem como interações sociais que te deixam animado e energizado.

Criando espaço para o lazer: O lazer desempenha um papel fundamental em reduzir o estresse e melhorar o bem-estar. Reserve um tempo regular em sua agenda para se dedicar a atividades recreativas, como assistir a um filme, ler um livro, praticar um esporte ou qualquer coisa que você ache divertido.

Explorando novos interesses: Experimentar novas atividades pode ser emocionante e enriquecedor. Esteja aberto a explorar interesses que você sempre quis tentar. Isso pode incluir aprender a tocar um instrumento, cozinhar uma nova receita ou se envolver em atividades artísticas.

Valorizando a interação social: As relações sociais positivas têm um impacto significativo em nosso bem-estar. Reserve tempo para estar com amigos, familiares ou colegas que compartilham interesses semelhantes. Participar de atividades sociais pode ajudar a fortalecer laços e criar memórias felizes.

Encontrando equilíbrio: Encontrar um equilíbrio entre obrigações e atividades prazerosas é essencial. Embora seja importante cumprir responsabilidades, também é vital reservar tempo para si mesmo. O equilíbrio ajuda a prevenir a sobrecarga e a exaustão.

Adotando um espírito lúdico: Mantenha um espírito lúdico ao se dedicar a atividades que te fazem bem. Rir, brincar e se divertir são formas poderosas de aliviar o estresse e melhorar o humor.

Praticando a presença plena: Ao se envolver em atividades que te trazem alegria, pratique a presença plena. Esteja completamente presente no momento, absorvendo os detalhes e saboreando a experiência.

Ajustando o foco: Às vezes, nos envolvemos tanto em nossas obrigações que esquecemos de nos dedicar ao que nos faz bem. Tenha em mente que reservar um tempo para o que te traz alegria é essencial para um bem-estar saudável.

O autocuidado é uma prática contínua que envolve atenção constante às suas necessidades físicas, emocionais e mentais. Ao praticar o autocuidado abrangente e incorporar hábitos saudáveis em sua rotina, você cria uma base sólida para o bem-estar duradouro. Além disso, estar atento aos sinais de exaustão e prevenir a sobrecarga é essencial para garantir que você esteja cuidando de si mesmo de maneira eficaz. Conscientize-se de que investir em seu próprio bem-estar é um investimento valioso em sua qualidade de vida e felicidade.

11
ENCONTRANDO SIGNIFICADO E ALEGRIA NO DIA A DIA

*Cada momento, mesmo o mais simples, guarda em si
o potencial de encher nossa vida de significado e alegria.*

Em um mundo agitado e repleto de responsabilidades, é fácil se perder na rotina e esquecer de buscar momentos de significado e alegria. No entanto, encontrar sentido em sua vida cotidiana e cultivar alegria é essencial para promover um bem-estar duradouro e uma sensação de realização. Neste capítulo, exploraremos práticas e estratégias para incorporar o significado e a alegria em sua vida diária, permitindo que você viva com mais propósito e satisfação.

Praticando a atenção plena: Cultivando a felicidade no momento presente

A atenção plena, também conhecida como *mindfulness*, é uma prática que envolve estar totalmente presente no momento atual. Isso significa dedicar atenção consciente a cada ação, pensamento ou sensação, sem julgamento. A atenção plena pode ser uma ferramenta poderosa para encontrar significado e alegria em sua vida diária. São maneiras de praticar a atenção plena:

Atenção à respiração

A prática de atenção à respiração é uma das formas mais simples e poderosas de entrar em contato com o momento presente e acalmar a mente agitada. Ao reservar alguns minutos do seu dia para se concentrar na sua respiração, você pode cultivar uma sensação de calma, clareza mental e presença. Passos para praticar a atenção à respiração:

Escolha um local tranquilo: Encontre um espaço onde você possa ficar confortável e não será interrompido. Pode ser um canto tranquilo da sua casa, um local ao ar livre ou qualquer ambiente que proporcione serenidade.

Postura confortável: Sente-se ou deite-se em uma posição que seja confortável para você. Mantenha a coluna ereta, permitindo que o ar flua livremente.

Feche os olhos: Feche suavemente os olhos para minimizar distrações visuais. Isso também ajuda a direcionar sua atenção para dentro.

Direcione a atenção para a respiração: Comece a dirigir sua atenção para sua respiração. Observe a sensação de ar entrando e saindo das suas narinas ou o movimento do seu abdômen enquanto você respira.

Observe sem julgamento: Permita-se observar a respiração sem julgar ou tentar mudar nada. Se sua mente começar a divagar, traga gentilmente sua atenção de volta para a respiração.

Ancore na respiração: Use a respiração como um ponto de ancoragem. Sempre que você notar que sua mente se afastou para pensamentos, preocupações ou distrações, retorne à sensação da sua respiração.

Aceite a natureza da mente: É normal que a mente divague. Em vez de ficar frustrado, reconheça que isso faz parte da experiência. Apenas traga suavemente sua atenção de volta à respiração.

Pratique por alguns minutos: Comece com apenas alguns minutos e, à medida que se familiarizar com a prática, você pode estender o tempo. Mesmo praticar por cinco a dez minutos pode trazer benefícios significativos.

A prática da atenção à respiração não é sobre forçar a mente a ficar vazia de pensamentos. É sobre cultivar uma relação mais consciente e gentil com sua experiência interna. À medida que você pratica regularmente, poderá perceber que a mente começa a se acalmar naturalmente, permitindo que você esteja mais presente e alerta em sua vida cotidiana.

Comer com consciência

Em nossa vida agitada, muitas vezes comemos de forma apressada, distraída e automática. A prática de comer com consciência é uma forma poderosa de trazer a atenção plena para uma atividade cotidiana, como a alimentação. Isso não apenas nos ajuda a apreciar verdadeiramente a comida, mas também a cultivar uma relação mais saudável com nossa alimentação. Passos para praticar a alimentação consciente:

Escolha um momento tranquilo: Escolha uma refeição ou lanche para praticar a alimentação consciente. Encontre um lugar tranquilo onde você possa comer sem distrações, como dispositivos eletrônicos ou televisão.

Observe sua refeição: Antes de começar a comer, reserve um momento para observar sua refeição. Observe as cores, texturas e arranjo dos alimentos no prato. Sinta uma sensação de gratidão por ter uma refeição diante de você.

Mastigue lentamente: Enquanto come, mastigue cada mordida lentamente e com atenção. Sinta a textura e o sabor dos alimentos à medida que eles se desfazem em sua boca. Isso não apenas melhora a digestão, mas também permite que você aprecie plenamente o que está comendo.

Perceba as sensações físicas: Preste atenção às sensações físicas à medida que você come. Sinta a sensação dos alimentos sendo engolidos, o movimento da sua mandíbula e a sensação de saciedade à medida que você come.

Desfrute dos sabores: Concentre-se nos sabores dos alimentos. Perceba os diferentes gostos, doçura, salinidade, acidez e amargura. Sinta a riqueza de cada sabor e aprecie-o plenamente.

Evite julgamento: Pratique a alimentação consciente sem julgar. Não rotule os alimentos como "bons" ou "ruins". Em vez disso, observe suas reações e preferências sem críticas.

Sinta a gratidão: Enquanto você come, sinta gratidão por cada alimento que está nutrindo seu corpo e proporcionando energia. Cultive uma atitude de apreciação pela comida e pela oportunidade de alimentar-se.

Esteja presente: Se sua mente começar a divagar para pensamentos ou preocupações, gentilmente traga sua atenção de volta para a refeição. Esteja completamente presente no ato de comer.

A prática de comer com consciência não apenas transforma uma atividade diária em um momento significativo, mas também ajuda a desenvolver uma relação mais saudável com a comida e a nutrição. À medida que você se torna mais consciente de seus hábitos alimentares e sensações físicas, pode tomar decisões alimentares mais conscientes e alinhadas com suas necessidades. Além disso, a alimentação consciente pode aumentar sua apreciação pela comida e pela vida em geral, enquanto nutre tanto o corpo quanto a mente.

Atenção aos sentidos

A prática de atenção aos sentidos é uma maneira eficaz de se reconectar com o momento presente, afastando-se das distrações mentais e mergulhando nas experiências sensoriais que nos cercam. Nossa vida cotidiana está repleta de estímulos sensoriais, mas muitas vezes passamos por eles sem realmente notar. Maneiras de praticar a atenção aos sentidos e cultivar uma conexão mais profunda com o mundo ao seu redor:

Observação dos sons: Encontre um lugar tranquilo onde você possa sentar ou ficar em pé. Feche os olhos e comece a observar os sons ao seu redor. Ouça atentamente os sons mais próximos e os mais distantes. Sintonize-se nos detalhes sonoros, como diferentes tons e ritmos. Ao fazer isso, você está trazendo sua atenção para o presente momento, deixando de lado preocupações passadas ou futuras.

Explorando cores e formas: Olhe ao seu redor com uma atitude de curiosidade. Observe as cores, formas e padrões ao seu redor. Perceba como a luz interage com os objetos, criando sombras e realces. Ao observar as cores vivas, os detalhes sutis e as diferentes texturas, você está ancorando sua atenção no que está acontecendo neste exato momento.

Sintonizando-se com o tato: Selecione um objeto próximo a você e toque nele com atenção plena. Sinta sua textura, temperatura e forma. Concentre-se em como é a sensação de tocar o objeto, explorando-o com as pontas dos dedos. Essa prática ajuda a direcionar sua mente para as sensações físicas presentes, afastando-a das preocupações mentais.

Percepção olfativa: Preste atenção aos odores ao seu redor. Inspire profundamente e identifique os diferentes aromas que você percebe. Talvez seja o aroma de flores, comida, terra molhada ou até mesmo o ar fresco. Essa prática não apenas conecta você ao momento presente, mas também pode evocar memórias e sensações agradáveis.

Desacelere e aprecie: À medida que você pratica a atenção aos sentidos, lembre-se de desacelerar e realmente apreciar cada experiência. Sinta-se livre para explorar diferentes sentidos em momentos diferentes. Por exemplo, você pode começar observando os sons ao seu redor e depois passar para a observação das cores e formas. A ideia é estar totalmente presente em cada experiência sensorial.

Sem julgamento: Pratique a atenção aos sentidos sem julgamento. Não rotule os sons como "bons" ou "ruins", as cores como "agradáveis" ou "desagradáveis", ou as sensações como "certas" ou "erradas". Simplesmente observe e sinta, sem a necessidade de julgar ou avaliar.

A prática de atenção aos sentidos é uma ferramenta poderosa para sair do piloto automático e cultivar uma conexão mais profunda com o momento presente. À medida que você se sintoniza com as sensações ao seu redor, você está cultivando um senso renovado de apreciação pela vida e pelo mundo que o cerca. Além disso, essa prática pode ajudar a reduzir o estresse, a ansiedade e a ruminação mental, criando um espaço para você se sentir mais tranquilo e centrado.

Mindfulness nas atividades diárias

Uma das maravilhas do *mindfulness* é sua capacidade de transformar tarefas aparentemente comuns em momentos significativos e enriquecedores. Ao praticar a atenção plena nas atividades diárias, você pode experimentar uma nova profundidade de conexão com o presente, independentemente do que esteja fazendo. São maneiras de trazer a atenção plena para suas tarefas cotidianas:

Caminhando com presença: Mesmo durante atividades simples como caminhar, é possível cultivar a atenção plena. Sinta o contato dos seus pés com o chão a cada passo. Observe como o seu corpo se move e a maneira como a sua respiração se sincroniza com o movimento. Esteja consciente dos arredores, absorvendo as visões e sons à sua volta.

Banho com gratidão: O banho pode ser um momento relaxante e revigorante quando você o aborda com atenção plena. Sinta a água escorrendo pelo seu corpo, perceba a temperatura e o toque da água em sua pele. Respire profundamente e esteja presente nesse momento de autocuidado. Deixe a água levar consigo qualquer tensão ou preocupação.

Refeições conscientes: Tornar as refeições uma prática consciente pode melhorar sua relação com a comida e aumentar seu apreço pelos sabores. Antes de começar a comer, tire um momento para observar a aparência e o cheiro da sua comida. À medida que come, mastigue lentamente, saboreando cada mordida. Esteja ciente da sensação de saciedade que a comida traz ao seu corpo.

Momentos de espera: Até mesmo momentos de espera, como ficar em uma fila ou esperar por alguém, podem se tornar oportunidades para a atenção plena. Observe a sua respiração durante esses momentos. Sinta o fluxo de ar entrando e saindo de seus pulmões. Isso pode ajudar a manter sua mente calma e relaxada.

Crie espaços mentais: Ao trazer a atenção plena para as atividades diárias, você está criando espaços mentais para a tranquilidade e o contentamento. Deixe de lado o hábito de se perder em pensamentos sobre o passado ou o futuro. Ao focar sua atenção nas tarefas em mãos, você está treinando sua mente para estar mais presente e engajada.

A prática de *mindfulness* nas atividades diárias pode transformar sua rotina em uma série de momentos enriquecedores. A cada tarefa que você realiza com atenção plena, está cultivando a habilidade de estar mais consciente, mais conectado consigo mesmo e mais presente no mundo ao seu redor. Independentemente do que você está fazendo, lembre-se de que a vida está acontecendo aqui e agora - e é nesses momentos que você pode encontrar significado e alegria verdadeiros.

Desenvolva a gratidão

A gratidão é uma prática transformadora que pode abrir os olhos para a abundância presente em nossas vidas. Quando você pratica a gratidão com regularidade, começa a perceber e apreciar as pequenas e grandes bênçãos que o cercam. São maneiras de desenvolver a gratidão e cultivar alegria no seu dia a dia:

Momento de gratidão diário: Escolha um momento do seu dia para se conectar com a gratidão. Pode ser de manhã, ao acordar, ou à noite, antes de dormir. Reserve alguns minutos para refletir sobre o que você é grato. Isso pode ajudar a estabelecer um tom positivo para o seu dia ou a concluir o dia com uma sensação de contentamento.

Lista de gratidão: Mantenha um diário de gratidão onde você registra regularmente as coisas pelas quais é grato. Pode ser um caderno físico ou uma nota no seu dispositivo eletrônico. Anote pelo menos três coisas que você aprecia em sua vida, seja algo simples, como um sorriso gentil, ou algo mais significativo, como uma conquista pessoal.

Gratidão pelo presente: Pratique a gratidão pelas coisas presentes no momento. Enquanto realiza suas atividades diárias, pare para observar e agradecer. Isso pode ser a refeição nutritiva que você está comendo, o ar fresco que você está respirando ou a beleza da natureza ao seu redor.

Cultive a apreciação: À medida que você pratica a gratidão, também cultiva um profundo senso de apreciação. A gratidão permite que você veja a beleza nas pequenas coisas e valorize as conexões humanas, os momentos de alegria e até mesmo os desafios que o ajudam a crescer.

Compartilhe a gratidão: Expressar gratidão não apenas internamente, mas também externamente, pode fortalecer as conexões com os outros. Diga "obrigado" a alguém que fez algo gentil por você. Mostre apreço por aqueles que o apoiam e fazem parte da sua vida.

Amplie a perspectiva: À medida que você pratica a gratidão, pode notar que sua perspectiva começa a se expandir. Você começa a enxergar além das dificuldades momentâneas e se concentra nas coisas positivas que preenchem sua vida.

A gratidão é uma ferramenta poderosa para a atenção plena, pois direciona sua atenção para o que está presente e positivo no momento. Ao reconhecer as bênçãos em sua vida, você naturalmente experimenta uma sensação de alegria e contentamento. Tenha em mente que a prática da gratidão não exige grandes gestos; é o reconhecimento sincero do que você já tem que faz toda a diferença.

Praticar a atenção plena é um presente que você dá a si mesmo. Cada momento de consciência plena é uma oportunidade para se reconectar consigo mesmo e com o mundo ao seu redor. À medida que você se aprofunda nessa prática, você perceberá que a felicidade reside não em algum lugar distante, mas bem no momento presente. A atenção plena nos ajuda a acolher cada momento com um coração aberto, cultivando uma profunda apreciação pelo que é verdadeiramente importante em nossas vidas.

Buscando atividades prazerosas: Redescobrindo interesses que trazem alegria

A busca pela alegria está intrinsecamente ligada a encontrar e dedicar tempo a atividades que nos trazem prazer genuíno e satisfação. Muitas vezes, no turbilhão das responsabilidades do dia a dia, negligenciamos esses interesses que podem ser fontes valiosas de felicidade. Ao redescobrir e incorporar atividades prazerosas em sua vida, você adiciona cores vibrantes aos seus dias e cria momentos que são verdadeiramente significativos. Maneiras de buscar atividades prazerosas:

Reconectando-se com hobbies

Relembrar e se reconectar com hobbies e interesses que trouxeram alegria no passado é uma forma poderosa de reavivar seu espírito e criar momentos de felicidade genuína. Muitas vezes, à medida que envelhecemos e assumimos mais responsabilidades, esses interesses podem ter sido deixados de lado. No entanto, trazer essas paixões de volta à sua vida pode trazer não apenas alegria, mas também um senso profundo de realização pessoal. São maneiras de se reconectar com seus hobbies e interesses antigos:

Refletindo sobre suas paixões passadas: Tire um tempo para refletir sobre os hobbies e interesses que lhe trouxeram alegria e satisfação no passado. Pode ter sido a sensação de tocar um instrumento musical, a alegria de pintar um quadro, a criatividade na culinária, a expressão na escrita, a liberdade na dança ou a paz de explorar a natureza. Lembre-se das experiências positivas e emocionantes que você teve enquanto se envolvia nessas atividades.

Priorizando o tempo para hobbies: Às vezes, a vida agitada pode nos levar a acreditar que não temos tempo para nossos hobbies. No entanto, é importante priorizar essas atividades que lhe trazem alegria e realização. Reserve um tempo específico em sua agenda para se dedicar ao seu hobby escolhido. Isso pode ser algumas horas por semana ou até mesmo alguns minutos todos os dias. Criar um espaço para suas paixões mostra que você valoriza sua própria felicidade.

Adaptando-se à mudança: Às vezes, seus interesses podem ter mudado um pouco desde a última vez que você se envolveu em um hobby específico. Esteja aberto a abraçar essas mudanças. Talvez você queira explorar diferentes aspectos do mesmo hobby ou experimentar algo completamente novo. A adaptação permite que você mantenha o entusiasmo e a sensação de descoberta.

Criando um espaço inspirador: Crie um espaço em sua casa ou em outro lugar onde você possa se dedicar ao seu hobby. Ter um ambiente dedicado pode ajudar a criar um estado mental propício à criatividade e à imersão na atividade. Se você está voltando para a música, por exemplo, crie um espaço onde você possa tocar sem distrações.

Compartilhando com outros: Compartilhar seus hobbies e interesses com amigos e familiares pode ser uma experiência enriquecedora. Isso não apenas permite que você se conecte com os outros por meio de interesses comuns, mas também pode motivá-lo a se manter envolvido. Além disso, você pode considerar participar de grupos ou comunidades online relacionadas ao seu hobby para conhecer outras pessoas que compartilham sua paixão.

Reconectar-se com hobbies é uma maneira de rejuvenescer seu espírito e trazer uma dose de alegria genuína para sua vida diária. Além de proporcionar momentos de satisfação, essas atividades podem ajudar a aliviar o estresse, melhorar o humor e promover um senso de realização pessoal. Portanto, reserve um tempo para se perder nas paixões do passado e descubra como elas podem iluminar seu presente.

Explorando novas paixões

A vida é cheia de oportunidades para aprender, crescer e experimentar coisas novas. Quando nos abrimos para explorar novas atividades e interesses, estamos nos dando a chance de descobrir novas fontes de alegria, desafiar nossos limites e nutrir nossa curiosidade inata. A exploração de novas paixões não apenas amplia nossos horizontes, mas também nos ajuda a encontrar um frescor renovado em nossas vidas. Maneiras de se aventurar em novas atividades e interesses:

Cultivando a curiosidade: Esteja atento às coisas que despertam sua curiosidade. Pergunte a si mesmo o que você sempre quis aprender ou experimentar. Pode ser algo que você viu em um documentário, ouviu falar em uma conversa ou simplesmente sentiu uma centelha de interesse. Deixe-se guiar por essa curiosidade e considere mergulhar em novas áreas.

Quebrando barreiras do medo: Às vezes, a ideia de experimentar algo novo pode ser intimidante. O medo do desconhecido pode nos impedir de dar o primeiro passo. No entanto, lembre-se de que a exploração de novas paixões é sobre se permitir crescer e experimentar. Não se preocupe com a perfeição ou com o resultado final; concentre-se em desfrutar do processo.

Definindo metas de exploração: Estabelecer metas para explorar novas paixões pode ser uma maneira eficaz de se motivar. Determine o que você deseja alcançar em relação a essa nova atividade. Pode ser algo tão simples quanto frequentar algumas aulas de pintura ou finalmente completar uma trilha de caminhada desafiadora. Estabelecer metas tangíveis pode dar direção ao seu processo de exploração.

Aprendizado constante: Ao explorar uma nova paixão, esteja disposto a aprender e crescer ao longo do caminho. Se você está começando algo completamente novo, pode haver um período de aprendizado e adaptação. Isso é normal e parte da caminhada. Celebre cada pequeno progresso e aproveite a sensação de descoberta.

Compartilhando experiências: Compartilhar sua jornada de exploração com amigos, familiares ou colegas pode ser uma experiência enriquecedora. Eles podem oferecer apoio, encorajamento e até mesmo se juntar a você em suas novas aventuras. Além disso, ouvir as experiências de outras pessoas que já estão envolvidas na atividade pode ser inspirador.

Mantendo uma mente aberta: Tenha em mente que a exploração de novas paixões pode levar a surpresas inesperadas. Você pode descobrir habilidades ou interesses que nunca imaginou ter. Esteja aberto a todas as possibilidades e permita-se ser guiado pelo seu coração e intuição.

Explorar novas paixões é uma maneira emocionante de adicionar cor e vitalidade à sua vida. Através da experimentação e da disposição para sair da zona de conforto, você pode encontrar novas fontes de alegria, satisfação e realização. Entenda que a jornada de exploração é tão valiosa quanto o destino, então aproveite cada momento dessa caminhada de autodescoberta.

Tempo de lazer planejado

Em nossa vida agitada, é fácil cair na armadilha de dedicar todo o nosso tempo às obrigações e responsabilidades, deixando pouco espaço para o prazer e a alegria. No entanto, é fundamental reconhecer a importância do tempo de lazer planejado como uma forma de nutrir nossa alma, recarregar nossas energias e encontrar equilíbrio. Ao reservar momentos específicos para se envolver em atividades que lhe trazem alegria, você está demonstrando um compromisso ativo com o seu bem-estar emocional e mental. Maneiras de incorporar o tempo de lazer planejado em sua vida:

Agende com antecedência: Assim como você agendaria compromissos de trabalho ou reuniões importantes, reserve um tempo em sua agenda para atividades de lazer. Pode ser uma hora todas as noites para ler um livro, uma tarde de sábado para explorar a natureza ou alguns minutos todas as manhãs para meditar. Ao agendar com antecedência, você está priorizando seu próprio bem-estar.

Escolha atividades que tragam alegria: O tempo de lazer planejado deve ser preenchido com atividades que lhe tragam alegria e relaxamento. Pergunte a si mesmo: "O que me faz feliz?" Pode ser um hobby que você adora, uma atividade criativa, um esporte que você gosta ou até mesmo ficar sem fazer nada, apenas apreciando a calma do momento.

Desconecte-se de distrações: Ao se envolver em seu tempo de lazer planejado, tente desconectar-se de distrações tecnológicas e preocupações do dia a dia. Reserve esse momento como um espaço sagrado para você se reconectar consigo mesmo e aproveitar o presente.

Variedade e exploração: Embora seja ótimo ter atividades favoritas para o tempo de lazer, também é benéfico variar suas escolhas. Experimente coisas novas e explore diferentes interesses para manter a experiência fresca e emocionante.

Pratique o presente: Enquanto desfruta do seu tempo de lazer planejado, pratique a atenção plena ao estar totalmente presente na atividade. Deixe de lado preocupações e distrações e concentre-se na experiência. Isso amplifica os benefícios do seu tempo de lazer, permitindo que você aproveite ao máximo cada momento.

Compromisso consigo mesmo: Conscientize-se de que reservar tempo de lazer planejado não é um luxo, mas uma necessidade. É um ato de autocuidado que fortalece sua saúde mental, emocional e física. Ao se comprometer com essa prática, você está priorizando sua própria felicidade e bem-estar.

Flexibilidade e adaptação: A vida pode ser imprevisível, e nem sempre será possível seguir um cronograma rigoroso. Se algo surgir que interfira em seu tempo de lazer planejado, seja flexível e ajuste-se conforme necessário. O objetivo é criar um equilíbrio saudável entre obrigações e prazer, e isso pode exigir alguma adaptação.

Entenda que o tempo de lazer planejado não é um luxo egoísta, mas uma parte essencial de cuidar de si mesmo. Ao reservar tempo para se envolver em atividades que lhe trazem alegria e relaxamento, você está investindo em seu próprio bem-estar e construindo uma vida mais equilibrada e gratificante.

Socialização positiva

As conexões que compartilhamos com amigos e familiares desempenham um papel significativo em nossa felicidade e bem-estar. A socialização positiva envolve passar tempo com pessoas que compartilham nossos interesses e valores, multiplicando a alegria e criando memórias que duram uma vida inteira. Ao organizar encontros sociais que envolvem atividades prazerosas, você não apenas fortalece seus laços, mas também constrói uma rede de apoio emocional que contribui para sua saúde mental e emocional. São maneiras de desfrutar da socialização positiva:

Encontros com propósito: Quando planejar encontros sociais, considere atividades que todos possam desfrutar e que estejam alinhadas com os interesses e valores do grupo. Isso pode incluir atividades ao ar livre, como piqueniques ou caminhadas, ou atividades mais relaxantes, como sessões de cinema em casa.

Atividades lúdicas: Introduza jogos de tabuleiro, cartas ou outras atividades lúdicas em seus encontros sociais. Esses jogos não apenas proporcionam diversão e risadas, mas também estimulam a interação e a conexão entre os participantes.

Exploração criativa: Incorpore elementos criativos em seus encontros, como noites de arte e artesanato, sessões de pintura ou até mesmo uma noite de culinária. Essas atividades não apenas despertam a criatividade, mas também proporcionam oportunidades para compartilhar experiências únicas.

Experiências culturais: Explore atividades que ofereçam uma experiência cultural única, como jantar em um restaurante étnico ou assistir a um show ao vivo. Essas experiências enriquecem o encontro e proporcionam uma conversa interessante.

Momentos de reflexão: Além das atividades animadas, reserve um tempo para momentos de reflexão mais profunda. Pode ser um bate-papo sobre metas, aspirações ou simplesmente compartilhar histórias de vida. Esses momentos íntimos podem fortalecer os vínculos e aprofundar as conexões.

Construção de memórias duradouras: A socialização positiva cria oportunidades para criar memórias duradouras e significativas. As risadas compartilhadas, as conversas profundas e os momentos de conexão se tornam as histórias que você levará consigo ao longo do tempo.

Praticando a escuta ativa: Durante os encontros, pratique a escuta ativa, mostrando interesse genuíno nas experiências e sentimentos dos outros. Isso cria um espaço seguro para compartilhar e fortalece os relacionamentos.

Ao incorporar a socialização positiva em sua vida, você estará enriquecendo suas relações e criando uma rede de apoio emocional que contribui para sua felicidade e bem-estar. As conexões que você cultiva durante esses momentos de alegria e interação podem ser uma fonte inestimável de apoio nos momentos difíceis e uma fonte constante de alegria ao longo da vida.

Mantenha um diário de alegria

Em meio à agitação da vida cotidiana, muitas vezes deixamos passar os momentos de alegria e satisfação que experimentamos. Manter um diário de alegria é uma prática poderosa que nos permite capturar e celebrar esses momentos especiais, cultivando um senso contínuo de gratidão e apreço pela vida. Um diário de alegria não apenas nos ajuda a reconhecer as coisas que nos fazem felizes, mas também serve como um refúgio de inspiração e conforto nos momentos em que enfrentamos desafios. Maneiras de incorporar um diário de alegria em sua vida:

Comece com um diário especial: Escolha um diário ou caderno que você reserve exclusivamente para suas entradas de alegria. Ele pode ser tão simples ou elaborado quanto você desejar, refletindo sua personalidade e estilo.

Capturando os momentos: Tire um tempo todos os dias para refletir sobre as atividades, momentos ou experiências que lhe trouxeram alegria.

Isso pode variar desde uma conversa agradável com um amigo até a contemplação do pôr do sol.

Detalhes vívidos: Ao registrar esses momentos de alegria, seja específico em seus detalhes. Descreva as sensações, emoções e pensamentos que acompanham cada experiência. Isso permite que você reviva esses momentos quando reler suas entradas.

Expresse gratitude: Além de descrever os momentos, também expresse gratidão por eles. Reconheça o impacto positivo que essas experiências têm em sua vida e pratique a gratidão por tê-las vivenciado.

Revisite e reviva: Periodicamente, folheie seu diário de alegria e relembre os momentos que você registrou. Essa prática não apenas traz à tona sentimentos positivos, mas também reacende a alegria que você sentiu originalmente.

Inspirando-se em tempos difíceis: Quando você enfrenta desafios ou momentos difíceis, seu diário de alegria se torna um refúgio de inspiração. Ler suas entradas passadas pode lembrá-lo de que existem momentos de luz, mesmo nos tempos mais sombrios.

Compartilhe com outros: Se desejar, compartilhe suas entradas de alegria com amigos próximos ou familiares. Isso não apenas fortalece as conexões, mas também pode inspirar outros a cultivar sua própria prática de gratidão.

Crie um ritual diário: Incorpore a escrita em seu dia criando um ritual diário para registrar um momento de alegria. Pode ser de manhã ao acordar ou à noite antes de dormir.

Ao buscar atividades prazerosas, você está essencialmente investindo em seu próprio bem-estar emocional. Esses momentos de alegria podem funcionar como âncoras, lembrando-o de que a vida está repleta de experiências positivas. Ao fazer dessas atividades uma parte regular da sua vida, você está cultivando um ambiente que nutre sua felicidade e contribui para uma sensação duradoura de satisfação.

Criando um ambiente positivo: Cercando-se de elementos que inspiram positividade

O ambiente ao seu redor desempenha um papel importante em sua perspectiva e bem-estar. Criar um ambiente positivo que reflete seus valores e inspira positividade pode aumentar seu senso de significado e alegria. Formas de criar um ambiente que contribua para seu bem-estar:

Organização e limpeza

O ambiente ao nosso redor desempenha um papel significativo em nossa saúde emocional e mental. Um espaço organizado e limpo não apenas contribui para um senso de tranquilidade, mas também pode melhorar nosso humor, produtividade e bem-estar geral. Criar um ambiente positivo é uma forma tangível de investir em nosso próprio cuidado e felicidade. Maneiras de incorporar a organização e limpeza em sua vida para criar um ambiente que seja um refúgio de positividade:

Limpeza regular: Agende momentos regulares para limpar e arrumar sua casa ou espaço de trabalho. Isso não apenas melhora a aparência, mas também ajuda a criar uma sensação de ordem e calma.

Desapego e simplificação: Ao organizar, considere o que você realmente precisa e usa. Desapegar-se de itens não utilizados ou desnecessários não apenas libera espaço, mas também libera energia emocional.

Crie zonas funcionais: Organize seu espaço de acordo com a funcionalidade. Crie áreas específicas para diferentes atividades, como trabalho, relaxamento e criatividade. Isso ajuda a manter a clareza e o propósito em cada espaço.

Toques pessoais: Adicione elementos pessoais que o façam se sentir bem em seu ambiente. Isso pode ser através de cores, decorações, fotos de momentos felizes ou objetos que tenham significado especial.

Luz e ventilação: Mantenha seu ambiente bem iluminado e arejado. A luz natural e o ar fresco têm um impacto positivo no nosso humor e saúde.

Reduza a desordem: A desordem pode causar sensações de estresse e desorganização. Reserve um tempo para organizar papéis, materiais e objetos, garantindo que cada coisa tenha um lugar designado.

Crie espaços de descanso: Dedique áreas específicas para o descanso e relaxamento, onde você possa se retirar para recarregar e rejuvenescer.

Agrupamento e organização visual: Mantenha objetos semelhantes agrupados para criar uma sensação de ordem visual. Use caixas, prateleiras e organizadores para manter tudo organizado.

Cuide das plantas: Se tiver plantas, cuide delas. As plantas não apenas acrescentam beleza ao ambiente, mas também podem melhorar a qualidade do ar e trazer uma sensação de vida ao espaço.

Celebre o processo: A organização e a limpeza não precisam ser tarefas árduas. Encare-as como oportunidades de autocuidado e celebre o progresso que você faz. Coloque sua música favorita enquanto organiza ou tire um momento para admirar seu espaço após a limpeza.

Investir tempo na organização e limpeza de seu ambiente é uma maneira tangível de nutrir sua própria felicidade e bem-estar. À medida que você cria um ambiente que reflete positividade e harmonia, você está proporcionando a si mesmo um espaço onde a alegria pode florescer e prosperar.

Elementos inspiradores

A maneira como decoramos nosso espaço pode ter um impacto profundo em nossa disposição emocional e mental. Elementos inspiradores não apenas tornam nosso ambiente visualmente atraente, mas também podem estimular a criatividade, evocar sentimentos positivos e trazer uma sensação de alegria. Ao adicionar toques de inspiração ao seu ambiente, você está cultivando um espaço onde pode se sentir motivado e revigorado. Maneiras de incorporar elementos inspiradores em seu ambiente:

Obras de arte e fotografias: Escolha obras de arte ou fotografias que ressoem com você emocionalmente. Pode ser uma pintura colorida, uma imagem da natureza ou uma foto de um momento especial. Essas peças visuais podem servir como lembretes constantes de coisas que você ama e valoriza.

Citações motivadoras: Coloque citações inspiradoras ou palavras de sabedoria em locais visíveis. Essas mensagens podem servir como lembretes poderosos de seus objetivos, valores e aspirações.

Plantas e elementos naturais: Introduza plantas e elementos naturais em seu espaço. As plantas não apenas adicionam um toque de beleza, mas também trazem uma sensação de calma e conexão com a natureza.

Espaço criativo: Crie um espaço dedicado à criatividade. Isso pode ser um canto para escrever, pintar, desenhar, fazer artesanato ou qualquer outra atividade que estimule sua expressão criativa.

Objetos com significado: Coloque objetos que tenham um significado especial para você. Isso pode incluir lembranças de viagens, presentes de entes queridos ou itens que representem suas paixões e interesses.

Cores e texturas: Escolha cores e texturas que evocam sentimentos de alegria e bem-estar. Cores vibrantes e tons suaves podem ter um impacto positivo em seu estado de espírito.

Organização inspirada: Mantenha seu espaço organizado de maneira que o inspire. Utilize organizadores, prateleiras e caixas decorativas para manter tudo arrumado e acessível.

Espaço para reflexão: Crie um pequeno espaço para reflexão e meditação. Pode ser um canto tranquilo com almofadas, velas e elementos que promovam a tranquilidade.

Redefinindo o espaço: Às vezes, basta mudar a disposição dos móveis ou adicionar novos elementos decorativos para revitalizar o ambiente e trazer uma nova energia.

Ritual diário: Crie um ritual diário para apreciar os elementos inspiradores em seu espaço. Pode ser um momento de silêncio para contemplar a arte, ler uma citação ou simplesmente admirar a beleza ao seu redor.

Ao preencher seu ambiente com elementos que inspiram e elevam seu espírito, você está criando um refúgio de alegria e positividade. Seu espaço se torna mais do que apenas um lugar físico - ele se torna um santuário que reflete sua essência e apoia seu bem-estar emocional.

Cores e iluminação

A escolha das cores e a qualidade da iluminação em um ambiente podem ter um impacto significativo no seu estado de espírito e no seu bem-estar geral. Esses elementos não apenas decoram o espaço, mas também têm a capacidade de criar uma atmosfera que afeta suas emoções, energia e sensação de conforto. Ao considerar cores e iluminação, você pode criar um ambiente que promova positividade e harmonia. Detalhes sobre como esses fatores podem influenciar o seu espaço:

Psicologia das cores: As cores têm a capacidade de evocar emoções e sentimentos específicos. Por exemplo, tons de azul podem transmitir calma e tranquilidade, enquanto tons de amarelo podem representar alegria e otimismo.

Escolha consciente: Ao selecionar as cores para o seu ambiente, pense sobre o clima emocional que deseja criar. Cores mais suaves e tons pastéis podem trazer uma sensação de serenidade, enquanto cores vibrantes podem adicionar energia e vitalidade.

Combinações harmoniosas: Ao combinar cores, considere a harmonia e o equilíbrio. Cores complementares, análogas ou monocromáticas podem criar uma sensação de coesão e conforto visual.

Iluminação com luz natural: A luz natural é uma das formas mais saudáveis e benéficas de iluminação. Ela ajuda a regular o relógio biológico, melhora o humor e traz uma sensação de conexão com o ambiente externo.

Iluminação artificial: Escolha a iluminação artificial com cuidado. A iluminação geral pode criar uma atmosfera acolhedora, enquanto a iluminação direcional pode destacar elementos específicos do espaço.

Temperatura de cor: A temperatura de cor da iluminação também é importante. Luzes mais quentes, semelhantes à luz do sol da manhã, podem criar uma atmosfera relaxante, enquanto luzes mais frias podem estimular a concentração.

Refletindo sua personalidade: Escolha cores e iluminação que reflitam sua personalidade e estilo de vida. Isso ajudará você a se sentir mais conectado ao ambiente.

Criação de ambientes: Tenha em mente que diferentes ambientes podem exigir diferentes abordagens. Um espaço de relaxamento pode se beneficiar de cores e iluminação suaves, enquanto uma área de trabalho pode necessitar de iluminação mais brilhante para promover a produtividade.

Ao considerar cores e iluminação em seu ambiente, leve em consideração não apenas o aspecto estético, mas também como esses elementos podem influenciar positivamente sua experiência diária. Criar um espaço equilibrado, que ressoa com você e promove sentimentos de conforto e alegria, é um passo importante para cultivar um ambiente que contribua para o seu bem-estar emocional e mental.

Reduza o excesso

Uma maneira eficaz de promover um ambiente positivo e propício ao bem-estar é reduzir o excesso de itens e objetos que podem causar desordem e distração. Ao fazer isso, você não apenas cria um espaço físico mais organizado, mas também libera espaço mental para se concentrar no que é verdadeiramente importante e significativo. Considerações para ajudá-lo a reduzir o excesso em sua vida:

Avalie o que é necessário: Passe algum tempo avaliando os itens em seu espaço. Questione-se sobre a utilidade e o valor de cada objeto. Livre-se de coisas que não contribuem mais para sua vida ou que estão apenas ocupando espaço.

Desapegue com intenção: Ao decidir se desfazer de algo, faça isso com intenção. Pergunte-se se o item ainda possui utilidade ou se ele traz alegria para a sua vida. A abordagem do método KonMari, por exemplo, envolve manter apenas aquilo que "desperta alegria".

Organização funcional: Organize seus pertences de forma funcional. Isso significa atribuir um lugar específico para cada coisa e manter itens semelhantes juntos. Ter um sistema organizado facilita a localização das coisas e mantém o espaço arrumado.

Reduza o consumismo: Evite acumular mais coisas do que você realmente precisa. Pratique o consumo consciente, avaliando se um item é realmente necessário antes de comprá-lo.

Promova o espaço positivo: Ao reduzir o excesso, você cria um ambiente que permite que suas prioridades e interesses genuínos se destaquem. Livre-se de distrações visuais desnecessárias para que você possa focar nas atividades que trazem alegria e significado.

Menos é mais: Lembre-se de que menos pode ser mais. Um espaço menos cheio de coisas pode resultar em maior clareza mental, tranquilidade e uma sensação de espaço aberto.

Regularmente reavalie: A redução do excesso é um processo contínuo. Regularmente, reserve um tempo para reavaliar suas posses e fazer ajustes conforme necessário. Isso ajudará você a manter seu espaço organizado e alinhado com suas necessidades e objetivos atuais.

A redução do excesso não se trata apenas de criar um espaço mais organizado, mas também de cultivar uma mentalidade de simplicidade e foco. Ao liberar-se de itens desnecessários, você abre espaço para as coisas que realmente importam, promovendo um ambiente que apoia seu bem-estar emocional, mental e espiritual.

Espaços relaxantes

Ter espaços dedicados ao relaxamento e à reflexão em sua casa é fundamental para cultivar momentos de tranquilidade em meio à agitação do dia a dia. Esses espaços proporcionam refúgios onde você pode se desconectar, recarregar energias e se reconectar consigo mesmo. São maneiras para criar espaços relaxantes em sua casa:

Escolha um local tranquilo: Identifique um local em sua casa onde você possa criar um espaço relaxante. Pode ser um canto silencioso do quarto, uma varanda ensolarada ou até mesmo um pequeno espaço em uma sala de estar.

Decoração acolhedora: Decore o espaço com elementos que transmitam conforto e acolhimento. Adicione almofadas macias, mantas aconchegantes e móveis confortáveis para criar uma atmosfera convidativa.

Iluminação suave: Opte por iluminação suave e indireta nesse espaço. Luminárias de chão, abajures ou velas podem criar uma atmosfera serena. A iluminação suave ajuda a criar um ambiente relaxante.

Incorpore a natureza: Se possível, posicione o espaço próximo a uma janela com vista para a natureza. A presença de plantas também pode trazer uma sensação de tranquilidade e conexão com a natureza.

Itens de reflexão: Adicione elementos que incentivem a reflexão e a prática da atenção plena, como uma almofada de meditação, um pequeno altar com objetos significativos ou uma área para leitura.

Tecnologia limitada: Mantenha a tecnologia fora desse espaço. Evite a presença de dispositivos eletrônicos que possam distraí-lo. Esse é um lugar para desconectar e se concentrar em si mesmo.

Rotina de relaxamento: Incorpore esse espaço em sua rotina diária de relaxamento. Reserve alguns minutos todos os dias para meditar, ler, escrever ou apenas sentar em paz. Isso ajuda a criar uma associação positiva com o espaço.

Personalização: Personalize o espaço de acordo com suas preferências e interesses. Adicione elementos que se conectem com você e que o ajudem a se sentir à vontade.

Sem pressão: Lembre-se de que esse espaço é para você se desligar e relaxar, não para se sentir pressionado a fazer algo específico. Deixe que ele seja um local de liberdade e alívio.

Criar espaços relaxantes em sua casa é uma forma eficaz de cuidar do seu bem-estar emocional e mental. Esses cantos especiais proporcionam uma pausa na correria da vida e oferecem momentos de calma e serenidade.

Música e sons agradáveis

A música e os sons têm o poder de criar uma atmosfera única em qualquer ambiente. Ao escolher cuidadosamente os tipos de música e sons que você incorpora ao seu espaço, é possível transformá-lo em um refúgio de serenidade e alegria. São maneiras de aproveitar a música e os sons agradáveis para melhorar seu ambiente:

Escolha o ritmo e o tom adequados: A música possui uma variedade de ritmos e tons, cada um capaz de evocar diferentes emoções. Escolha músicas que correspondam à atmosfera que você deseja criar. Por exemplo, músicas suaves e melódicas podem promover a calma, enquanto músicas mais animadas podem trazer energia.

Crie listas de reprodução relaxantes: Monte listas de reprodução com músicas que tenham um efeito relaxante em você. Pode ser música clássica, músicas instrumentais, sons da natureza ou músicas que remetam a memórias felizes. Toque essas listas de reprodução quando estiver no seu espaço de relaxamento.

Sons da natureza: Além da música, os sons naturais, como o canto dos pássaros, o som das ondas do mar ou o murmúrio de um riacho, podem criar uma sensação de conexão com a natureza e promover relaxamento.

Momentos de meditação sonora: Use música ou sons relaxantes como pano de fundo para práticas de meditação ou momentos de atenção plena. A música suave pode ajudar a acalmar a mente e criar um ambiente propício para o relaxamento profundo.

Sons elevadores de ânimo: Além de sons relaxantes, considere incorporar músicas que elevem seu ânimo e promovam sentimentos de felicidade e alegria. Músicas com ritmos contagiantes ou letras inspiradoras podem transformar seu espaço em um local de positividade.

Personalização: A escolha da música e dos sons é pessoal. Selecione aquilo que ressoa com você e que traz emoções positivas. Tenha em mente que a intenção é criar um ambiente que seja um reflexo das suas preferências e que promova bem-estar.

Equilíbrio e moderação: Mantenha um equilíbrio entre os momentos com música e aqueles de silêncio. Às vezes, o silêncio também é necessário para relaxar completamente e ouvir os próprios pensamentos.

Adaptação às situações: Adapte a seleção de música de acordo com a atividade que você estiver realizando. Música animada pode ser ideal para a realização de tarefas, enquanto música tranquila é mais indicada para relaxamento.

Incorporar música e sons agradáveis ao seu ambiente é uma maneira eficaz de influenciar positivamente o seu estado de espírito e criar uma atmosfera que contribua para o seu bem-estar emocional. Crie uma trilha sonora para a sua vida que seja repleta de harmonia e alegria.

Encontrar significado e alegria no dia a dia é um compromisso contínuo consigo mesmo. Praticar a atenção plena, buscar atividades prazerosas e criar um ambiente positivo são maneiras poderosas de nutrir sua alma e cultivar uma sensação duradoura de bem-estar. Ao adotar essas práticas em sua vida, você cria um espaço onde a felicidade é uma escolha consciente e onde cada momento pode ser vivido com significado e alegria. Lembre-se de que é possível encontrar beleza e contentamento nas pequenas coisas e que cada dia oferece a oportunidade de criar momentos significativos.

12
A JORNADA DA AUTORREFLEXÃO

A autorreflexão nos guia pelo labirinto das nossas emoções, revelando insights profundos sobre quem somos.

A jornada da autorreflexão é uma experiência de crescimento pessoal e autoconhecimento. Neste capítulo, exploraremos a importância de superar recaídas e reconhecer que a jornada de crescimento pessoal é um processo contínuo.

Superando recaídas: Estratégias para lidar com momentos difíceis sem desistir

Ao longo da jornada da autorreflexão e do crescimento pessoal, é natural enfrentar desafios e recaídas. O importante é não desistir e encontrar maneiras de superar esses obstáculos. São estratégias para lidar com momentos difíceis:

Pratique a compaixão por si mesmo

Enfrentar recaídas é uma parte natural da experiência de crescimento pessoal e autorreflexão. Em vez de se culpar ou se sentir desanimado quando ocorrerem, é fundamental adotar uma abordagem de autocompaixão. A autocompaixão envolve tratar a si mesmo com a mesma gentileza, compreensão e empatia que você ofereceria a um amigo querido. São maneiras de praticar a autocompaixão durante momentos de recaída:

Reconheça a humanidade compartilhada: Entenda que todos os seres humanos enfrentam desafios e momentos difíceis em suas vidas. A recaída não é um sinal de fraqueza, mas sim uma experiência compartilhada por todos.

Desarme a autocrítica: Evite cair na armadilha da autocrítica e da autodepreciação. Ao invés de se culpar, lembre-se de que ninguém é perfeito, e todos cometem erros.

Trate-se com gentileza: Quando você sentir que está sendo duro consigo mesmo, pare e pense: "Como eu trataria um amigo que estivesse passando por isso?" Ofereça a si mesmo palavras gentis e encorajadoras.

Pratique a autocompaixão em Palavras: Fale consigo mesmo de uma maneira que seja gentil e incentivadora. Evite usar linguagem negativa ou autocrítica.

Aceite suas emoções: Em vez de tentar suprimir ou negar suas emoções durante uma recaída, permita-se sentir o que está sentindo. Reconheça que é normal ter sentimentos de frustração ou desapontamento.

Lembre-se do seu progresso: Relembre as conquistas e progressos que você fez até agora em sua jornada. Isso pode ajudar a colocar a recaída em perspectiva e lembrá-lo de que você é capaz de superar desafios.

Cultive uma perspectiva de aprendizado: Encare cada recaída como uma oportunidade de aprendizado. Pergunte a si mesmo o que você pode aprender com a situação e como pode aplicar esse aprendizado no futuro.

Visualize o apoio de um amigo: Imagine que um amigo próximo está passando pela mesma situação. Como você ofereceria apoio e encorajamento a esse amigo? Aplique essas mesmas atitudes a si mesmo.

Respire e pratique o autocuidado: Em momentos de recaída, pratique técnicas de respiração profunda e outras atividades de autocuidado que lhe tragam conforto e alívio.

Permita-se recomeçar: Saiba que cada dia é uma nova oportunidade para recomeçar. Uma recaída não define sua trajetória de crescimento pessoal, e você pode continuar a construir em direção a seus objetivos.

A autocompaixão é uma habilidade que pode ser desenvolvida com o tempo. Quanto mais você a pratica, mais natural ela se torna em momentos desafiadores. Ao tratar a si mesmo com gentileza e compaixão, você constrói uma base sólida de resiliência emocional, que o ajuda a enfrentar recaídas com uma mentalidade positiva e construtiva.

Analise a situação

Quando você enfrenta uma recaída ou um momento difícil em sua jornada de autorreflexão e crescimento pessoal, é valioso tirar um tempo para analisar a situação com profundidade. Analisar a situação envolve refletir sobre o que levou à recaída, identificando gatilhos, emoções e circunstâncias que contribuíram para o acontecimento. Essa análise pode fornecer insights valiosos sobre suas vulnerabilidades e permitir que você desenvolva estratégias para evitar esses padrões no futuro. Etapas a serem consideradas ao analisar a situação:

Autoconsciência profunda: Reserve um tempo para se afastar da situação imediata e se permita refletir com calma e honestidade. Isso envolve explorar suas emoções, pensamentos e comportamentos que estiveram envolvidos na recaída.

Identificação de gatilhos: Pergunte a si mesmo quais foram os gatilhos que desencadearam a recaída. Um gatilho pode ser uma situação estressante, uma emoção intensa, um ambiente desafiador ou até mesmo uma interação social específica. Reconhecer esses gatilhos é o primeiro passo para evitar situações semelhantes no futuro.

Exploração das emoções: Analise as emoções que você estava sentindo antes e durante a recaída. Pode ter sido ansiedade, tristeza, raiva ou outras emoções. Compreender como essas emoções influenciaram suas ações pode ajudá-lo a desenvolver estratégias de enfrentamento mais saudáveis.

Circunstâncias relevantes: Considere as circunstâncias que cercavam a recaída. Isso pode incluir fatores externos, como eventos estressantes, ou fatores internos, como níveis de energia, saúde física ou relacionamentos. Identificar essas circunstâncias pode ajudá-lo a estar mais consciente de quando elas podem afetar seu bem-estar.

Padrões comportamentais: Analise seus comportamentos e ações que levaram à recaída. Pergunte a si mesmo se houve padrões anteriores de comportamento que contribuíram para a situação. Identificar esses padrões pode ajudá-lo a tomar medidas proativas para interrompê-los no futuro.

Reflexão imparcial: Tente observar a situação de maneira imparcial, como se estivesse observando um amigo. Isso pode ajudar a evitar o autojulgamento excessivo e permitir que você veja a situação de forma mais objetiva.

Lições e estratégias: Após identificar os gatilhos, emoções e padrões, pense em quais lições você pode aprender com a situação. Considere quais estratégias de enfrentamento podem ser úteis para evitar recaídas semelhantes no futuro. Isso pode envolver o desenvolvimento de novas habilidades de enfrentamento, a busca de apoio ou a criação de um plano de ação para situações desafiadoras.

Tenha em mente que a análise da situação não se trata de se culpar, mas sim de obter insights valiosos para o seu crescimento pessoal. Ao entender melhor as dinâmicas que contribuíram para a recaída, você está mais bem equipado para tomar medidas proativas para evitar situações semelhantes no futuro e continuar avançando em sua jornada de autorreflexão e bem-estar.

Aprenda com as recaídas

Embora as recaídas possam ser desanimadoras, é fundamental entender que cada uma delas carrega consigo um potencial valioso de aprendizado. Cada vez que você enfrenta uma recaída em sua jornada de autorreflexão e crescimento pessoal, você tem a oportunidade de ganhar insights profundos sobre si mesmo e desenvolver estratégias mais eficazes para o futuro. Aprender com as recaídas é uma abordagem construtiva que pode impulsionar seu crescimento e fortalecimento emocional. São maneiras de tirar o máximo proveito dessa oportunidade de aprendizado:

Auto exploração: Em vez de se concentrar apenas na recaída em si, reserve um tempo para explorar as razões subjacentes que a levaram a ocorrer. Pergunte a si mesmo quais emoções, pensamentos ou situações desencadearam a recaída. Essa exploração pode ajudar a descobrir padrões e vulnerabilidades.

Identificação de padrões: Ao analisar várias recaídas, você pode começar a identificar padrões recorrentes. Isso pode incluir gatilhos comuns, emoções específicas ou circunstâncias similares. Identificar esses padrões o capacita a estar mais ciente e a adotar medidas preventivas.

Desenvolvimento de estratégias: Com base nas lições aprendidas com as recaídas, comece a desenvolver estratégias de enfrentamento mais eficazes. Isso pode envolver aprender novas habilidades de lidar com o estresse, criar um plano de ação para situações desafiadoras ou buscar apoio quando necessário.

Resiliência e autocompaixão: Aprender com as recaídas pode aumentar sua resiliência emocional. À medida que você desenvolve a capacidade de se recuperar após um revés, também está praticando a autocompaixão. Lembre-se de que todos enfrentam desafios, e se tratar com gentileza e compreensão é essencial.

Cultivo de mudanças graduais: Ao analisar os padrões e gatilhos que levaram à recaída, você pode começar a implementar mudanças graduais em sua vida. Isso pode envolver ajustar sua rotina, adotar novas práticas de autocuidado ou tomar medidas para reduzir a exposição a gatilhos específicos.

Avaliação de progresso: Aprender com as recaídas também permite que você avalie seu progresso ao longo do tempo. Ao observar como suas respostas e reações evoluem, você pode ver evidências tangíveis de crescimento e desenvolvimento pessoal.

Aceitação e progresso contínuo: Aceite que as recaídas fazem parte da caminhada de crescimento pessoal. Em vez de se sentir derrotado, veja cada recaída como uma oportunidade de avançar. O progresso é contínuo, e cada vez que você aprende e se adapta, está se aproximando de seus objetivos.

Conscientize-se de que aprender com as recaídas exige paciência e autocompaixão. Trata-se de se capacitar a tomar medidas mais conscientes e positivas no futuro, em vez de ficar preso ao passado. Cada recaída é uma chance de crescer, e essa abordagem de aprendizado pode enriquecer sua jornada de autorreflexão e bem-estar emocional.

Peça apoio

Em momentos de dificuldade e recaída, buscar apoio de pessoas em quem você confia pode ser um passo fundamental para lidar com os desafios e superá-los. Amigos, familiares e profissionais de saúde mental podem oferecer um espaço seguro para expressar suas emoções, compartilhar suas preocupações e receber apoio necessário. São maneiras pelas quais você pode buscar e receber apoio durante esses momentos:

Comunicar abertamente: Não tenha medo de compartilhar o que está passando com pessoas próximas a você. Falar sobre suas lutas pode aliviar a pressão emocional e fornecer uma saída para seus sentimentos.

Escolher confidentes: Identifique pessoas em sua vida que sejam solidárias e empáticas. Escolha indivíduos que possam ouvir sem julgamento e oferecer palavras de conforto.

Profissionais de saúde mental: Se você está enfrentando desafios emocionais mais intensos, considerar a busca de apoio profissional de um terapeuta, psicólogo ou psiquiatra pode ser extremamente benéfico. Eles têm a experiência e as ferramentas para ajudá-lo a navegar por momentos difíceis.

Grupos de apoio: Participar de grupos de apoio pode oferecer uma rede de pessoas que enfrentam desafios semelhantes. Isso proporciona um senso de pertencimento, compreensão e troca de experiências.

Escuta ativa: Quando você se abre para receber apoio, permita-se ser ouvido e compreendido. A escuta ativa é uma parte vital da conexão emocional e ajuda a fortalecer os laços com os outros.

Perspectivas externas: Às vezes, amigos e familiares podem oferecer perspectivas que você pode não ter considerado. Suas observações e conselhos podem ajudá-lo a enxergar situações de maneira diferente.

Aprendizado compartilhado: Ao compartilhar suas lutas, você pode descobrir que não está sozinho em suas experiências. Isso pode ser reconfortante e lembrá-lo de que outras pessoas também enfrentam desafios semelhantes.

Respeite seu espaço: Encontrar apoio não significa que você precisa compartilhar tudo com todos. Respeite seus limites e escolha as pessoas com quem você se sente mais confortável em compartilhar.

Expressão emocional: O apoio também envolve permitir-se expressar suas emoções. Falar sobre o que você está sentindo pode aliviar a tensão emocional e oferecer uma sensação de alívio.

Auto validação: Lembre-se de que, mesmo ao buscar apoio externo, sua validação interna é crucial. Sua experiência e sentimentos são válidos, independentemente de como os outros respondam.

Buscar apoio durante momentos difíceis é uma demonstração de coragem e autocompaixão. Conectar-se com os outros pode ajudá-lo a se sentir menos isolado e mais fortalecido para enfrentar os desafios que surgem em sua jornada de autorreflexão e crescimento pessoal.

Reconecte-se com seus objetivos

Ao longo da caminhada de crescimento pessoal, é natural encontrar momentos em que sua motivação e foco possam se desviar. Nessas situações, reconectar-se com seus objetivos iniciais pode ser uma forma poderosa de reacender sua motivação e direcionar seus esforços de volta ao que é importante para você. São maneiras de reconectar-se com seus objetivos:

Refletir sobre seus motivos: Tire um tempo para relembrar os motivos pelos quais você decidiu embarcar nessa trilha de crescimento pessoal. Isso pode incluir melhorar sua saúde mental, desenvolver relacionamentos mais saudáveis ou alcançar um senso mais profundo de propósito.

Visualização criativa: Feche os olhos e imagine-se atingindo seus objetivos. Visualize como será a sua vida quando você alcançar o que deseja. Essa técnica pode ajudar a criar uma imagem mental positiva e motivadora.

Anote seus objetivos: Escrever seus objetivos em um papel pode torná-los mais tangíveis e concretos. Coloque esse papel em um lugar onde você possa vê-lo regularmente como um lembrete constante.

Quebra de objetivos em passos menores: Se seus objetivos parecerem muito distantes ou desafiadores, divida-os em etapas menores e mais alcançáveis. Cada passo concluído será um progresso em direção ao objetivo final.

Desenvolva um mantra: Crie uma afirmação positiva que ressoe com seus objetivos. Repita esse mantra regularmente para manter seus objetivos presentes em sua mente.

Crie um quadro de visão: Faça um quadro de visão visual que represente seus objetivos e aspirações. Coloque imagens, palavras e citações que inspirem você a continuar avançando.

Estabeleça metas pequenas e mensuráveis: Defina metas específicas e mensuráveis relacionadas aos seus objetivos. À medida que você as alcança, sentirá um senso de realização e progresso.

Lembre-se dos benefícios: Pense nos benefícios que você obterá ao alcançar seus objetivos. Isso pode incluir mais autoconfiança, maior bem-estar emocional ou relacionamentos mais profundos.

Avalie seu progresso: Regularmente, avalie o progresso que você fez em direção aos seus objetivos. Isso pode ajudá-lo a ver o quão longe você chegou e motivá-lo a continuar avançando.

Flexibilidade e adaptação: Tenha em mente que seus objetivos podem evoluir à medida que você cresce e aprende. Se necessário, ajuste-os para melhor refletir suas aspirações atuais.

Ao reconectar-se com seus objetivos, você está reafirmando seu compromisso consigo mesmo e com sua caminhada de crescimento pessoal. Isso pode ser uma fonte poderosa de motivação, ajudando-o a superar desafios e a continuar avançando, mesmo quando o caminho se torna mais difícil.

Tome pequenas ações positivas

Durante momentos de recaída ou dificuldades em sua jornada de crescimento pessoal, é essencial lembrar que pequenas ações positivas podem ter um impacto significativo em sua recuperação e resiliência.

Mesmo quando as coisas parecem difíceis, engajar-se em ações de autocuidado e hábitos saudáveis pode gradualmente ajudá-lo a retomar o caminho do bem-estar. São maneiras de tomar pequenas ações positivas:

Pratique o autocuidado: Mesmo que pareça difícil, dedique um tempo para cuidar de si mesmo. Isso pode incluir tomar um banho relaxante, fazer uma caminhada tranquila ou meditar por alguns minutos.

Reconheça suas conquistas: Lembre-se das conquistas que você já alcançou em sua história. Mesmo que pareça que você deu um passo para trás, suas realizações anteriores ainda são válidas e dignas de reconhecimento.

Defina objetivos pequenos: Estabeleça metas pequenas e alcançáveis que você pode realizar, mesmo durante momentos difíceis. Isso pode criar um senso de realização e progresso.

Foque no presente: Em vez de se preocupar com o passado ou o futuro, concentre-se em viver o momento presente. Praticar a atenção plena pode ajudá-lo a se sentir mais centrado e tranquilo.

Alimente-se de forma saudável: Priorize alimentos nutritivos que contribuam para sua energia e bem-estar geral. Comer bem pode ter um impacto positivo em seu humor e níveis de energia.

Converse com alguém: Compartilhe seus sentimentos e preocupações com um amigo de confiança, membro da família ou profissional de saúde mental. Às vezes, compartilhar o que você está passando pode aliviar o peso emocional.

Realize atividades que você gosta: Engaje-se em atividades que normalmente lhe trazem alegria e satisfação. Isso pode ser ler, ouvir música, fazer arte ou qualquer outra coisa que você goste.

Pratique a gratidão: Tire um momento para refletir sobre as coisas pelas quais você é grato. Isso pode ajudá-lo a focar nas coisas positivas em sua vida, mesmo durante momentos desafiadores.

Estabeleça uma rotina: Manter uma rotina regular pode fornecer uma sensação de estrutura e normalidade, mesmo quando você está enfrentando dificuldades.

Celebre pequenas vitórias: Reconheça e celebre cada pequena ação positiva que você toma. Isso pode fortalecer sua confiança e motivá-lo a continuar avançando.

Saiba que cada pequena ação positiva que você toma é um passo em direção à sua recuperação e bem-estar. Não subestime o poder dessas ações para criar mudanças positivas em sua vida, mesmo quando você está enfrentando recaídas ou momentos difíceis. A caminhada de crescimento pessoal é construída sobre a resiliência e a capacidade de continuar avançando, um passo de cada vez.

É fundamental entender que enfrentar recaídas faz parte do processo de crescimento e mudança. Em vez de serem obstáculos insuperáveis, esses momentos podem fortalecê-lo e proporcionar oportunidades para aprimorar suas habilidades de enfrentamento e autoconhecimento. Tenha em mente que a jornada de crescimento pessoal é uma estrada repleta de curvas, mas cada curva representa uma oportunidade de aprender e crescer.

A jornada contínua: Entendendo que o crescimento pessoal é um processo constante

O crescimento pessoal é uma jornada contínua, e a autorreflexão é uma ferramenta que o acompanhará ao longo do caminho. É importante reconhecer que a jornada de crescimento pessoal não tem um fim definitivo, mas sim é um processo que evolui ao longo do tempo. São perspectivas a considerar:

Aceite a fluidez

A vida é uma caminhada dinâmica e em constante evolução. Assim como as estações mudam e os rios fluem, nossa própria história pessoal é permeada pela fluidez e transformação. Ao abraçar a natureza fluida da vida, você pode cultivar uma abordagem mais flexível em relação ao seu crescimento pessoal. São maneiras de aceitar a fluidez e se adaptar às mudanças em sua jornada:

Abra-se para a mudança: Reconheça que mudanças são naturais e inevitáveis. Em vez de resistir, adote uma mentalidade de curiosidade e abertura em relação às mudanças que podem surgir.

Reavaliação constante: Periodicamente, tire um tempo para reavaliar seus objetivos, interesses e necessidades. O que era importante para você em um ponto da sua vida pode não ser mais relevante em outro.

Flexibilidade nas metas: Esteja disposto a ajustar suas metas à medida que sua trajetória avança. Definir metas realistas e flexíveis permite que você se adapte às mudanças de circunstâncias.

Praticando a aceitação: Em vez de resistir a situações que estão fora do seu controle, pratique a aceitação. Isso não significa que você não pode buscar melhorias, mas sim que está disposto a lidar com as circunstâncias de forma mais equilibrada.

Aprendizado com a mudança: Cada mudança em sua jornada traz oportunidades de aprendizado. Ao enfrentar novos desafios ou transições, pergunte a si mesmo o que você pode aprender com a situação.

Cultivo da resiliência: Aceitar a fluidez requer resiliência emocional. Desenvolva habilidades para lidar com as incertezas e desafios, para que você possa se adaptar mais facilmente.

Viva o momento presente: Focar no presente ajuda a abraçar a fluidez da vida. Praticar a atenção plena ajuda você a estar mais presente e a apreciar cada momento, independentemente das circunstâncias.

Encontre oportunidades nas mudanças: Veja as mudanças como oportunidades de crescimento. Mesmo quando uma mudança pode parecer desafiadora, ela pode levar a novas experiências e perspectivas.

Apoio em tempos de mudança: Busque apoio de amigos, familiares ou profissionais de saúde mental durante períodos de mudança. Eles podem oferecer insights e apoio emocional durante transições difíceis.

Cultive a autocompaixão: Seja gentil consigo mesmo ao enfrentar mudanças. Lembre-se de que você está fazendo o melhor que pode e merece tratamento compassivo.

Aceitar a fluidez da vida é um passo importante para navegar pelas mudanças e desafios em sua caminhada de crescimento pessoal. Ao adotar uma mentalidade de adaptação e aprendizado contínuo, você pode enfrentar as mudanças com mais confiança e resiliência. Cada mudança, por menor que seja, é uma oportunidade de crescimento e autodescoberta.

Aprenda com os desafios

Os desafios que você encontra ao longo de sua jornada de crescimento pessoal são muito mais do que simples obstáculos a serem superados. Eles são oportunidades valiosas para crescimento, aprendizado e autoaperfeiçoamento. Em vez de evitar ou temer os desafios, considere-os como trampolins para o seu desenvolvimento. São maneiras de aprender com os desafios e transformá-los em oportunidades:

Redefina sua perspectiva: Em vez de ver os desafios como adversários, veja-os como professores. Cada desafio traz lições e insights que podem ajudar você a crescer.

Desenvolva resiliência: Enfrentar desafios ajuda a construir sua resiliência emocional. A resiliência permite que você se recupere mais rapidamente após as adversidades e continue avançando.

Desenvolva habilidades de enfrentamento: Cada desafio requer que você desenvolva maneiras saudáveis de enfrentá-lo. À medida que você enfrenta os desafios, você aprende a lidar com o estresse, a ansiedade e as emoções negativas.

Autoconhecimento: Os desafios muitas vezes revelam aspectos de si mesmo que podem não ser tão evidentes em tempos de conforto. Ao enfrentar desafios, você ganha um entendimento mais profundo de suas forças e áreas para crescimento.

Transformação pessoal: Através do enfrentamento de desafios, você pode experimentar uma transformação pessoal significativa. Essas experiências moldam quem você é e como você aborda a vida.

Aprenda a adaptar-se: Desafios frequentemente exigem que você se adapte a novas situações e circunstâncias. Aprender a se adaptar é uma habilidade valiosa em todos os aspectos da vida.

Construa confiança: À medida que você supera desafios, sua confiança aumenta. Cada vez que você enfrenta e supera um desafio, você prova a si mesmo que é capaz de lidar com situações difíceis.

Estabeleça metas mais altas: Superar um desafio pode impulsionar você a definir metas mais altas e ambiciosas. A realização de um desafio pode dar a você a confiança necessária para se aventurar em novas áreas.

Celebre pequenas vitórias: Ao enfrentar desafios, celebre cada pequena vitória ao longo do caminho. Isso ajuda a manter sua motivação e a reconhecer o progresso que você está fazendo.

Cultive a persistência: Desafios podem testar sua determinação e perseverança. Cultivar a persistência o ajuda a continuar mesmo quando os obstáculos parecem insuperáveis.

Lembrando que os desafios são oportunidades de crescimento, você pode enfrentá-los com uma mentalidade mais positiva e proativa. Em vez de temer o desconhecido, abrace-o como uma chance de aprender, crescer e se tornar uma versão melhor de si mesmo. Cada desafio que você supera o aproxima mais dos seus objetivos e contribui para o seu crescimento pessoal contínuo.

Cultive a paciência

A caminhada de crescimento pessoal é uma estrada que se estende diante de você, cheia de possibilidades, desafios e aprendizados. Cultivar a paciência nessa jornada é essencial, pois o crescimento pessoal não acontece da noite para o dia. É um processo gradual que requer tempo, esforço e dedicação contínua. São maneiras de cultivar a paciência enquanto você avança em sua trajetória de autodescoberta e desenvolvimento:

Defina expectativas realistas: É importante definir expectativas realistas para o processo de crescimento pessoal. Reconheça que as mudanças significativas levam tempo e que os resultados não são imediatos.

Celebre pequenas vitórias: Ao longo da trajetória, celebre cada pequena vitória, por menor que seja. Reconhecer e celebrar suas conquistas ajuda a manter sua motivação e a lembrar-se de que você está progredindo.

Aprecie o processo: Em vez de se concentrar apenas nos resultados finais, aprenda a apreciar o processo de crescimento. Cada etapa, cada aprendizado e cada desafio fazem parte da jornada.

Aprenda com a impaciência: Quando a impaciência surgir, veja-a como uma oportunidade de aprendizado. Pergunte a si mesmo por que está se sentindo impaciente e como pode trabalhar nisso. Isso ajuda a desenvolver autoconsciência.

Pratique a *mindfulness*: A prática da atenção plena pode ajudar a cultivar a paciência. A atenção plena o ajuda a viver no momento presente e a aceitar as coisas como elas são, sem a pressa de resultados imediatos.

Compreenda a natureza do crescimento: Assim como uma planta cresce gradualmente, seu crescimento pessoal também é um processo contínuo. Entenda que cada passo que você dá está contribuindo para seu desenvolvimento.

Visualize o progresso: Tire um tempo para visualizar o progresso que você deseja alcançar. Isso pode ajudar a mantê-lo focado e motivado, mesmo quando os resultados não são imediatos.

Aprenda a lidar com a frustração: A impaciência muitas vezes leva à frustração. Aprenda a lidar com a frustração de maneira saudável, em vez de deixá-la prejudicar seu progresso.

Desenvolva autocompaixão: Seja gentil consigo mesmo ao longo da jornada. Reconheça que é normal sentir-se impaciente, mas também lembre-se de que você está fazendo o seu melhor.

Celebre o processo: Em vez de esperar até atingir suas metas finais para se sentir realizado, celebre cada etapa do processo. A história em si é repleta de momentos de aprendizado e crescimento.

Cultivar a paciência é uma habilidade que beneficia todas as áreas da sua vida. Conscientize-se de que cada passo que você dá, mesmo que seja um passo pequeno, o aproxima de seus objetivos. A paciência não apenas ajuda a suportar os desafios, mas também permite que você aproveite ao máximo cada momento da sua caminhada de crescimento pessoal.

Celebre o progresso contínuo

Na trajetória de crescimento pessoal e autodescoberta, é fundamental celebrar o progresso contínuo que você realiza, em vez de apenas se concentrar nas metas finais. Cada dia em que você se dedica à autorreflexão, ao autocuidado e à busca por um entendimento mais profundo de si mesmo é um dia em que você está investindo em sua própria jornada de bem-estar e evolução. São maneiras de celebrar e valorizar o progresso contínuo:

Reconheça as pequenas vitórias: Em vez de esperar por grandes realizações, reconheça as pequenas vitórias que ocorrem ao longo do caminho. Cada pequeno passo é uma conquista que o aproxima do seu objetivo maior.

Mantenha um diário de progresso: Mantenha um diário onde você registra as etapas que deu, as lições que aprendeu e as mudanças que observou em si mesmo. Isso permite que você reflita sobre o progresso ao longo do tempo.

Celebre os momentos de autocuidado: Cada vez que você reserva um momento para cuidar de si mesmo, está dando um passo em direção ao seu próprio bem-estar. Celebre esses momentos, pois eles demonstram seu compromisso com sua saúde mental e emocional.

Aprecie as lições aprendidas: Cada desafio que você enfrenta traz consigo uma lição valiosa. Em vez de lamentar as dificuldades, celebre as lições que você está aprendendo e a sabedoria que está acumulando.

Visualize seu progresso: Tire um momento para visualizar o progresso que você fez desde o início de sua jornada. Isso pode lhe dar uma perspectiva mais clara de como você evoluiu ao longo do tempo.

Compartilhe com outros: Compartilhar suas experiências e conquistas com amigos, familiares ou mentores pode amplificar sua sensação de realização. Eles podem fornecer apoio e reconhecimento, lembrando-o de quão longe você chegou.

Crie ritual de celebração: Crie um ritual pessoal para comemorar seu progresso. Pode ser acender uma vela, escrever uma carta para si mesmo ou fazer algo que o faça se sentir especial.

Pratique a gratidão: A cada passo do progresso, pratique a gratidão. Agradeça por ter a oportunidade de crescer, aprender e se tornar uma versão mais completa de si mesmo.

Foque no presente: Em vez de se preocupar excessivamente com o futuro ou se fixar nas metas distantes, concentre-se em cada dia presente. Celebre o que você está fazendo agora para se tornar a pessoa que deseja ser.

Lembre-se de sua jornada: Quando surgirem momentos de dúvida ou frustração, recorde todas as etapas que você já deu e das mudanças positivas que já realizou. Isso pode renovar sua motivação e perspectiva.

Celebrar o progresso contínuo é uma forma de nutrir sua motivação, autoestima e senso de realização. Cada passo que você dá é uma contribuição significativa para a construção de uma vida mais autêntica e significativa.

Mantenha a curiosidade

A jornada de crescimento pessoal e autorreflexão é uma oportunidade constante de explorar, aprender e crescer. Manter uma atitude de curiosidade e abertura é essencial para aproveitar ao máximo essa trilha de autodescoberta. Maneiras de cultivar a curiosidade e se envolver plenamente em sua caminhada de crescimento pessoal:

Questione-se: Faça perguntas sobre si mesmo, suas crenças, seus desejos e seus valores. Estar disposto a questionar e examinar suas próprias perspectivas pode levar a insights profundos e transformadores.

Explore novas áreas: Esteja aberto a explorar novas áreas de interesse e conhecimento. Experimente atividades que você nunca considerou antes e esteja disposto a sair da sua zona de conforto.

Aprenda com diversidade: Busque experiências e perspectivas diferentes das suas. Interagir com pessoas de origens diferentes, ler livros variados e participar de eventos diversos pode expandir sua compreensão do mundo e de si mesmo.

Aceite a incerteza: A curiosidade muitas vezes leva a novas descobertas, mas também pode levar à incerteza. Esteja disposto a aceitar o desconhecido e a explorar territórios não mapeados em sua jornada.

Observe sem julgamento: Pratique a observação sem julgamento de suas próprias experiências e emoções. Isso permite que você compreenda suas reações de maneira mais objetiva e compreensiva.

Mantenha um diário reflexivo: Mantenha um diário onde você registra suas reflexões, perguntas e insights ao longo da caminhada. Isso pode ajudá-lo a rastrear seu crescimento e a capturar momentos de aprendizado.

Adapte-se às mudanças: A curiosidade envolve estar disposto a se adaptar às mudanças. À medida que você descobre mais sobre si mesmo, pode ser necessário ajustar suas metas, interesses e perspectivas.

Cultive a humildade: Reconheça que sempre há mais a aprender e que ninguém tem todas as respostas. Cultivar a humildade permite que você esteja aberto a novas ideias e abordagens.

Experimente sem medo: Seja corajoso ao experimentar coisas novas, mesmo que haja a possibilidade de falha. Cada experiência, positiva ou não, contribui para seu crescimento.

Celebre a descoberta: Celebre cada nova descoberta sobre si mesmo e cada momento de aprendizado. Reconheça que a caminhada de autodescoberta é valiosa por si só, independentemente das conclusões.

Mantendo uma mente curiosa e aberta, você pode transformar sua trilha de crescimento pessoal em uma experiência enriquecedora e emocionante. A curiosidade é a chave para desvendar os mistérios de quem você é e do potencial infinito que existe dentro de você.

Agradeça pela jornada

A prática da gratidão desempenha um papel fundamental na jornada de autorreflexão e crescimento pessoal. Mesmo quando você enfrentar desafios e momentos de dificuldade, cultivar a gratidão pode trazer uma nova perspectiva e significado à sua história. Maneiras de incorporar a gratidão em sua jornada de autodescoberta:

Encontre lições nas dificuldades: Em vez de apenas se concentrar nos aspectos negativos dos desafios que você enfrenta, procure as lições valiosas que eles podem oferecer. Cada dificuldade é uma oportunidade de aprendizado e crescimento.

Agradeça as oportunidades de crescimento: Reconheça que cada momento de dificuldade, desconforto ou incerteza é uma oportunidade de se fortalecer e evoluir. A jornada de autorreflexão traz consigo o potencial de desenvolvimento pessoal duradouro.

Celebre o progresso: Expresse gratidão pelas pequenas vitórias e avanços que você alcança ao longo do caminho. Cada passo em direção ao seu bem-estar emocional e mental merece reconhecimento e agradecimento.

Aprecie o autoconhecimento: Valorize a profundidade do autoconhecimento que você ganha através da autorreflexão. Conhecer a si mesmo é um presente valioso que pode impactar positivamente todas as áreas da sua vida.

Agradeça pela jornada em si: Lembre-se de que a jornada de autodescoberta é uma experiência única e pessoal. Agradeça pela oportunidade de explorar quem você é, questionar suas crenças e crescer como indivíduo.

Veja as conquistas com gratidão: Quando você alcançar metas e marcos em sua caminhada, reconheça essas conquistas com gratidão. Cada realização é um reflexo do esforço e compromisso que você dedicou a si mesmo.

Pratique a gratidão diariamente: Reserve um momento todos os dias para refletir sobre as coisas pelas quais você é grato em sua experiência de crescimento pessoal. Isso pode ajudar a manter uma perspectiva positiva, mesmo nos momentos mais desafiadores.

Agradeça pelos apoios: Reconheça e agradeça as pessoas que o apoiam em sua caminhada, seja por meio de palavras de encorajamento, ouvindo suas preocupações ou oferecendo orientação. Eles desempenham um papel significativo no seu crescimento.

Valorize a autenticidade: Seja grato por cada passo que você dá em direção a ser mais autêntico consigo mesmo. A trilha de autorreflexão é uma busca para viver alinhado com seus valores e paixões verdadeiras.

Aprecie o presente: Encontre gratidão pelo momento presente, independentemente de onde você esteja em sua jornada. Cada momento é uma oportunidade de aprendizado e crescimento, mesmo que não pareça imediatamente evidente.

A prática da gratidão permite que você encontre significado e valor em cada etapa da sua caminhada de crescimento pessoal. Cultivar a gratidão não apenas enriquece sua perspectiva, mas também contribui para uma mentalidade positiva e resiliente, capacitando-o a abraçar plenamente a experiência de autodescoberta.

Ao adotar uma mentalidade de crescimento contínuo e abraçar a prática da autorreflexão como uma companheira constante, você se coloca em um caminho de autodescoberta e desenvolvimento pessoal. A jornada é repleta de desafios, aprendizados e momentos de realização. Cada dia é uma oportunidade de se tornar uma versão mais autêntica e plena de si mesmo, construindo um alicerce sólido para uma vida de significado e bem-estar duradouros.

Concluir a jornada da autorreflexão não significa chegar a um destino final, mas sim abraçar a trilha contínua de crescimento, aprendizado e autoconhecimento. Ao superar recaídas e abraçar o processo contínuo de crescimento pessoal, você constrói uma vida mais significativa e alinhada com seu verdadeiro eu. Lembre-se de que a jornada da autorreflexão é uma caminhada para toda a vida, cheia de oportunidades para se tornar a melhor versão de si mesmo.

13

BUSCANDO AJUDA PROFISSIONAL

Com apoio profissional encontramos apoio e ferramentas para transformar desafios em oportunidades.

A jornada de autocuidado e crescimento pessoal pode ser recompensadora, mas também pode ser desafiadora. Em alguns momentos, pode surgir a necessidade de buscar ajuda profissional para lidar com questões mais complexas ou para receber orientação especializada. Neste capítulo, exploraremos o processo de reconhecer quando é necessário ajuda profissional, as abordagens terapêuticas eficazes disponíveis e como maximizar os benefícios do tratamento ao trabalhar em parceria com um terapeuta.

Reconhecendo quando é necessário ajuda profissional

A jornada de autocuidado e crescimento pessoal é uma experiência única e pessoal. No entanto, em certos momentos, pode se tornar evidente que a orientação e o suporte de um profissional de saúde mental são necessários para enfrentar desafios mais complexos. Reconhecer esses momentos e buscar ajuda profissional é um passo corajoso e fundamental para cuidar da sua saúde mental. Sinais que indicam que é hora de buscar ajuda profissional:

Sintomas persistentes

Se você está lidando com sintomas emocionais, mentais ou comportamentais que persistem ao longo do tempo, é fundamental reconhecer que a assistência de um terapeuta pode ser necessária. Sintomas persistentes podem variar em intensidade e natureza, mas todos eles têm o potencial de impactar significativamente sua qualidade de vida e funcionamento diário. Reconhecer a importância de buscar ajuda profissional é um passo vital para cuidar da sua saúde mental e emocional. São maneiras de identificar e lidar com sintomas persistentes:

Ansiedade constante: Se você está enfrentando uma sensação constante de preocupação, medo ou apreensão que interfere nas suas atividades diárias, é um sinal de que sua ansiedade pode estar fora de controle. A terapia pode ajudá-lo a aprender estratégias de gerenciamento da ansiedade, identificar gatilhos e trabalhar para reduzir a intensidade desses sentimentos.

Tristeza profunda: Sentir-se persistentemente triste, vazio ou desesperançoso pode indicar um quadro de depressão. A terapia pode auxiliar no entendimento das raízes dessa tristeza e na construção de ferramentas para lidar com ela. Além disso, um terapeuta pode ajudá-lo a desenvolver formas de buscar alegria e significado mesmo durante momentos difíceis.

Irritabilidade extrema: Se você está constantemente irritado, explosivo ou tem um pavio curto, isso pode ser um sinal de que suas emoções não estão sendo gerenciadas de maneira saudável. A terapia pode ajudá-lo a entender a origem dessa irritabilidade e a desenvolver habilidades para lidar com as emoções de forma mais equilibrada.

Insônia recorrente: A insônia persistente, seja dificuldade em adormecer, despertar durante a noite ou acordar muito cedo, pode prejudicar gravemente seu bem-estar físico e emocional. A terapia pode ensinar técnicas de higiene do sono e estratégias de relaxamento para melhorar a qualidade do sono.

Mudanças de humor drásticas: Flutuações extremas de humor, como passar de momentos de euforia para períodos de profunda tristeza, podem ser indicativas de distúrbios do humor, como transtorno bipolar. Um terapeuta pode auxiliar na estabilização desses estados de humor e no desenvolvimento de estratégias de autocontrole.

Impacto na qualidade de vida: Sintomas persistentes não apenas afetam suas emoções, mas também podem prejudicar sua capacidade de realizar tarefas cotidianas, manter relacionamentos saudáveis e desfrutar das coisas que costumava gostar. Se você perceber que esses sintomas estão interferindo significativamente na sua qualidade de vida, é uma forte indicação de que é hora de buscar ajuda profissional.

Lembre-se de que você não precisa enfrentar esses desafios sozinho. Um terapeuta qualificado pode ajudá-lo a identificar os fatores subjacentes aos sintomas persistentes, fornecer ferramentas para gerenciá-los e oferecer um espaço seguro para você expressar suas preocupações. Reconhecer a necessidade de ajuda profissional é um passo corajoso em direção ao autocuidado e ao bem-estar mental.

Dificuldade em lidar com situações

Às vezes, a vida nos apresenta situações que podem se tornar avassaladoras, desafiadoras ou difíceis de lidar por conta própria. Se você está enfrentando momentos em que as situações cotidianas se transformam em fontes de estresse intenso ou se eventos significativos da vida estão afetando sua capacidade de funcionar, buscar a orientação de um terapeuta pode ser uma estratégia eficaz para desenvolver formas saudáveis de enfrentamento. Reconhecer quando é hora de buscar ajuda profissional é um passo importante para proteger sua saúde mental e emocional. Maneiras de lidar com dificuldades em situações:

Sobrecarga cotidiana: Às vezes, as demandas cotidianas podem se acumular e se tornar esmagadoras. Se você se sentir constantemente estressado, ansioso ou incapaz de lidar com as responsabilidades diárias, um terapeuta pode ajudá-lo a desenvolver estratégias para gerenciar o estresse e priorizar suas necessidades.

Eventos significativos: Grandes eventos de vida, como perdas, separações, mudanças de emprego, divórcios ou transições, podem desencadear emoções intensas e desafios emocionais. Um terapeuta pode fornecer apoio emocional, ajudá-lo a processar suas emoções e desenvolver maneiras de se adaptar às mudanças.

Desenvolvimento de estratégias de enfrentamento: Um terapeuta qualificado pode ensinar técnicas eficazes de enfrentamento para lidar com situações estressantes. Isso pode incluir técnicas de relaxamento, habilidades de resolução de problemas, comunicação assertiva e estratégias de auto regulação emocional.

Construção de resiliência: A terapia também pode ajudá-lo a construir resiliência, que é a capacidade de se recuperar e se adaptar diante da adversidade. Ao aprender a enfrentar desafios de maneira construtiva, você pode se tornar mais apto a lidar com situações difíceis no futuro.

Exploração de recursos internos: Um terapeuta pode ajudá-lo a descobrir seus recursos internos, como forças pessoais, habilidades de enfrentamento existentes e formas saudáveis de lidar com o estresse. Isso pode capacitá-lo a se sentir mais confiante em lidar com as dificuldades que surgem.

Autoconhecimento: Através da terapia, você pode desenvolver um maior autoconhecimento sobre suas reações emocionais e padrões de comportamento em diferentes situações. Isso permite que você tome decisões mais informadas e conscientes sobre como abordar desafios.

Lidar com situações difíceis não precisa ser um fardo que você carrega sozinho. A orientação de um terapeuta pode fornecer apoio, perspectivas e ferramentas que o ajudarão a enfrentar as dificuldades de maneira saudável e construtiva. Reconhecer a necessidade de ajuda e procurar a orientação de um profissional é um passo corajoso em direção ao fortalecimento do seu bem-estar emocional.

Impacto nas relações

As relações pessoais, profissionais e sociais desempenham um papel fundamental em nossa vida e bem-estar. Quando problemas emocionais ou mentais começam a interferir negativamente nessas relações, é um sinal claro de que é hora de buscar ajuda profissional para garantir relações mais saudáveis e uma qualidade de vida melhor. Reconhecer quando seus desafios pessoais estão afetando suas interações com os outros e procurar a intervenção de um terapeuta é um passo importante para cultivar relações mais positivas e gratificantes. Maneiras de buscar ajuda terapêutica quando os problemas emocionais afetam suas relações:

Conflitos frequentes: Se você está enfrentando conflitos frequentes e desentendimentos em suas relações, seja com parceiros, familiares, amigos ou colegas de trabalho, isso pode indicar que questões emocionais não resolvidas estão contribuindo para os problemas. A terapia pode ajudar a identificar as causas subjacentes dos conflitos e fornecer ferramentas para resolvê-los de maneira saudável.

Isolamento social: Quando problemas emocionais ou mentais causam isolamento social, levando você a se afastar de amigos, familiares e atividades sociais, isso pode agravar a situação e prejudicar sua saúde mental. Um terapeuta pode ajudar a explorar as razões por trás desse isolamento e a desenvolver estratégias para se reconectar com os outros.

Dificuldades de comunicação: Problemas emocionais podem impactar a maneira como você se comunica com os outros. Dificuldades de expressar suas emoções, compreender as necessidades dos outros ou manter um diálogo saudável podem criar barreiras nas relações. A terapia pode melhorar suas habilidades de comunicação e ensinar estratégias para lidar com desafios de comunicação.

Sentimentos de alienação: Se você se sente alienado, desconectado ou mal compreendido em suas relações, isso pode ter um impacto significativo em seu bem-estar emocional. Um terapeuta pode ajudá-lo a explorar esses sentimentos e a trabalhar para construir relações mais empáticas e autênticas.

Foco na melhoria: Ao buscar ajuda profissional para lidar com problemas emocionais que afetam suas relações, você demonstra um compromisso com o crescimento pessoal e a melhoria das interações interpessoais. A terapia não apenas ajuda você a lidar com os desafios atuais, mas também a desenvolver habilidades para manter relações saudáveis ao longo do tempo.

Compreensão de padrões relacionais: Um terapeuta pode ajudá-lo a identificar padrões repetitivos de comportamento e comunicação que podem estar contribuindo para problemas nas relações. Ao entender esses padrões, você pode tomar medidas para quebrá-los e estabelecer novas formas de interagir com os outros.

Buscar ajuda terapêutica quando problemas emocionais ou mentais impactam suas relações é um investimento valioso em sua própria saúde mental e nas conexões significativas em sua vida. Um terapeuta pode fornecer suporte, ferramentas e insights para melhorar a qualidade de suas relações e promover um ambiente emocionalmente saudável para você e para aqueles ao seu redor.

Isolamento social e perda de interesse

O isolamento social e a perda de interesse em atividades que antes traziam prazer são sintomas que frequentemente indicam a presença de problemas emocionais ou mentais. Quando você se encontra se afastando de interações sociais e perdendo a motivação para se envolver em atividades que costumava gostar, é importante reconhecer esses sinais como possíveis indicadores de que algo está impactando sua saúde mental. Nesse contexto, a busca por ajuda terapêutica pode ser uma forma eficaz de explorar esses sentimentos e suas causas subjacentes, além de recuperar o bem-estar e o engajamento com a vida. São maneiras como um terapeuta pode ajudar quando você enfrenta isolamento social e perda de interesse:

Exploração de sentimentos: Um terapeuta pode fornecer um espaço seguro e acolhedor para você explorar os sentimentos de isolamento e perda de interesse. Eles o ajudarão a examinar quando esses sentimentos começaram, se há gatilhos específicos e como eles estão afetando diferentes áreas de sua vida.

Identificação de causas subjacentes: O isolamento social e a perda de interesse podem ter várias causas subjacentes, como depressão, ansiedade, estresse crônico, traumas passados ou mudanças significativas na vida. Um terapeuta qualificado pode ajudar a identificar essas causas, permitindo uma compreensão mais profunda do que está contribuindo para esses sentimentos.

Desenvolvimento de estratégias: Um terapeuta pode trabalhar com você para desenvolver estratégias eficazes para lidar com o isolamento e recuperar o interesse em atividades. Isso pode envolver a identificação de atividades que você costumava gostar e a exploração de maneiras de gradualmente reintroduzi-las em sua vida.

Foco no autoconhecimento: A terapia é uma oportunidade para explorar sua vida emocional e mental de maneira mais profunda. Isso pode ajudá-lo a compreender melhor suas necessidades, desejos e motivações, o que, por sua vez, pode levar a uma maior clareza sobre o que está causando o isolamento e a perda de interesse.

Desenvolvimento de habilidades sociais: Se o isolamento social estiver relacionado à ansiedade social ou a dificuldades de interação, um terapeuta pode ajudá-lo a desenvolver habilidades sociais saudáveis. Isso inclui aprender a lidar com a ansiedade social, a melhorar a comunicação e a construir relacionamentos significativos.

Definição de metas pequenas: Um terapeuta pode ajudá-lo a definir metas pequenas e alcançáveis para reintegrar-se gradualmente às atividades sociais e aos hobbies que costumava gostar. Isso pode ajudar a reduzir a sensação de sobrecarga e facilitar o processo de recuperação do interesse.

Suporte durante a transição: Se você está passando por mudanças significativas na vida, como uma mudança de carreira, uma perda ou uma transição para uma nova fase, um terapeuta pode fornecer apoio emocional durante essa transição e ajudá-lo a encontrar maneiras saudáveis de lidar com os desafios associados.

O isolamento social e a perda de interesse são desafios que muitas pessoas enfrentam em algum momento de suas vidas. Buscar ajuda terapêutica não apenas oferece apoio durante esses momentos difíceis, mas também pode ajudar a identificar soluções e estratégias para recuperar o bem-estar emocional e a alegria de se envolver com a vida.

Comportamentos destrutivos

O envolvimento em comportamentos destrutivos, como abuso de substâncias, automutilação ou outros comportamentos autodestrutivos, é um sinal alarmante de que é essencial buscar ajuda imediata. Comportamentos desse tipo podem ter sérias consequências para a saúde mental, emocional e física, e a orientação de um terapeuta é crucial para abordar as raízes desses comportamentos e desenvolver estratégias saudáveis de enfrentamento. São formas como um terapeuta pode ajudar quando você está enfrentando comportamentos destrutivos:

Avaliação e entendimento: Um terapeuta qualificado irá avaliar a extensão dos comportamentos destrutivos e buscar entender as causas subjacentes. Isso pode envolver explorar eventos traumáticos passados, desafios emocionais não resolvidos e fatores de estresse que podem estar contribuindo para esses comportamentos.

Identificação de gatilhos: Compreender os gatilhos que levam aos comportamentos destrutivos é fundamental para desenvolver estratégias de enfrentamento eficazes. Um terapeuta pode ajudá-lo a identificar os momentos, emoções ou situações que desencadeiam esses comportamentos, permitindo um maior autocontrole.

Exploração de *coping* inadequado: Comportamentos destrutivos (*coping*) muitas vezes surgem como formas inadequadas de lidar com a dor emocional, o estresse ou os traumas. Um terapeuta pode ajudá-lo a explorar alternativas saudáveis de enfrentamento e desenvolver habilidades para lidar com os desafios de maneira mais adaptativa.

Desenvolvimento de estratégias alternativas: Um terapeuta irá trabalhar com você para desenvolver estratégias alternativas de enfrentamento que sejam saudáveis e eficazes. Isso pode envolver o aprendizado de técnicas de relaxamento, comunicação assertiva, manejo do estresse e construção de uma rede de apoio.

Trabalho nas crenças limitantes: Muitas vezes, comportamentos destrutivos estão enraizados em crenças negativas sobre si mesmo, autoestima baixa ou pensamentos autocríticos. Um terapeuta pode ajudá-lo a desafiar essas crenças limitantes e desenvolver uma perspectiva mais saudável e positiva.

Abordagem da autoestima e autoimagem: Trabalhar na melhoria da autoestima e da autoimagem é fundamental para superar comportamentos autodestrutivos. Um terapeuta pode ajudá-lo a desenvolver um relacionamento mais positivo consigo mesmo e a cultivar o amor-próprio.

Implementação de estratégias de prevenção: Além de desenvolver estratégias de enfrentamento, um terapeuta pode ajudá-lo a criar um plano de prevenção de recaídas. Isso envolve antecipar situações de risco, desenvolver estratégias para lidar com esses momentos e estabelecer um sistema de apoio que o ajude a se manter no caminho saudável.

Trabalho em equipe multidisciplinar: Dependendo da gravidade dos comportamentos destrutivos, um terapeuta pode trabalhar em conjunto com outros profissionais de saúde mental, como psiquiatras e assistentes sociais, para garantir que você receba o suporte abrangente necessário.

A busca por ajuda terapêutica quando você está enfrentando comportamentos destrutivos é um passo corajoso em direção à recuperação e ao bem-estar. Um terapeuta qualificado pode oferecer um ambiente seguro para explorar as causas desses comportamentos, desenvolver estratégias saudáveis de enfrentamento e ajudá-lo a construir uma vida mais equilibrada e positiva.

Pensamentos suicidas

Pensamentos de autolesão ou suicídio são um sinal de angústia emocional profunda e exigem atenção imediata e intervenção profissional. Se você está enfrentando pensamentos suicidas, é essencial buscar ajuda profissional para garantir sua segurança e bem-estar. Maneiras de procurar ajuda e encontrar esperança quando se está lidando com pensamentos suicidas:

Compreendendo os pensamentos suicidas: Pensamentos suicidas podem surgir como uma resposta a uma dor emocional insuportável, sentimentos de desesperança, solidão intensa ou outras dificuldades. Eles não devem ser ignorados, minimizados ou tratados sozinhos.

Buscar ajuda imediatamente: Quando você está enfrentando pensamentos suicidas, é crucial buscar ajuda imediatamente. Entre em contato com um terapeuta, um profissional de saúde mental, uma linha de apoio ao suicídio ou um médico. Não hesite em compartilhar seus sentimentos com amigos ou familiares de confiança.

Linha de apoio ao suicídio: Linhas de apoio ao suicídio estão disponíveis para oferecer suporte emocional, ouvir seus sentimentos e ajudá-lo a navegar por momentos de crise. No Brasil, o Centro de Valorização da Vida (CVV) oferece uma linha de apoio 24 horas por dia, que pode ser contatada pelo número 188.

Intervenção profissional: Um terapeuta qualificado possui a experiência necessária para avaliar a gravidade dos pensamentos suicidas e desenvolver um plano de segurança. Eles irão trabalhar com você para entender as causas subjacentes, desenvolver estratégias de enfrentamento e fornecer suporte contínuo.

Estabelecimento de um plano de segurança: Um terapeuta pode ajudá-lo a desenvolver um plano de segurança que inclui estratégias para lidar com pensamentos suicidas, contatos de emergência e passos a seguir em caso de crise. Esse plano é uma ferramenta valiosa para mantê-lo seguro em momentos difíceis.

Apoio emocional: Além de buscar ajuda profissional, compartilhar seus sentimentos com amigos e familiares de confiança também pode ser benéfico. O apoio emocional pode fazer você se sentir menos isolado e mais compreendido.

Trabalho em equipe multidisciplinar: Dependendo da gravidade dos pensamentos suicidas, é possível que um terapeuta trabalhe em conjunto com um psiquiatra ou outros profissionais de saúde mental para garantir um cuidado abrangente.

Encontrando esperança: Embora os pensamentos suicidas possam parecer avassaladores, é importante lembrar que a ajuda está disponível e a recuperação é possível. A terapia pode ajudá-lo a entender as causas subjacentes dos pensamentos suicidas, desenvolver estratégias para lidar com a dor emocional e encontrar esperança para o futuro.

Não lute sozinho: Quando se trata de pensamentos suicidas, não é necessário lutar sozinho. Buscar ajuda é um passo corajoso em direção à cura e ao bem-estar emocional. Lembre-se de que você merece apoio e cuidado, e há pessoas dispostas a ajudar você a superar esse momento difícil.

Dificuldades no trabalho ou estudos

Problemas emocionais ou mentais que afetam negativamente seu desempenho no trabalho ou nos estudos podem ser desafiadores e impactar diversos aspectos da sua vida. Felizmente, a terapia pode ser uma ferramenta valiosa para desenvolver habilidades de gerenciamento de estresse, enfrentamento e bem-estar emocional. Maneiras como a terapia pode ajudar a superar essas dificuldades:

Entendendo o impacto nas responsabilidades profissionais e acadêmicas: A pressão no trabalho e nos estudos pode ser intensa, e problemas emocionais ou mentais podem tornar essas responsabilidades ainda mais difíceis de lidar. Dificuldades em se concentrar, falta de motivação, relacionamentos tensos com colegas ou professores e a sensação de estar sobrecarregado podem ser sinais de que a ajuda é necessária.

Identificação das causas subjacentes: Um terapeuta trabalhará com você para identificar as causas subjacentes das dificuldades que você está enfrentando. Isso pode incluir questões de autoestima, ansiedade, depressão, traumas passados ou outras preocupações emocionais que estão afetando seu desempenho.

Desenvolvimento de estratégias de gerenciamento de estresse: A terapia pode ajudá-lo a desenvolver estratégias eficazes para gerenciar o estresse relacionado ao trabalho ou aos estudos. Isso pode incluir técnicas de relaxamento, práticas de *mindfulness*, organização eficaz do tempo e métodos para lidar com a pressão.

Melhoria das habilidades de comunicação: Se as dificuldades nas interações com colegas de trabalho, chefes ou colegas de estudos estão causando problemas, um terapeuta pode ajudá-lo a desenvolver habilidades de comunicação saudáveis e assertivas. Isso pode melhorar seus relacionamentos e promover um ambiente mais positivo.

Promoção do bem-estar emocional: A terapia também se concentra em melhorar seu bem-estar emocional geral. Ao abordar as preocupações subjacentes, você pode experimentar uma redução no estresse e na ansiedade, o que, por sua vez, pode impactar positivamente sua capacidade de se concentrar e realizar suas tarefas.

Desenvolvimento de estratégias de enfrentamento: Um terapeuta pode ajudá-lo a desenvolver estratégias saudáveis de enfrentamento para lidar com desafios específicos no ambiente de trabalho ou acadêmico. Isso pode incluir a resolução de conflitos, maneiras de lidar com a pressão e métodos para manter o equilíbrio entre trabalho, estudo e vida pessoal.

Reconhecendo limites saudáveis: A terapia pode ajudá-lo a estabelecer limites saudáveis entre trabalho, estudos e tempo pessoal. Aprender a priorizar o autocuidado e a separar o trabalho dos momentos de descanso pode ser fundamental para melhorar seu bem-estar geral.

Trabalhando rumo ao sucesso: A terapia não apenas ajuda a superar as dificuldades atuais, mas também a construir uma base sólida para o sucesso contínuo no trabalho e nos estudos. Ao aprender a lidar com desafios emocionais e mentais, você estará melhor preparado para enfrentar futuros obstáculos.

Não hesite em procurar ajuda: Se problemas emocionais ou mentais estão afetando negativamente seu desempenho no trabalho ou nos estudos, não hesite em procurar ajuda. Um terapeuta qualificado pode oferecer orientação, apoio e ferramentas práticas para ajudá-lo a superar as dificuldades e alcançar seus objetivos profissionais e acadêmicos.

A autoavaliação honesta é um aspecto vital para reconhecer quando a assistência profissional é necessária. Pergunte a si mesmo como você tem se sentido ultimamente, como seus pensamentos têm afetado seu bem-estar, como suas emoções têm influenciado suas ações e como você está se relacionando com os outros. A autoconsciência permite que você identifique padrões, tendências e mudanças significativas em sua saúde mental.

Além disso, preste atenção aos feedbacks de amigos próximos e familiares. Às vezes, aqueles que estão ao nosso redor podem perceber mudanças sutis ou comportamentos preocupantes que não estamos enxergando claramente.

Reconhecer quando é necessário buscar ajuda profissional é um ato de autoconsciência e autocuidado. É essencial lembrar que buscar ajuda não é um sinal de fraqueza, mas sim uma demonstração de força e coragem. Quando você percebe que sua saúde mental e emocional estão sendo desafiadas, dar esse passo pode ser a diferença entre enfrentar esses desafios de forma saudável e eficaz ou permitir que eles se agravem.

Abordagens terapêuticas eficazes

Ao reconhecer a necessidade de ajuda profissional, é importante entender as diferentes abordagens terapêuticas disponíveis para escolher a que melhor se adapta às suas necessidades e preferências. Cada abordagem terapêutica tem suas próprias técnicas e abordagens para abordar problemas emocionais e mentais. Abordagens terapêuticas mais comuns:

Terapia Cognitivo-Comportamental (TCC)

A terapia cognitivo-comportamental é uma abordagem terapêutica amplamente utilizada, reconhecida por sua eficácia no tratamento de uma variedade de desafios emocionais e mentais. Ela se concentra em trabalhar com os padrões de pensamento e comportamento que podem contribuir para problemas como ansiedade, depressão, fobias e transtornos alimentares. A TCC baseia-se em princípios fundamentais que visam promover mudanças práticas e tangíveis na vida do indivíduo.

Identificação de padrões de pensamento distorcidos: Um dos pilares da TCC é a identificação de padrões de pensamento distorcidos, conhecidos como "distorções cognitivas". Esses são modos de pensar que podem levar a interpretações negativas e exageradas da realidade. O terapeuta ajuda você a reconhecer esses padrões e a questionar sua validade, permitindo uma reavaliação mais realista das situações.

Desenvolvimento de estratégias de reestruturação cognitiva: Uma vez identificadas as distorções cognitivas, o terapeuta trabalha com você para desenvolver estratégias de reestruturação cognitiva. Isso envolve substituir padrões de pensamento negativos por pensamentos mais realistas e positivos. Essa mudança na forma de pensar ajuda a reduzir sintomas como ansiedade e depressão, promovendo uma perspectiva mais equilibrada.

Exposição gradual e dessensibilização: A TCC também emprega técnicas de exposição gradual e dessensibilização para tratar fobias e ansiedades específicas. Essas técnicas envolvem a exposição controlada e gradual aos estímulos que provocam ansiedade, permitindo que você desenvolva maior tolerância e controle sobre as reações emocionais.

Treinamento em habilidades de enfrentamento: Além de trabalhar com padrões de pensamento, a TCC também se concentra no desenvolvimento de habilidades de enfrentamento eficazes. Isso envolve aprender estratégias práticas para lidar com situações estressantes ou desencadeadoras de ansiedade. Ao praticar essas habilidades, você se torna mais confiante em sua capacidade de enfrentar desafios e lidar com emoções difíceis.

Foco no presente e soluções orientadas: A TCC é uma abordagem orientada para o presente e para a resolução de problemas. Embora experiências passadas possam ser exploradas, o foco principal está em desenvolver estratégias para lidar com os desafios atuais. O terapeuta trabalha com você para definir metas alcançáveis e criar um plano de ação concreto para alcançá-las.

Colaboração ativa entre terapeuta e cliente: A TCC envolve uma colaboração ativa entre o terapeuta e o cliente. O terapeuta atua como um guia e parceiro na jornada de autoconhecimento e mudança. Juntos, vocês identificam metas, monitoram o progresso e ajustam as estratégias conforme necessário.

A TCC é uma abordagem altamente estruturada e direcionada para resultados. Seus princípios práticos e ferramentas específicas a tornam uma escolha popular para muitos indivíduos que desejam superar desafios emocionais e comportamentais. O terapeuta trabalhará com você para desenvolver as habilidades necessárias para enfrentar os problemas de maneira eficaz, promovendo uma maior qualidade de vida e bem-estar mental.

Terapia psicodinâmica

A terapia psicodinâmica é uma abordagem terapêutica que se concentra em explorar as influências do passado, experiências de vida e o inconsciente no comportamento e nos sentimentos atuais. Essa abordagem baseia-se na premissa de que as experiências vividas ao longo da vida, especialmente na infância, têm um impacto duradouro nas emoções, pensamentos e comportamentos de um indivíduo. A terapia psicodinâmica busca trazer à tona essas influências ocultas para promover a autoconsciência e a resolução de conflitos internos.

Exploração do inconsciente: Uma das características distintivas da terapia psicodinâmica é a exploração do inconsciente. Acredita-se que muitos aspectos de nossa mente, incluindo desejos, traumas e memórias reprimidas, estão presentes no nível inconsciente. O terapeuta trabalha com você para trazer à tona esses elementos ocultos, permitindo uma compreensão mais profunda das motivações e padrões de comportamento.

Padrões de relacionamento e conflitos internos: A terapia psicodinâmica também se concentra em examinar padrões de relacionamento, tanto passados quanto presentes. Relações significativas, como aquelas com os pais ou cuidadores na infância, podem ter um impacto duradouro nas interações sociais e nos relacionamentos adultas. O terapeuta ajuda você a identificar padrões de relacionamento repetitivos e a explorar como esses padrões podem estar relacionados a conflitos internos não resolvidos.

Resolução de traumas e conflitos não resolvidos: Eventos traumáticos ou conflitos não resolvidos do passado podem influenciar negativamente a saúde mental e emocional de um indivíduo. Na terapia psicodinâmica, o terapeuta oferece um espaço seguro para explorar esses eventos e sentimentos associados a eles. A resolução de traumas e conflitos não resolvidos pode levar a um alívio significativo dos sintomas emocionais e comportamentais.

Autoconhecimento e mudança pessoal: A terapia psicodinâmica valoriza o processo de autoconhecimento como um meio de promover a mudança pessoal. Ao entender os motivos subjacentes aos comportamentos e emoções, você pode desenvolver uma maior conscientização sobre si mesmo e suas reações. Essa conscientização pode abrir caminho para a adoção de novas perspectivas e comportamentos mais saudáveis.

Duração e intensidade da terapia: A terapia psicodinâmica é frequentemente de duração mais longa do que algumas outras abordagens terapêuticas. Isso ocorre porque envolve explorar camadas mais profundas da psique e construir uma relação terapêutica sólida ao longo do tempo. As sessões podem ser mais intensivas, permitindo uma exploração profunda de questões complexas.

A terapia psicodinâmica é uma abordagem que visa não apenas tratar sintomas, mas também aprofundar a compreensão do eu e das influências que moldaram sua vida. Ao explorar o passado e os processos internos, você pode encontrar clareza, resolução e um senso renovado de autoconhecimento e autoaceitação.

Terapia de Aceitação e Compromisso (ACT)

A terapia de aceitação e compromisso é uma abordagem terapêutica que se destaca por sua ênfase na aceitação de pensamentos e emoções difíceis, enquanto direciona as ações em direção a valores pessoais e significativos. Essa abordagem reconhece que lutar contra pensamentos negativos ou tentar controlar emoções desconfortáveis muitas vezes resulta em mais sofrimento. Em vez disso, a ACT incentiva a aceitação desses pensamentos e sentimentos como uma parte natural da experiência humana.

Aceitação e *mindfulness*: A base da ACT é a prática da aceitação e *mindfulness*. Isso envolve aprender a observar pensamentos e emoções sem julgamento, permitindo que eles venham e vão sem reagir intensamente. Em vez de tentar suprimir ou evitar pensamentos negativos, você aprende a se relacionar com eles de uma maneira mais compassiva e não reativa.

Compromisso com valores: Além da aceitação, a ACT enfatiza a importância de se comprometer com ações que estejam alinhadas com seus valores pessoais. Isso significa identificar quais são seus valores centrais e definir metas e ações que estejam de acordo com esses valores. O compromisso com ações baseadas em valores é uma maneira de criar uma vida significativa e significativa, mesmo em face de desafios emocionais.

Desfusão cognitiva: Outro componente central da ACT é a desfusão cognitiva, que envolve desvincular-se dos pensamentos e observá-los como eventos mentais, em vez de fatos concretos. Isso permite que você se afaste das histórias e padrões de pensamento negativos que podem contribuir para o sofrimento. A desfusão cognitiva ajuda a criar uma relação mais saudável com seus pensamentos, permitindo que eles tenham menos poder sobre suas emoções e ações.

O eu observador: A ACT também introduz a noção de "eu observador", que é a parte de você que pode observar seus pensamentos, emoções e sensações físicas de uma perspectiva imparcial. Essa parte do eu não está envolvida na luta contra os pensamentos, mas apenas observa. Essa separação entre o observador e o pensamento ajuda a cultivar uma relação mais flexível e compassiva com sua experiência interna.

Vivendo no momento presente: A prática do *mindfulness* na ACT também envolve viver plenamente no momento presente, em vez de se preocupar com o passado ou futuro. Isso ajuda a reduzir a ruminação e a ansiedade, permitindo que você se envolva mais plenamente nas atividades do dia a dia.

A terapia de aceitação e compromisso é uma abordagem inovadora que visa aumentar a flexibilidade psicológica e promover uma vida rica e significativa, mesmo em meio a pensamentos e emoções difíceis. Ao aceitar sua experiência e comprometer-se com ações que importam para você, você pode construir uma base sólida para enfrentar os desafios da vida de maneira mais saudável e construtiva.

Terapia Interpessoal (TIP)

A terapia interpessoal é uma abordagem terapêutica focada nas relações interpessoais e na melhoria das habilidades de comunicação e interação social. Ela reconhece a profunda influência que os relacionamentos têm em nossa saúde mental e emocional, e busca ajudar os indivíduos a compreender e resolver os desafios que podem surgir nas interações com outras pessoas. A TIP é especialmente útil para lidar com conflitos em relacionamentos, melhorar a qualidade das interações sociais e desenvolver relacionamentos saudáveis e satisfatórios.

Objetivos da terapia interpessoal: A terapia interpessoal tem como objetivo abordar problemas específicos relacionados aos relacionamentos e à comunicação, com foco em quatro áreas principais:

Luto: A TIP pode ser usada para ajudar indivíduos que estão lidando com a perda de entes queridos. Ela pode auxiliar na compreensão das emoções associadas ao luto e ajudar a adaptar-se a essa nova realidade.

Papel de papel e transições de vida: Mudanças de papéis ou transições importantes na vida, como casamento, divórcio, aposentadoria ou mudanças de emprego, podem gerar estresse e desafios interpessoais. A TIP ajuda a navegar essas transições de maneira saudável.

Conflitos interpessoais: Problemas de comunicação, desentendimentos e conflitos em relacionamentos podem impactar significativamente o bem-estar emocional. A TIP oferece ferramentas para resolver esses conflitos de maneira construtiva.

Isolamento social: Sentimentos de isolamento e solidão podem ter um impacto negativo na saúde mental. A TIP ajuda a desenvolver habilidades sociais e estratégias para melhorar as conexões interpessoais.

Processo terapêutico: Durante as sessões de Terapia Interpessoal, o terapeuta trabalha em estreita colaboração com o indivíduo para identificar padrões de relacionamento, comunicação e conflito. O terapeuta auxilia o cliente a explorar como esses padrões podem estar contribuindo para o estresse emocional ou para a dificuldade em se relacionar de maneira saudável.

Habilidades de comunicação: A terapia foca em melhorar as habilidades de comunicação do indivíduo, ajudando-o a expressar suas emoções e necessidades de maneira clara e assertiva. Isso pode envolver o desenvolvimento de estratégias para lidar com mal-entendidos, desacordos e situações difíceis de maneira construtiva.

Resolução de conflitos: A TIP ensina estratégias eficazes de resolução de conflitos, que envolvem ouvir ativamente, compreender as perspectivas dos outros e trabalhar juntos para encontrar soluções que beneficiem todos os envolvidos.

Construção de relacionamentos saudáveis: Além de resolver problemas específicos, a Terapia Interpessoal também visa ajudar os indivíduos a construir relacionamentos saudáveis e gratificantes. Isso envolve desenvolver empatia, compreensão e respeito mútuo, bem como criar laços emocionais fortes.

A terapia interpessoal é uma abordagem eficaz para aqueles que desejam melhorar suas habilidades de comunicação, resolver conflitos e criar relacionamentos mais satisfatórios. Ao compreender como suas interações sociais afetam sua saúde mental, você pode adquirir as ferramentas necessárias para construir conexões significativas e positivas com os outros.

Terapia familiar

A terapia familiar é uma abordagem terapêutica que envolve membros da família em sessões terapêuticas com o objetivo de melhorar a comunicação, resolver conflitos e promover relações saudáveis. Ela reconhece que as dinâmicas familiares têm um impacto profundo na saúde mental de cada indivíduo e busca trabalhar em conjunto com todos os membros da família para criar um ambiente mais harmonioso e funcional.

Objetivos da terapia familiar: A terapia familiar tem uma série de objetivos importantes, incluindo:

Comunicação melhorada: A terapia foca na melhoria da comunicação entre os membros da família. Isso envolve aprender a ouvir ativamente, expressar emoções de maneira saudável e respeitar as perspectivas dos outros.

Resolução de conflitos: A terapia familiar fornece um espaço seguro para abordar e resolver conflitos que possam surgir dentro da família. Os terapeutas auxiliam os membros a compreender as origens dos conflitos e a trabalhar juntos para encontrar soluções construtivas.

Promoção de relações saudáveis: A terapia visa promover relações saudáveis e apoio mútuo entre os membros da família. Isso envolve desenvolver empatia, compreensão e respeito mútuo.

Adaptação a mudanças: Mudanças na dinâmica familiar, como nascimento de um filho, casamento, divórcio ou morte de um ente querido, podem ser desafiadoras. A terapia familiar ajuda a família a se adaptar a essas mudanças de maneira saudável.

Reconhecimento de padrões familiares: A terapia ajuda os membros da família a reconhecer padrões de comportamento e interação que podem estar contribuindo para conflitos ou disfunção. Isso permite que eles identifiquem maneiras de quebrar padrões negativos.

Processo terapêutico: Durante as sessões de terapia familiar, os membros da família são incentivados a compartilhar seus pensamentos, sentimentos e perspectivas. O terapeuta facilita a comunicação entre os membros e ajuda a identificar áreas de conflito e pontos de tensão. O foco é em colaboração e respeito, criando um ambiente onde todos se sintam ouvidos e valorizados.

Abordagens terapêuticas na terapia familiar: Existem várias abordagens terapêuticas que podem ser usadas na terapia familiar, incluindo:

Terapia sistêmica: Essa abordagem concentra-se nas interações e dinâmicas familiares como um sistema complexo. Ela explora como as ações de um membro da família afetam os outros e como as mudanças em um membro podem influenciar todo o sistema.

Terapia estrutural: Essa abordagem visa reorganizar a estrutura familiar para promover relacionamentos saudáveis e funcionais. Ela ajuda a definir papéis e limites claros dentro da família.

Terapia narrativa: Essa abordagem explora as histórias individuais e coletivas da família, ajudando a reescrever narrativas negativas e promover uma visão mais positiva e capacitadora.

A terapia familiar é uma ferramenta poderosa para resolver conflitos, melhorar a comunicação e promover relacionamentos saudáveis dentro da família. Ela oferece um espaço seguro para explorar questões complexas e trabalhar juntos para construir um ambiente de apoio e compreensão mútua.

Terapia de grupo

A terapia em grupo é uma abordagem terapêutica que envolve a participação de várias pessoas que estão enfrentando desafios emocionais e mentais semelhantes. Sob a orientação de um terapeuta treinado, os participantes se reúnem regularmente para compartilhar experiências, discutir seus problemas e apoiar uns aos outros no processo de autocura e crescimento pessoal. Essa abordagem oferece uma série de benefícios únicos que podem ser especialmente eficazes para lidar com questões específicas.

Benefícios da terapia em grupo: A terapia em grupo proporciona uma série de benefícios valiosos:

Compartilhamento de experiências: Participar de um grupo terapêutico oferece a oportunidade de compartilhar suas próprias experiências e ouvir as histórias dos outros. Isso ajuda a normalizar sentimentos e desafios, pois muitas vezes as pessoas percebem que não estão sozinhas em suas lutas.

Apoio de pares: O grupo oferece um ambiente de apoio, onde os membros podem se relacionar e se apoiar mutuamente. O apoio de pessoas que estão passando por situações semelhantes pode ser extremamente reconfortante e fortalecedor.

Diversidade de perspectivas: A terapia em grupo reúne pessoas com diferentes origens, experiências e perspectivas. Isso enriquece a discussão e permite que os membros vejam seus problemas de novas maneiras, oferecendo insights únicos e soluções potenciais.

Aprendizado social: Ao observar como os outros lidam com seus problemas, você pode aprender novas estratégias de enfrentamento, habilidades de comunicação e formas saudáveis de lidar com desafios.

Desenvolvimento de habilidades sociais: Para aqueles que lutam com ansiedade social, a terapia em grupo fornece um ambiente seguro para praticar e desenvolver habilidades sociais.

Economia de custo e tempo: A terapia em grupo é geralmente mais acessível do que a terapia individual, tornando-se uma opção financeiramente viável para muitas pessoas. Além disso, ela também economiza tempo, já que várias pessoas podem ser atendidas ao mesmo tempo.

Eficácia da terapia em grupo: A terapia em grupo tem sido comprovadamente eficaz para uma variedade de questões, incluindo depressão, ansiedade, transtornos alimentares, abuso de substâncias, estresse pós-traumático e muito mais. No entanto, a eficácia depende da dinâmica do grupo, da orientação do terapeuta e da dedicação dos membros em compartilhar e participar ativamente.

Confidencialidade e respeito: A terapia em grupo é conduzida em um ambiente confidencial e seguro, onde os membros são incentivados a respeitar a privacidade uns dos outros e a manter o que é compartilhado nas sessões. Isso cria um espaço de confiança e permite que os membros se abram sem medo de julgamento.

Escolhendo a terapia em grupo: Ao escolher participar da terapia em grupo, é importante procurar um terapeuta treinado e experiente que possa facilitar as sessões de forma eficaz. Além disso, é fundamental encontrar um grupo que aborde as questões específicas que você está enfrentando e que seja composto por pessoas com as quais você se sinta confortável.

A terapia em grupo oferece uma oportunidade única para crescimento pessoal, apoio mútuo e aprendizado social. Ao compartilhar experiências e aprender com os outros, os participantes podem desenvolver habilidades para enfrentar desafios emocionais e mentais de maneira saudável e eficaz.

Terapia holística

A terapia holística é uma abordagem terapêutica que reconhece a interconexão entre o corpo, a mente, as emoções e o espírito como um todo integrado. Em contraste com abordagens terapêuticas tradicionais que se concentram principalmente na mente, a terapia holística busca equilibrar todos os aspectos do ser humano para promover o bem-estar geral. Essa abordagem incorpora práticas criativas e expressivas, como terapia artística, musicoterapia e terapia de dança, para facilitar a autoexpressão, a autoconsciência e a exploração emocional.

Princípios da terapia holística: A terapia holística é baseada em vários princípios fundamentais:

Visão integrada: Reconhece que o corpo, a mente, as emoções e o espírito estão interconectados e influenciam-se mutuamente. Qualquer desequilíbrio em uma área pode afetar o todo.

Abordagem personalizada: Cada indivíduo é único, e a terapia holística adapta-se às necessidades e preferências de cada pessoa. Não há uma abordagem única que funcione para todos.

Foco na causa raiz: Em vez de tratar apenas os sintomas superficiais, a terapia holística busca identificar e tratar as causas subjacentes dos problemas emocionais e mentais.

Autocura e autodescoberta: Acredita que cada pessoa possui uma capacidade inata de autocura e que a terapia é um meio de facilitar esse processo, promovendo a autodescoberta e o autoconhecimento.

Ênfase na prevenção: Além de tratar problemas existentes, a terapia holística enfatiza a prevenção, promovendo um estilo de vida saudável e práticas que sustentam o bem-estar a longo prazo.

Terapia artística: A terapia artística é uma forma de terapia holística que utiliza várias formas de expressão artística, como pintura, desenho, escultura e colagem, para ajudar os indivíduos a se expressarem e explorarem suas emoções e pensamentos internos. Ao se envolverem em processos criativos, os participantes podem acessar sentimentos que podem ser difíceis de expressar verbalmente. A terapia artística oferece um meio seguro para liberar emoções, resolver conflitos internos e promover a autoconsciência.

Musicoterapia: A musicoterapia é outra prática holística que utiliza música, sons e ritmos como ferramentas terapêuticas. A música tem o poder de evocar emoções profundas e pode ser usada para ajudar a expressar sentimentos, aliviar o estresse, melhorar o humor e promover a conexão com o eu interior. A musicoterapia pode envolver tocar instrumentos, cantar, compor músicas ou simplesmente ouvir músicas selecionadas pelo terapeuta.

Terapia de dança: A terapia de dança envolve movimento expressivo como uma forma de terapia. Dançar permite que os indivíduos expressem suas emoções, liberem tensões físicas e emocionais, e desenvolvam uma maior consciência corporal. A terapia de dança pode ser particularmente eficaz para pessoas que têm dificuldade em se comunicar verbalmente ou que buscam uma maneira mais dinâmica de explorar suas emoções.

Benefícios da terapia holística: A terapia holística oferece uma série de benefícios:

Autoexpressão: As práticas criativas permitem que os indivíduos se expressem de maneiras não verbais, muitas vezes acessando emoções profundas.

Autoconhecimento: Ao explorar a criatividade, os participantes podem ganhar insights sobre seus próprios pensamentos, sentimentos e padrões comportamentais.

Liberação emocional: A terapia holística oferece uma saída segura para liberar emoções reprimidas ou intensas.

Bem-estar geral: Ao abordar todas as dimensões do ser, a terapia holística promove um senso geral de bem-estar e equilíbrio.

Crescimento pessoal: Ao facilitar a autocura, a terapia holística apoia o crescimento pessoal e a transformação.

A terapia holística é uma abordagem poderosa para aqueles que desejam explorar sua criatividade, promover a autoconsciência e trabalhar em direção a um estado de equilíbrio e bem-estar mais profundo.

Ao escolher uma abordagem terapêutica, é importante considerar suas necessidades individuais, preferências e objetivos. Seja qual for a abordagem que você escolher, a terapia oferece um espaço seguro para explorar seus sentimentos, desenvolver habilidades de enfrentamento e trabalhar em direção ao seu bem-estar mental e emocional.

Trabalhando em parceria com um terapeuta

Buscar ajuda profissional é um passo corajoso e positivo em direção ao seu bem-estar. Ao colaborar com um terapeuta, você pode maximizar os benefícios do tratamento e fazer progressos significativos. São maneiras de trabalhar em parceria com um terapeuta:

Estabeleça uma relação de confiança

A relação entre o paciente e o terapeuta é um dos aspectos mais importantes da terapia. Uma relação de confiança, respeito e empatia é fundamental para o sucesso do tratamento. São pontos essenciais a serem considerados ao estabelecer essa relação:

Escolhendo o terapeuta adequado: A escolha do terapeuta certo é um passo crucial para garantir uma experiência terapêutica positiva e eficaz. A relação terapêutica é uma parceria que pode ter um impacto significativo na sua jornada de autocuidado e crescimento pessoal. Aspectos importantes a considerar ao escolher o terapeuta adequado:

Compatibilidade: É crucial escolher um terapeuta com quem você se sinta à vontade. A empatia e a sensação de conexão são fundamentais para criar um ambiente terapêutico seguro.

Especialização: Considere as áreas de especialização do terapeuta. Dependendo das suas necessidades, pode ser benéfico escolher um terapeuta que tenha experiência em tratar problemas específicos, como ansiedade, depressão, trauma, relacionamentos, entre outros.

Estilo terapêutico: Diferentes terapeutas têm abordagens e estilos terapêuticos diversos. Alguns são mais diretos, enquanto outros preferem uma abordagem mais reflexiva. Pesquise sobre os estilos e abordagens para encontrar um que ressoe com você.

A construção da relação: A relação terapêutica é um dos pilares mais importantes do sucesso da terapia. É um vínculo especial baseado em confiança, empatia e colaboração entre você e o terapeuta. A construção dessa relação sólida é essencial para criar um ambiente seguro onde você possa explorar seus sentimentos, desafios e metas. São aspectos chave na construção da relação terapêutica:

Comunicação aberta: Desde o início, é importante estabelecer uma comunicação aberta e honesta com o terapeuta. Isso envolve compartilhar seus sentimentos, pensamentos e expectativas em relação à terapia.

Confiança gradual: A confiança é construída ao longo do tempo. À medida que você e o terapeuta desenvolvem uma relação mais sólida, é mais provável que você se sinta confortável compartilhando questões mais profundas.

Respeito mútuo: Tanto o paciente quanto o terapeuta devem ser respeitosos um com o outro. Isso envolve ouvir atentamente, demonstrar empatia e honrar as perspectivas individuais.

Limites claros: Estabeleça limites claros sobre o que você está confortável em compartilhar e discutir durante as sessões. Isso ajuda a criar um espaço seguro e previsível.

A importância da empatia: A empatia é uma qualidade fundamental que desempenha um papel crucial na relação terapêutica. Ter um terapeuta empático pode fazer toda a diferença no processo de autocuidado e crescimento pessoal. A empatia é a capacidade de compreender e se conectar emocionalmente com os sentimentos e experiências do paciente. A importância da empatia na terapia:

Demonstração de empatia: Um terapeuta empático demonstra compreensão e consideração genuína pelas emoções e experiências do paciente. A empatia cria um ambiente onde o paciente se sente ouvido e compreendido.

Validação das emoções: A empatia também envolve validar as emoções do paciente, mesmo que elas possam parecer difíceis ou desconfortáveis. Isso ajuda o paciente a se sentir aceito e compreendido.

A evolução da relação terapêutica: A relação terapêutica não é estática, mas sim um processo dinâmico que evolui ao longo do tempo. À medida que você trabalha com seu terapeuta para enfrentar desafios emocionais e buscar crescimento pessoal, a relação terapêutica também passa por mudanças e desenvolvimentos. Aspectos importantes da evolução da relação terapêutica:

Feedback constante: Durante o processo terapêutico, é útil fornecer feedback ao terapeuta sobre como você está se sentindo em relação ao tratamento e ao relacionamento. Isso ajuda a ajustar a abordagem, se necessário.

Mudanças e desafios: À medida que a terapia progride, é possível que você enfrente desafios emocionais. Uma relação de confiança sólida permite que você explore esses desafios de maneira segura.

Uma relação terapêutica saudável e positiva é uma colaboração entre o paciente e o terapeuta. Quando há confiança, respeito e empatia mútua, o processo terapêutico pode se tornar uma jornada poderosa em direção ao autoconhecimento, crescimento pessoal e bem-estar emocional. Se em algum momento você sentir que a relação terapêutica não está funcionando, é importante discutir isso com o terapeuta ou considerar buscar outro profissional que melhor atenda às suas necessidades.

Defina metas claras

Definir metas claras é uma etapa fundamental no processo terapêutico. Ao discutir e estabelecer suas metas e expectativas com seu terapeuta, você não apenas direciona o tratamento, mas também cria um caminho tangível para alcançar o crescimento pessoal e a melhoria do bem-estar. São maneiras de definir metas claras na terapia:

A importância das metas: Estabelecer metas na terapia oferece uma direção clara para o processo. Isso ajuda tanto você quanto o terapeuta a compreenderem o que você deseja alcançar e o que é significativo para você. As metas fornecem um foco para as sessões terapêuticas e guiam as discussões e atividades que ocorrem durante o tratamento.

Tipos de metas: As metas terapêuticas podem variar amplamente, dependendo das suas necessidades e objetivos. Elas podem ser voltadas para a redução de sintomas específicos, a melhoria dos relacionamentos, o desenvolvimento de habilidades de enfrentamento, a conquista de autoconfiança ou a exploração de áreas de autoconhecimento. O importante é que as metas sejam pessoais e relevantes para você.

Metas realistas e mensuráveis: É importante definir metas realistas e mensuráveis. Isso significa que as metas devem ser alcançáveis dentro do período de tratamento e devem ser formuladas de maneira que seja possível avaliar seu progresso. Metas mensuráveis podem ser quantificadas, como "reduzir a frequência de ataques de ansiedade em 50% em três meses".

Discussão com o terapeuta: Ao definir metas, é essencial discuti-las com seu terapeuta. Eles podem ajudá-lo a refinar suas metas, tornando-as mais específicas e alcançáveis. Além disso, o terapeuta pode oferecer insights sobre como suas metas se relacionam com os desafios que você está enfrentando e pode colaborar na criação de um plano de tratamento que melhor atenda às suas necessidades.

Avaliação e ajuste: À medida que o tratamento avança, é importante avaliar regularmente o progresso em relação às metas estabelecidas. O terapeuta e você podem revisar juntos o quanto você avançou em direção às suas metas e discutir quaisquer ajustes necessários no plano de tratamento. Essa avaliação contínua garante que o tratamento esteja alinhado com suas necessidades em evolução.

Celebração das conquistas: Ao atingir suas metas ao longo do tratamento, celebre suas conquistas, mesmo que sejam pequenas. A jornada terapêutica pode ser desafiadora, e reconhecer o progresso que você fez ajuda a manter sua motivação e autoconfiança. A celebração também reforça a importância de definir metas claras e trabalhar para alcançá-las.

Em resumo, definir metas claras na terapia é uma abordagem estratégica que pode aumentar a eficácia do tratamento. Ao compartilhar suas metas e expectativas com seu terapeuta, você cria uma parceria colaborativa para promover o crescimento pessoal, o bem-estar emocional e o alcance de objetivos significativos.

Comunique-se abertamente

A comunicação aberta desempenha um papel fundamental no processo terapêutico. Ao ser aberto e honesto sobre seus pensamentos, sentimentos e experiências, você cria um ambiente de confiança e colaboração com seu terapeuta. Isso facilita a compreensão mútua, a exploração de desafios e o desenvolvimento de estratégias de enfrentamento saudáveis. Formas de se comunicar abertamente na terapia:

A importância da comunicação: A terapia é um espaço seguro para expressar seus pensamentos e sentimentos sem julgamento. Ao se comunicar abertamente, você permite que seu terapeuta compreenda completamente suas experiências, o que, por sua vez, os ajuda a oferecer orientação mais eficaz. Comunicar-se abertamente também ajuda você a explorar a fundo suas emoções, identificar padrões de pensamento e comportamento e trabalhar em direção à mudança positiva.

Compartilhando experiências e desafios: Seja honesto sobre suas experiências e desafios. Não hesite em discutir seus sentimentos, mesmo que eles pareçam difíceis de expressar. Isso permite que o terapeuta tenha uma visão clara de sua situação e ofereça insights pertinentes. Quando você compartilha suas experiências de maneira aberta, você está dando ao terapeuta as informações necessárias para ajudá-lo da melhor forma possível.

Explorando emoções e pensamentos: A comunicação aberta é particularmente valiosa ao explorar emoções e pensamentos profundos. Ao discutir seus sentimentos mais complexos, você pode entender melhor suas causas e os padrões que podem estar afetando sua vida. Isso abre espaço para a autoconsciência e a compreensão de como suas emoções influenciam suas ações e decisões.

Desenvolvendo estratégias de enfrentamento: Ao se comunicar abertamente sobre suas preocupações e desafios, você permite que o terapeuta colabore com você na criação de estratégias de enfrentamento saudáveis. Essas estratégias podem incluir técnicas de gerenciamento do estresse, formas de lidar com a ansiedade, desenvolvimento de habilidades de comunicação e muito mais. Com base nas informações que você compartilha, o terapeuta pode personalizar as abordagens terapêuticas para atender às suas necessidades.

Superando barreiras na comunicação: É normal enfrentar barreiras ao se comunicar abertamente. Pode haver sentimentos de vergonha, medo de ser julgado ou dificuldade em expressar emoções. É importante lembrar que o terapeuta está lá para apoiá-lo e entender suas dificuldades. À medida que você se sente mais à vontade, a comunicação tende a fluir de maneira mais natural.

A construção da relação terapêutica: A comunicação aberta também contribui para a construção de uma relação terapêutica sólida. Quanto mais você compartilha, mais o terapeuta compreende suas necessidades e preocupações, permitindo que eles se ajustem ao tratamento conforme necessário. Essa relação de confiança facilita a exploração profunda e o desenvolvimento de mudanças positivas.

Em resumo, a comunicação aberta é um pilar essencial da terapia. Ao compartilhar seus pensamentos, sentimentos e experiências, você aproveita ao máximo o processo terapêutico, colaborando com seu terapeuta para promover a compreensão, o crescimento pessoal e o desenvolvimento de habilidades para lidar com os desafios da vida.

Participe ativamente

Participar ativamente das sessões terapêuticas é fundamental para obter os melhores resultados da terapia. Isso envolve compromisso, envolvimento e ação contínua para aplicar o que é aprendido durante as sessões. A importância da participação ativa na terapia:

Comprometimento com o processo: O comprometimento com o processo terapêutico é o primeiro passo para uma participação ativa. Isso significa estar disposto a dedicar tempo e energia à terapia, comparecendo às sessões regularmente e priorizando seu crescimento pessoal. Quanto mais você se compromete com o processo, mais benefícios você pode colher.

Engajamento nas sessões: Participar ativamente das sessões significa envolver-se de maneira significativa durante as interações com o terapeuta. Isso envolve compartilhar suas experiências, emoções e pensamentos de forma aberta e honesta. Não tenha medo de fazer perguntas, expressar dúvidas ou buscar esclarecimentos. Quanto mais você se envolve, mais relevantes e personalizadas as orientações do terapeuta podem ser.

Completar tarefas entre sessões: Muitas vezes, os terapeutas fornecerão tarefas e exercícios para você realizar entre as sessões. Isso ajuda a aplicar o que você aprendeu na terapia no seu dia a dia. Completar essas tarefas é uma maneira eficaz de internalizar novas habilidades e práticas, permitindo que você observe progressos concretos ao longo do tempo.

Praticar estratégias aprendidas: A terapia frequentemente envolve aprender estratégias e habilidades para lidar com desafios emocionais e mentais. A participação ativa inclui praticar essas estratégias na vida real. Quer se trate de técnicas de relaxamento, habilidades de comunicação ou exercícios de gerenciamento de estresse, a aplicação prática dessas estratégias ajuda a solidificar o aprendizado.

Exploração profunda e autodescoberta: Participar ativamente da terapia permite a exploração profunda e a autodescoberta. Ao se envolver nas discussões e reflexões, você pode identificar padrões de pensamento, emoções subjacentes e causas de comportamentos específicos. Isso oferece uma visão mais clara de si mesmo e abre caminho para a mudança positiva.

Construção de resiliência e autonomia: Participar ativamente da terapia também ajuda a construir resiliência emocional e autonomia. Ao aplicar as estratégias aprendidas e enfrentar desafios de frente, você desenvolve habilidades para lidar com situações difíceis de maneira construtiva. Isso pode resultar em maior confiança em suas habilidades de enfrentamento.

A importância do progresso gradual: É importante lembrar que o progresso na terapia pode ser gradual. A participação ativa implica em continuar mesmo quando os resultados não são imediatamente aparentes. O terapeuta está lá para oferecer apoio, orientação e encorajamento ao longo do caminho.

Em resumo, a participação ativa na terapia é um elemento crucial para o sucesso do tratamento. Ao se comprometer, se envolver nas sessões, completar tarefas e praticar estratégias aprendidas, você cria um caminho sólido para o crescimento pessoal, a mudança positiva e o desenvolvimento de habilidades duradouras para enfrentar os desafios da vida.

Pergunte e compartilhe dúvidas

Fazer perguntas e compartilhar dúvidas durante o processo terapêutico é uma parte essencial da construção de uma relação de confiança com seu terapeuta e do seu próprio crescimento pessoal. A importância de perguntar e compartilhar dúvidas na terapia:

Promovendo a compreensão: Perguntar ao seu terapeuta é uma maneira de obter uma compreensão mais profunda dos conceitos discutidos durante as sessões. Se algum conceito ou estratégia não estiver claro para você, perguntar pode ajudar a esclarecer as informações, garantindo que você esteja alinhado com o que está sendo abordado.

Desenvolvendo uma relação de confiança: Compartilhar dúvidas e preocupações com seu terapeuta contribui para a construção de uma relação de confiança mútua. Isso mostra ao terapeuta que você está comprometido com o processo e que valoriza a sua perspectiva. Essa troca aberta também permite que o terapeuta entenda melhor suas necessidades individuais.

Explorando emoções e padrões de pensamento: Ao compartilhar dúvidas e desconfortos, você pode explorar emoções e padrões de pensamento subjacentes. Isso oferece uma oportunidade para o terapeuta ajudar a identificar padrões que podem estar contribuindo para seus desafios emocionais e comportamentais, possibilitando a abordagem deles de maneira eficaz.

Melhorando a adaptação da terapia: A terapia é um processo colaborativo, e seu terapeuta está lá para ajudá-lo da melhor maneira possível. Compartilhar suas dúvidas ajuda o terapeuta a ajustar a abordagem terapêutica de acordo com suas necessidades individuais. Isso pode envolver explicar conceitos de maneira diferente ou adaptar estratégias para melhor atender a você.

Eliminando mal-entendidos: Mal-entendidos podem surgir durante as sessões terapêuticas. Se algo não parecer certo ou se você interpretou algo de maneira diferente, fazer perguntas e compartilhar dúvidas pode ajudar a esclarecer qualquer confusão. Isso evita que mal-entendidos não resolvidos afetem sua experiência terapêutica.

Fortalecendo a autonomia: Ao questionar e compartilhar dúvidas, você está fortalecendo sua autonomia no processo terapêutico. Isso demonstra que você está ativamente engajado em sua própria jornada de crescimento e que está disposto a explorar e entender as informações apresentadas.

Desenvolvendo habilidades de comunicação: Compartilhar dúvidas e fazer perguntas é uma oportunidade para desenvolver habilidades de comunicação saudáveis. Isso pode se refletir em outras áreas de sua vida, melhorando sua capacidade de expressar pensamentos e emoções de maneira eficaz.

Não hesite em ser honesto: Lembre-se de que o terapeuta está lá para apoiá-lo, e não há perguntas erradas ou preocupações insignificantes. A terapia é um espaço seguro para explorar todas as dimensões do seu ser, e sua participação ativa nesse processo contribui significativamente para o sucesso da terapia e seu próprio bem-estar emocional e mental.

Aplique o que aprender

A terapia não se limita apenas às sessões que você tem com o terapeuta. Para que o processo terapêutico seja verdadeiramente eficaz e gere mudanças duradouras, é fundamental aplicar as estratégias e habilidades aprendidas em sua vida diária. A importância de aplicar o que você aprende na terapia:

Transformando conhecimento em ação: Durante as sessões terapêuticas, você adquire insights, estratégias e ferramentas para lidar com desafios emocionais e comportamentais. No entanto, essas informações só terão um impacto real se forem aplicadas em sua vida cotidiana. Transformar o conhecimento em ação é o que realmente promove a mudança e o crescimento.

Desenvolvendo hábitos saudáveis: Ao aplicar as estratégias aprendidas, você está, na verdade, desenvolvendo hábitos saudáveis que contribuem para o seu bem-estar emocional e mental. Ao praticar consistentemente esses hábitos, você está moldando sua mente e suas emoções de maneira positiva, o que pode levar a resultados positivos a longo prazo.

Integração no cotidiano: A terapia é mais do que um evento isolado. Trata-se de integrar as lições aprendidas e as ferramentas adquiridas em sua rotina diária. Isso pode incluir a aplicação de técnicas de gerenciamento do estresse, comunicação mais eficaz, resolução de conflitos ou qualquer outra habilidade relevante para seus desafios específicos.

Consistência é a chave: A consistência na aplicação das estratégias é fundamental. Mudanças não ocorrem da noite para o dia, mas sim com esforço contínuo e prática consistente. Quanto mais você praticar as habilidades aprendidas, mais naturalmente elas se tornarão parte de sua abordagem geral para lidar com a vida.

Superação de obstáculos: Aplicar o que você aprende na terapia também envolve enfrentar obstáculos que podem surgir. Às vezes, pode ser desafiador implementar mudanças em sua vida, especialmente quando se depara com situações estressantes ou antigas dinâmicas. O terapeuta pode ajudar a desenvolver estratégias para superar esses obstáculos e continuar progredindo.

Reflexão e aprendizado contínuo: A aplicação do que você aprende também envolve reflexão e aprendizado contínuo. À medida que você experimenta as estratégias na prática, pode perceber o que funciona melhor para você e onde podem ser necessários ajustes. Essa reflexão e adaptação contínuas são essenciais para um crescimento constante.

Siga seu próprio ritmo: Cada pessoa tem seu próprio ritmo de progresso. Não se compare com os outros ou se sinta pressionado a fazer mudanças rápidas. O importante é que você esteja se esforçando consistentemente para aplicar o que aprendeu, mesmo que seja um passo de cada vez.

Celebre as conquistas: Ao aplicar as estratégias e ver os resultados positivos em sua vida, celebre essas conquistas, por menores que sejam. Isso fortalece sua motivação para continuar aplicando o que você aprendeu e reforça a ideia de que você está progredindo em direção ao seu bem-estar emocional e mental.

Seja paciente

A jornada terapêutica é uma trilha de autodescoberta, crescimento e transformação. Assim como qualquer processo de mudança, requer tempo, esforço e paciência. A paciência durante o processo terapêutico:

Compreendendo a natureza do processo: A terapia não é uma solução rápida, mas sim um processo gradual e contínuo. Muitas vezes, leva tempo para explorar questões profundas, desvendar padrões de pensamento e comportamento arraigados, e implementar mudanças significativas. Compreender que o crescimento leva tempo é essencial para manter expectativas realistas.

Respeitando seu próprio ritmo: Cada pessoa tem seu próprio ritmo de progresso. Algumas questões podem ser resolvidas mais rapidamente, enquanto outras podem exigir mais tempo e exploração. É fundamental respeitar seu próprio ritmo e não se comparar com os outros. Cada passo em direção ao crescimento é válido, independentemente de quão pequeno possa parecer.

Mudanças graduais são duradouras: Às vezes, mudanças rápidas podem parecer tentadoras, mas mudanças graduais tendem a ser mais duradouras e significativas. Trabalhar consistentemente ao longo do tempo para compreender e abordar desafios emocionais e mentais cria bases sólidas para um bem-estar sustentável. A paciência permite que você construa uma transformação genuína.

Exploração profunda requer tempo: À medida que você se aprofunda em suas experiências, crenças e padrões, pode descobrir camadas mais profundas de si mesmo. Esse processo de exploração requer tempo para entender a complexidade de suas emoções, pensamentos e comportamentos. Ser paciente consigo mesmo enquanto navega por essa jornada é crucial.

Celebre pequenas vitórias: Ao longo do processo terapêutico, haverá momentos de avanços e conquistas, por menores que sejam. É importante celebrar essas pequenas vitórias, pois elas representam progresso em direção aos seus objetivos. Reconhecer e valorizar cada passo positivo ajuda a manter sua motivação e confiança.

Construindo tolerância ao desconforto: A paciência também está relacionada à capacidade de tolerar o desconforto emocional que pode surgir durante o processo terapêutico. Às vezes, enfrentar certos aspectos de si mesmo ou confrontar situações passadas pode ser desafiador e doloroso. Ser paciente consigo mesmo nesses momentos difíceis é fundamental para crescer e superar obstáculos.

Enxergando o progresso: Embora possa ser difícil perceber mudanças imediatas, ao longo do tempo, é possível enxergar o progresso que você fez. Manter um diário ou um registro das suas reflexões e aprendizados ao longo das sessões terapêuticas pode ajudar a acompanhar seu crescimento ao longo do tempo. Isso pode ser uma fonte de motivação e inspiração.

Cultivando a resiliência: A paciência está ligada à resiliência, a capacidade de persistir apesar dos desafios. Cultivar a paciência no processo terapêutico ajuda a desenvolver uma resiliência emocional e mental que será valiosa em muitos aspectos da vida.

Aprecie a jornada: Lembrar-se de apreciar a jornada é fundamental. O processo terapêutico é uma oportunidade de auto exploração, crescimento e autoconhecimento. Ao abraçar a jornada com paciência, você está investindo em si mesmo e em seu próprio bem-estar emocional e mental.

Monitore seu progresso

A terapia é um processo dinâmico e contínuo que envolve auto exploração, aprendizado e crescimento pessoal. Monitorar seu progresso ao longo desse processo é essencial para avaliar o impacto da terapia em sua vida e ajustar as abordagens conforme necessário. São maneiras de monitorar e celebrar seu progresso na terapia:

A importância do monitoramento de progresso: Monitorar o progresso na terapia ajuda a manter um acompanhamento claro das mudanças que você está experimentando. Isso não apenas oferece uma visão objetiva de como você está se desenvolvendo, mas também permite que você e seu terapeuta avaliem a eficácia das abordagens terapêuticas e façam ajustes conforme necessário.

Estabelecendo marcos e metas: Ao iniciar a terapia, é útil estabelecer marcos e metas claras. Essas metas podem ser grandes conquistas que você deseja alcançar ou pequenos passos que contribuem para seu crescimento. Definir marcos ajuda a direcionar o tratamento e proporciona um senso de realização à medida que você os atinge.

Avaliação regular com o terapeuta: Agendar avaliações regulares com seu terapeuta é uma maneira eficaz de monitorar seu progresso. Durante essas avaliações, você e seu terapeuta podem discutir as mudanças que você notou, os desafios que enfrentou e como as estratégias discutidas nas sessões estão sendo aplicadas na vida cotidiana. Isso permite que você ajuste seu plano de tratamento conforme necessário.

Manutenção de um diário de progresso: Manter um diário de progresso pode ser uma ferramenta valiosa. Anote suas reflexões após cada sessão terapêutica, seus insights, as estratégias que você experimentou e os sentimentos que experimentou. Isso não apenas ajuda a acompanhar seu progresso, mas também permite que você observe os padrões e as mudanças ao longo do tempo.

Celebração de pequenas vitórias: Celebrar as vitórias, mesmo as pequenas, é uma parte crucial do processo terapêutico. Às vezes, o progresso pode parecer sutil, mas cada passo em direção ao crescimento é digno de reconhecimento. A celebração das vitórias aumenta sua motivação, melhora sua autoestima e reforça o valor do trabalho que você está realizando.

Ajustando metas e estratégias: À medida que você monitora seu progresso, pode perceber que algumas metas precisam ser ajustadas ou que certas estratégias não estão funcionando como esperado. Isso é normal e faz parte do processo de aprendizado. Comunicar essas descobertas ao seu terapeuta permitirá que vocês trabalhem juntos para adaptar seu plano de tratamento.

Reconhecendo a mudança interna: Nem todo progresso é visível externamente. Muitas vezes, as mudanças internas, como uma mudança na perspectiva, uma maior compreensão emocional ou uma maior capacidade de lidar com desafios, são igualmente valiosas. Esteja atento a essas mudanças sutis e reconheça o impacto positivo que estão tendo em sua vida.

Aprendizado contínuo: O monitoramento do progresso é um lembrete constante de que a jornada terapêutica é uma oportunidade de aprendizado contínuo. À medida que você se dedica a entender a si mesmo e a desenvolver habilidades para enfrentar os desafios, cada novo insight e descoberta contribui para seu crescimento pessoal.

Aprecie a jornada de crescimento: Lembrando-se de apreciar cada etapa da jornada de crescimento, você está nutrindo sua resiliência, autoconhecimento e bem-estar emocional. Ao monitorar seu progresso e celebrar suas vitórias, você está investindo em si mesmo e no seu desenvolvimento contínuo.

Mantenha a consistência

A consistência desempenha um papel fundamental na eficácia da terapia. Manter um compromisso regular com as sessões terapêuticas e seguir o plano de tratamento estabelecido com o terapeuta são elementos essenciais para alcançar resultados positivos e duradouros. A importância da consistência na terapia:

Estabelecendo uma rotina terapêutica: Ao comprometer-se com sessões terapêuticas regulares, você está criando uma rotina que promove o autocuidado e a exploração emocional. Ter um horário fixo para as sessões ajuda a integrar a terapia em sua vida cotidiana e garante que você reserve tempo para se concentrar em seu bem-estar mental.

Aprofundando a auto exploração: A consistência permite que você aprofunde sua auto exploração e trabalhe em questões mais profundas ao longo do tempo. À medida que você constrói um relacionamento de confiança com o terapeuta e se familiariza com o processo terapêutico, é mais provável que você se sinta à vontade para compartilhar pensamentos e sentimentos mais complexos.

Construindo uma parceria terapêutica: A consistência na frequência das sessões ajuda a construir uma parceria sólida entre você e o terapeuta. Essa parceria é baseada na confiança mútua, comunicação aberta e compreensão mútua. Quanto mais você se envolve consistentemente na terapia, mais eficaz será o processo de trabalho em direção ao seu crescimento pessoal.

Consistência e reforço de habilidades: A terapia muitas vezes envolve o aprendizado e a prática de novas habilidades para enfrentar desafios emocionais e mentais. A consistência em seguir o plano de tratamento permite que você pratique essas habilidades de maneira sistemática e regular. Com o tempo, essas habilidades se tornam mais naturais e integradas ao seu dia a dia.

Prevenção de retrocessos: Manter a consistência na terapia ajuda a prevenir retrocessos. O trabalho terapêutico é um processo gradual, e interromper ou pular sessões pode dificultar o progresso que você já alcançou. A continuidade nas sessões ajuda a manter a momentum e a construir um crescimento consistente.

Compromisso com o autocuidado: Ao manter a consistência na terapia, você está fazendo um compromisso valioso com o seu próprio autocuidado. Priorizar suas sessões terapêuticas demonstra a importância que você atribui ao seu bem-estar mental e emocional. Isso envia uma mensagem poderosa de que você está disposto a investir em si mesmo.

Apoio contínuo: A consistência na terapia oferece um apoio contínuo enquanto você enfrenta desafios e busca mudanças positivas. À medida que você compartilha suas experiências e reflete sobre seus progressos, o terapeuta pode fornecer orientação, insights e estratégias para ajudá-lo a navegar por situações difíceis.

Cultivando resiliência: A prática consistente de enfrentar desafios emocionais durante as sessões terapêuticas ajuda a cultivar resiliência. A resiliência é a capacidade de lidar com adversidades de forma saudável e adaptativa. Ao se envolver consistentemente na terapia, você está fortalecendo sua capacidade de enfrentar os altos e baixos da vida.

Investindo no seu bem-estar: Tenha em mente que a consistência na terapia é um investimento valioso em seu próprio bem-estar. Ao criar uma rotina terapêutica, você está se comprometendo com um processo de crescimento pessoal contínuo e duradouro. Cada sessão é uma oportunidade para aprender, crescer e fortalecer sua saúde mental.

Esteja aberto a mudanças

A jornada terapêutica é uma oportunidade de crescimento e transformação pessoal. Ao longo desse processo, é essencial estar aberto a mudanças e estar disposto a adaptar abordagens terapêuticas e metas para melhor atender às suas necessidades em constante evolução. A importância da flexibilidade e adaptação na terapia:

Evolução pessoal e mudança: O ser humano é um ser em constante evolução, com experiências, pensamentos e emoções que podem mudar ao longo do tempo. A terapia proporciona um espaço para explorar e compreender essas mudanças pessoais. É normal que suas perspectivas, prioridades e desafios se transformem à medida que você cresce.

Refinando as abordagens terapêuticas: À medida que você ganha autoconhecimento e compreensão de suas necessidades, você pode descobrir quais abordagens terapêuticas são mais eficazes para você e quais podem precisar de ajustes. O terapeuta está lá para colaborar com você na avaliação contínua do que está funcionando melhor e fazer os ajustes necessários.

Metas em evolução: As metas terapêuticas podem evoluir à medida que você progride. O que pode começar como uma meta inicial pode se transformar em algo mais profundo e abrangente à medida que você mergulha mais fundo em suas questões. É importante comunicar ao terapeuta como suas metas estão evoluindo para que o tratamento permaneça alinhado com suas aspirações.

Flexibilidade para mudanças de circunstâncias: Circunstâncias externas, como eventos de vida, também podem afetar suas necessidades terapêuticas. Por exemplo, uma mudança significativa na vida, como uma transição de emprego ou um relacionamento importante, pode influenciar as áreas que você deseja explorar na terapia. Ser flexível permite que você ajuste o foco terapêutico de acordo com essas mudanças.

Adaptação às descobertas internas: A terapia muitas vezes leva à descoberta de insights e padrões internos que podem demandar ajustes em seu plano terapêutico. À medida que você explora mais a fundo suas emoções, pensamentos e relacionamentos, pode ser necessário adaptar as estratégias para lidar com novos desafios que surgem.

Crescimento através da mudança: Estar aberto a mudanças na terapia não apenas reflete seu crescimento pessoal, mas também promove esse crescimento. A disposição de abraçar mudanças terapêuticas pode ajudá-lo a desenvolver habilidades de adaptação, resiliência e autoconsciência, que são valiosas não apenas no contexto terapêutico, mas em todos os aspectos da vida.

Comunicação aberta com o terapeuta: A flexibilidade na terapia depende de uma comunicação aberta com o terapeuta. Ao compartilhar suas reflexões, necessidades e preocupações, você dá ao terapeuta a oportunidade de ajustar o tratamento de acordo com suas mudanças. A comunicação constante e honesta é essencial para garantir que você esteja recebendo o máximo benefício da terapia.

Apreciação do processo de mudança: Conscientize-se de que a mudança é uma parte natural do processo terapêutico e do crescimento pessoal. Em vez de resistir à mudança, tente abraçá-la como uma oportunidade para aprender, crescer e se transformar. Através dessa abordagem, você pode aproveitar ao máximo sua jornada terapêutica e colher os benefícios de se adaptar às suas necessidades em constante evolução.

Buscar ajuda profissional é um passo valioso em direção à melhoria do bem-estar mental e emocional. Saiba que você não está sozinho nessa jornada e que ter o apoio de um terapeuta qualificado pode fornecer insights, ferramentas e recursos para enfrentar desafios, superar obstáculos e cultivar uma vida mais saudável e satisfatória.

14
CONSTRUINDO UM FUTURO BRILHANTE

*Cada novo dia é uma oportunidade para recomeçar
e criar uma vida repleta de felicidade.*

O percurso da autocura e crescimento pessoal é um caminho repleto de desafios, descobertas e crescimento. À medida que você trabalha para superar obstáculos e enfrentar seus próprios limites, também é essencial direcionar seu olhar para o futuro. Neste capítulo, vamos explorar como visualizar um futuro positivo e compartilhar sua história com aqueles que estão enfrentando desafios semelhantes.

Visualizando um futuro positivo: Estabelecendo metas de longo prazo

A jornada de autocuidado e crescimento pessoal é uma caminhada contínua, repleta de oportunidades para construir um futuro positivo e significativo. Visualizar esse futuro é um passo crucial para direcionar suas energias e esforços em direção a metas de longo prazo que reflitam seus valores e aspirações mais profundos.

Ao pensar no futuro, é importante considerar suas metas em diversas áreas da vida, como carreira, relacionamentos, saúde e bem-estar emocional. Estabelecer metas específicas e mensuráveis pode fornecer uma estrutura clara para sua jornada. Essas metas não apenas inspiram suas ações no presente, mas também proporcionam um senso de direção e propósito.

Identificando suas metas de longo prazo

Definir metas de longo prazo é uma parte essencial de construir um futuro positivo e significativo. Essas metas fornecem um roteiro para sua jornada e ajudam a direcionar seus esforços em direção ao que é mais importante para você. São maneiras de identificar e desenvolver suas metas de longo prazo:

Reflita sobre diferentes áreas da vida: Comece considerando todas as áreas importantes da sua vida, como carreira, relacionamentos, saúde, desenvolvimento pessoal e espiritualidade. Cada uma dessas áreas contribui para a sua felicidade e bem-estar geral. Ao refletir sobre cada uma delas, você pode identificar quais aspectos são mais significativos para você e merecem sua atenção.

Pergunte a si mesmo onde você quer estar: Visualize-se daqui a cinco, dez ou vinte anos. Pergunte a si mesmo: O que você deseja ter alcançado até lá? Como você se vê vivendo sua vida? Considere todos os aspectos, desde realizações profissionais até relacionamentos saudáveis, boa saúde e bem-estar emocional.

Defina objetivos claros e específicos: Suas metas devem ser claras, específicas e mensuráveis. Em vez de dizer "quero ser mais feliz", defina algo mais tangível, como "quero dedicar mais tempo a atividades que me tragam alegria, como pintura e caminhadas na natureza".

Priorize suas metas: Nem todas as áreas da vida terão metas de igual importância. Algumas podem ser mais urgentes, enquanto outras podem ser aspirações a longo prazo. Classifique suas metas em ordem de prioridade para que você possa se concentrar nas áreas mais cruciais primeiro.

Esteja aberto a revisões: À medida que você evolui e cresce, suas metas também podem evoluir. Esteja aberto a ajustar suas metas à medida que sua vida muda e novas oportunidades surgem. Isso não significa que você está desistindo; apenas está se adaptando às mudanças da vida.

Sonhe grande, mas seja realista: Sonhar grande é encorajador, mas certifique-se de que suas metas sejam realistas e alcançáveis. Se suas metas forem muito ambiciosas, pode ser difícil manter a motivação quando o progresso é lento. Ao mesmo tempo, não tenha medo de sonhar além do que você acredita ser possível.

Avalie suas motivações: Ao definir metas, reflita sobre por que essas metas são importantes para você. Certifique-se de que elas estejam alinhadas com seus valores e desejos genuínos, em vez de serem influenciadas pelas expectativas dos outros.

Lembre-se de que suas metas de longo prazo são pessoais e únicas para você. Elas são uma representação do que você valoriza e deseja alcançar em sua jornada de vida. Ao identificar essas metas com cuidado, você estará criando um mapa para seu futuro brilhante e inspirador.

Tornando metas tangíveis e realistas

A transformação de metas de longo prazo em realizações concretas e alcançáveis requer um planejamento cuidadoso e uma abordagem estratégica. Ao tornar suas metas tangíveis e realistas, você aumenta suas chances de sucesso e evita a sensação de sobrecarga. São orientações para ajudar nesse processo:

Divida em etapas menores: Uma meta grande pode parecer assustadora e difícil de alcançar. Em vez disso, quebre-a em etapas menores e mais gerenciáveis. Cada etapa representa um passo em direção à realização da meta final. Isso torna o processo mais acessível e permite que você acompanhe seu progresso de maneira mais eficaz.

Defina marcos intermediários: Ao longo do caminho para alcançar sua meta de longo prazo, estabeleça marcos intermediários. Esses marcos representam pontos de verificação que indicam seu progresso. Eles também fornecem oportunidades para celebrar sucessos parciais e manter a motivação.

Priorize etapas importantes: Nem todas as etapas têm a mesma importância. Identifique as etapas que têm um impacto significativo no progresso em direção à sua meta. Focar em etapas importantes ajuda a otimizar seus esforços e recursos.

Defina prazos realistas: Atribua prazos realistas a cada etapa e marco intermediário. Prazos bem definidos incentivam a ação e mantêm você no caminho certo. No entanto, certifique-se de que os prazos sejam alcançáveis, considerando suas responsabilidades diárias e outras obrigações.

Ajuste quando necessário: À medida que você trabalha em direção aos seus objetivos, pode ser necessário ajustar as etapas, os prazos ou até mesmo a própria meta. A flexibilidade é importante, pois permite que você se adapte às mudanças e desafios que possam surgir.

Seja realista sobre o tempo e os recursos: Considere quanto tempo e recursos você tem disponíveis para dedicar à realização de suas metas. Certifique-se de que suas metas se encaixem em sua vida atual, levando em consideração suas obrigações pessoais e profissionais.

Celebre os pequenos progressos: À medida que você alcança cada etapa ou marco intermediário, celebre os pequenos progressos. Isso não apenas aumenta sua motivação, mas também reforça sua crença de que você está no caminho certo para atingir sua meta de longo prazo.

Tornar suas metas tangíveis e realistas é uma abordagem estratégica que torna a busca do seu futuro brilhante mais alcançável e motivadora. Ao quebrar sua jornada em passos menores e acompanháveis, você estará construindo um caminho sólido para o sucesso.

Criando um plano de ação

Desenvolver um plano de ação detalhado é essencial para transformar suas metas de longo prazo em realidade. Um plano bem elaborado fornece a estrutura necessária para direcionar seus esforços de maneira eficaz e acompanhar seu progresso. Passo a passo para criar um plano de ação sólido:

Defina sua meta de longo prazo: Comece identificando claramente a meta de longo prazo que você deseja alcançar. Certifique-se de que a meta seja específica, mensurável, alcançável, relevante e com prazo (SMART).

Identifique as etapas necessárias: Divida sua meta de longo prazo em etapas menores e mais gerenciáveis. Cada etapa representa um passo concreto em direção à realização da meta final.

Liste os passos específicos: Para cada etapa, liste os passos específicos que você precisa tomar. Esses passos devem ser ações concretas e realizáveis que o aproximem do seu objetivo.

Defina prazos realistas: Atribua prazos a cada etapa e passo. Certifique-se de que os prazos sejam realistas e factíveis. Prazos bem definidos incentivam a ação e ajudam você a manter o foco.

Priorize as etapas: Identifique quais etapas são mais cruciais para o progresso em direção à sua meta. Isso ajuda você a focar seus esforços nas áreas mais impactantes.

Acompanhe seu progresso: Crie uma maneira de acompanhar o progresso de cada etapa e passo. Isso pode ser feito por meio de um diário, um aplicativo de organização ou uma planilha. Manter o controle do seu progresso ajuda a manter a motivação.

Ajuste e adapte conforme necessário: Ao seguir seu plano de ação, você pode encontrar desafios inesperados ou oportunidades para ajustes. Esteja disposto a adaptar seu plano conforme necessário para lidar com mudanças de circunstâncias.

Celebre os sucessos parciais: À medida que você completa etapas e passos, celebre seus sucessos parciais. Reconheça suas conquistas, mesmo que sejam pequenas, e use esses momentos para manter sua motivação.

Mantenha a flexibilidade: Embora um plano de ação forneça uma estrutura, lembre-se de que a flexibilidade é fundamental. Às vezes, as coisas não saem como planejado, e estar disposto a ajustar e adaptar seu plano é uma habilidade valiosa.

Ao criar um plano de ação claro e detalhado, você estará dando passos concretos em direção à realização das suas metas de longo prazo. Tenha em mente que o processo de planejamento em si é uma parte importante da jornada de crescimento pessoal e autodesenvolvimento.

Visualização criativa e afirmações positivas

A visualização criativa e as afirmações positivas são práticas poderosas que podem impulsionar seu progresso em direção às metas de longo prazo e fortalecer sua mentalidade positiva. Essas técnicas podem ajudar a moldar sua perspectiva e aumentar sua confiança na conquista dos objetivos que você definiu.

Visualização criativa: A visualização criativa envolve a criação mental vívida de imagens do seu futuro bem-sucedido. Ao imaginar essas cenas, você está ativando sua mente para se alinhar com suas aspirações, o que pode impactar positivamente suas ações e decisões diárias. São etapas para praticar a visualização criativa:

Escolha um momento calmo: Encontre um local tranquilo onde você possa se concentrar sem distrações.

Feche os olhos: Feche os olhos para direcionar sua atenção para sua imaginação interna.

Imagine detalhes vívidos: Imagine-se alcançando suas metas de longo prazo. Visualize os cenários, as emoções e os detalhes do sucesso com o máximo de clareza possível.

Engaje os sentidos: Tente envolver todos os seus sentidos na visualização. Como se sentiria, como soaria, como cheiraria e como seria a experiência.

Pratique regularmente: Reserve um tempo diariamente para praticar a visualização criativa. Quanto mais você praticar, mais eficaz ela se tornará.

Afirmações positivas: As afirmações positivas são declarações que você repete para si mesmo para reforçar sua confiança e crença em suas capacidades. Ao usar afirmações positivas, você está moldando sua mentalidade e substituindo pensamentos negativos por pensamentos construtivos. Formas de criar e usar afirmações positivas:

Seja específico: Crie afirmações que se relacionem diretamente com suas metas e áreas que você deseja fortalecer.

Seja presente e positivo: Formule suas afirmações no presente e em uma linguagem positiva. Por exemplo, em vez de dizer "Eu vou ser bem-sucedido", diga "Eu sou bem-sucedido".

Use afirmações de autoafirmação: Reforce sua autoconfiança usando afirmações que enfatizem suas qualidades e forças pessoais.

Repita regularmente: Repita suas afirmações diariamente, de preferência várias vezes ao dia. Você pode dizer em voz alta ou mentalmente.

Acredite nas suas afirmações: Enquanto você repete as afirmações, acredite sinceramente no que está dizendo. Essa convicção aumenta a eficácia das afirmações.

Personalize suas afirmações: Ajuste suas afirmações conforme necessário à medida que você progride e atinge novos marcos.

Tanto a visualização criativa quanto as afirmações positivas são ferramentas poderosas para cultivar uma mentalidade positiva, reforçar a crença em si mesmo e manter o foco em suas metas de longo prazo. Ao incorporar essas práticas em sua rotina, você estará fortalecendo sua determinação e aumentando suas chances de sucesso.

Suas metas não precisam ser grandiosas ou ambiciosas para serem significativas. Pequenos passos consistentes também podem levar a resultados significativos ao longo do tempo. Ao definir metas realistas e alcançáveis, você estará cultivando um senso de propósito e direção em sua vida. Saiba que o importante é o progresso contínuo, não a perfeição instantânea. Mantenha sua visão de um futuro positivo e trabalhe diligentemente para alcançá-lo, lembrando-se de celebrar cada marco ao longo do caminho.

Compartilhando sua história: Como sua jornada pode inspirar e ajudar os outros

A experiência de autocuidado e crescimento pessoal é uma caminhada que você não precisa percorrer sozinho. Compartilhar sua história pode ser uma maneira poderosa de inspirar e ajudar os outros em suas próprias jornadas. Suas experiências, desafios superados e conquistas podem servir como fonte de orientação e encorajamento para aqueles que estão enfrentando desafios semelhantes. Ao compartilhar sua história, considere os seguintes pontos:

Seja autêntico

Ao compartilhar sua jornada de autocuidado e crescimento pessoal, a autenticidade é uma ferramenta poderosa que pode criar laços profundos e significativos com os outros. Ser autêntico envolve ser verdadeiro consigo mesmo e com os outros, compartilhando tanto as partes desafiadoras quanto as conquistas de sua jornada. São maneiras de cultivar a autenticidade ao compartilhar sua história:

Honre suas experiências: Reconheça e aceite suas experiências, sejam elas desafiantes ou inspiradoras. Não tenha medo de compartilhar os momentos em que você lutou, duvidou de si mesmo ou enfrentou adversidades. Ao fazer isso, você está mostrando que é humano e que a jornada de crescimento envolve altos e baixos.

Compartilhe as lutas e triunfos: Seja honesto sobre as lutas que você enfrentou ao longo de sua jornada. Isso não apenas destaca sua autenticidade, mas também oferece aos outros a oportunidade de se relacionarem com suas próprias dificuldades. Ao compartilhar as vitórias que alcançou, você inspira os outros a acreditarem em seu próprio potencial de superação.

Construa pontes de empatia: A autenticidade cria uma ponte de empatia entre você e aqueles que ouvem sua história. Ao compartilhar suas experiências genuínas, você permite que os outros se identifiquem com seus sentimentos e situações. Isso cria um senso de conexão e pertencimento, mostrando que ninguém está sozinho em suas lutas.

Inspire vulnerabilidade: Ao ser autêntico, você também encoraja a vulnerabilidade em outros. Quando as pessoas veem que você está disposto a compartilhar suas próprias lutas, elas podem se sentir mais à vontade para abrir sobre suas próprias experiências. Isso cria um ambiente de apoio e compreensão mútua.

Crie um espaço de aceitação: Sua autenticidade ajuda a criar um espaço de aceitação e não julgamento. Ao mostrar suas próprias imperfeições e vulnerabilidades, você envia a mensagem de que todos têm desafios e que essas experiências não definem o valor de uma pessoa.

Saiba que ser autêntico não significa necessariamente compartilhar cada detalhe íntimo de sua vida. Você tem o controle sobre o que deseja compartilhar e até que ponto. A chave é manter-se verdadeiro consigo mesmo e com os outros, criando um espaço de conexão e inspiração que pode fazer uma diferença real na vida de quem ouve sua história.

Foco no crescimento

Quando compartilhar sua experiência de autocuidado e crescimento pessoal, é essencial enfatizar os momentos de aprendizado e crescimento que você experimentou ao longo do caminho. Ao destacar como você enfrentou obstáculos e desafios, você oferece insights valiosos sobre como transformar adversidades em oportunidades de desenvolvimento pessoal. São maneiras de direcionar o foco para o crescimento:

Compartilhe histórias de superar obstáculos: Ao compartilhar suas lutas e como você as superou, você demonstra que enfrentar desafios faz parte da história humana. Compartilhe histórias específicas em que você teve que encontrar soluções criativas, persistir diante da adversidade ou sair da zona de conforto para alcançar seus objetivos.

Destaque a resiliência: Fale sobre como você construiu resiliência ao longo de sua jornada. Explique como cada desafio foi uma oportunidade para aprender a lidar com as dificuldades de maneira mais eficaz e saudável. Ao mostrar como você se adaptou e cresceu diante das adversidades, você inspira outros a desenvolverem sua própria resiliência.

Reflita sobre lições aprendidas: Compartilhe as lições valiosas que você aprendeu ao longo de sua caminhada. Essas lições podem incluir insights sobre si mesmo, sobre o mundo ao seu redor e sobre a importância do autocuidado e do crescimento pessoal. Ao transmitir essas lições, você ajuda os outros a refletirem sobre suas próprias experiências e a encontrar significado em suas jornadas.

Inspire a mudança de perspectiva: Ao destacar seu crescimento pessoal, você inspira uma mudança de perspectiva em quem ouve sua história. As pessoas podem começar a ver os desafios como oportunidades para evoluir e expandir sua visão de mundo. Ao compartilhar como você transformou situações difíceis em oportunidades de aprendizado, você motiva outros a fazerem o mesmo.

Mostre que o progresso é possível: Seu foco no crescimento demonstra que, mesmo diante de circunstâncias difíceis, é possível progredir e evoluir. Isso dá esperança a quem enfrenta suas próprias lutas, mostrando que, independentemente das circunstâncias atuais, o desenvolvimento pessoal é alcançável.

Compartilhar histórias de crescimento pessoal não apenas inspira, mas também normaliza a ideia de que todos enfrentamos desafios e todos temos o potencial de crescer com eles. Ao focar no crescimento, você cria um quadro positivo e inspirador para sua jornada, incentivando outros a abraçarem suas próprias oportunidades de aprendizado e evolução.

Celebre as vitórias

Compartilhar suas conquistas, independentemente do tamanho, é uma parte fundamental de compartilhar sua experiência de autocuidado e crescimento pessoal. Celebrar suas vitórias não apenas reconhece o progresso que você fez, mas também envia uma mensagem poderosa de que é possível superar obstáculos e alcançar objetivos importantes. São maneiras de celebrar suas vitórias e inspirar confiança em outros:

Reconheça o progresso: Ao compartilhar suas vitórias, não subestime a importância do que você alcançou. Cada passo em direção ao seu objetivo é um progresso valioso. Seja claro sobre as etapas que você tomou para alcançar essa conquista e como elas contribuíram para o seu crescimento pessoal.

Destaque as lições aprendidas: Quando compartilhar suas conquistas, explique as lições que você aprendeu ao longo do caminho. Isso não apenas enriquece sua narrativa, mas também oferece insights valiosos para quem está ouvindo. Suas experiências podem fornecer orientação e inspiração para aqueles que estão enfrentando desafios semelhantes.

Inspire autoconfiança: Ao compartilhar suas vitórias, você incentiva outros a acreditarem em sua própria capacidade de superar dificuldades e alcançar seus objetivos. Suas realizações mostram que o esforço, a dedicação e a resiliência podem levar a resultados positivos. Isso pode ajudar a construir a autoconfiança de quem está lutando.

Compartilhe as emoções envolvidas: Ao compartilhar suas conquistas, compartilhe também as emoções que você experimentou ao alcançar esse marco. Isso torna sua história mais pessoal e envolvente, permitindo que os outros se conectem com suas experiências de maneira mais profunda. Expressar suas emoções também humaniza sua caminhada e a torna mais acessível.

Normalização do sucesso: Ao compartilhar suas vitórias, você normaliza o sucesso como parte de uma jornada de crescimento. Isso ajuda a contrapor a ideia de que o progresso pessoal é linear e livre de obstáculos. Ao mostrar que você também enfrentou desafios, você inspira os outros a perseguirem suas próprias vitórias com paciência e determinação.

Incentive a celebração de pequenas conquistas: Compartilhar vitórias não precisa estar relacionado apenas a grandes marcos. Incentive também a celebração de pequenas conquistas ao longo do caminho. Isso reforça a importância de reconhecer e valorizar cada passo no processo de crescimento pessoal.

Ao compartilhar suas conquistas, você não apenas celebra seu próprio progresso, mas também fortalece a comunidade ao seu redor. Suas vitórias inspiram e capacitam os outros a abraçarem suas jornadas pessoais com esperança, determinação e confiança no próprio potencial.

Ofereça suporte

Ao compartilhar sua experiência de autocuidado e crescimento pessoal, uma das maneiras mais impactantes de ajudar os outros é oferecendo suporte genuíno e orientação baseada em suas experiências. Seja um ouvinte atento e empático para as lutas e desafios que os outros possam estar enfrentando. São maneiras de oferecer suporte eficazmente:

Seja um ouvinte empático: Quando alguém compartilha suas próprias lutas e desafios inspirados pela sua história, pratique a empatia. Ouça atentamente, mostre compreensão e valide as emoções da pessoa.

Isso ajuda a criar um espaço seguro onde as pessoas se sentem confortáveis em compartilhar.

Compartilhe conselhos baseados em experiências: Oferecer conselhos práticos e perspicazes pode ser uma forma poderosa de ajudar os outros. Use suas próprias experiências como base para fornecer orientação. Compartilhe como você enfrentou situações semelhantes, as estratégias que funcionaram para você e os recursos que foram úteis em sua caminhada.

Demonstre paciência e compreensão: Saiba que cada pessoa está em sua própria jornada única. Demonstre paciência e compreensão enquanto oferece suporte. Evite julgamentos e esteja disposto a ouvir as perspectivas individuais de cada pessoa.

Fomente uma abordagem não diretiva: Quando oferecer suporte, evite dar conselhos excessivamente diretos. Em vez disso, incentive a reflexão e a autodescoberta, fazendo perguntas que permitam às pessoas explorar suas próprias soluções e tomar decisões informadas.

Compartilhe recursos úteis: Parte do suporte envolve fornecer recursos valiosos que podem ajudar os outros em sua jornada. Isso pode incluir livros, artigos, sites, grupos de apoio ou profissionais que ofereçam assistência especializada.

Lembre-se da importância do espaço pessoal: Enquanto oferece suporte, respeite o espaço pessoal e os limites da pessoa. Nem todos estarão prontos para aceitar conselhos ou orientações, e isso é completamente compreensível. Esteja disponível para apoiar, mas permita que as pessoas decidam quando e como buscar ajuda.

Mostre a jornada contínua: Compartilhe como a experiência de autocuidado e crescimento pessoal é contínua e cheia de altos e baixos. Isso ajuda a normalizar os desafios que os outros podem estar enfrentando e os encoraja a perseverar em seus próprios esforços.

Oferecer suporte é uma maneira poderosa de criar conexões significativas e ajudar os outros a enfrentarem seus próprios desafios. Ao compartilhar conselhos e perspectivas baseados em sua experiência, você pode fazer uma diferença positiva na vida daqueles que estão em busca de orientação e inspiração.

Respeite seus limites

Ao compartilhar sua experiência de autocuidado e crescimento pessoal, é fundamental lembrar que você tem total controle sobre o que compartilha e até que ponto deseja abrir-se. Respeitar seus próprios limites é crucial para garantir que você compartilhe de maneira saudável e consciente. Orientações sobre como respeitar seus limites ao compartilhar sua história:

Autoconhecimento e reflexão: Antes de compartilhar sua história, reserve um tempo para se autoconhecer e refletir sobre o que você se sente confortável em compartilhar. Identifique quais partes de sua jornada você está disposto a divulgar e quais tópicos podem ser mais sensíveis ou pessoais.

Honre seus sentimentos: Conscientize-se de que seus sentimentos e emoções são válidos. Se você se sentir desconfortável ou ansioso ao compartilhar certos detalhes, é importante honrar esses sentimentos. Não sinta pressão para compartilhar algo que não se alinha com seu bem-estar emocional.

Defina seus limites com antecedência: Antes de compartilhar sua história, defina claramente quais são seus limites. Decida até que ponto você está disposto a ir ao falar sobre certos eventos ou experiências. Isso ajudará você a comunicar seus limites de maneira assertiva caso surjam perguntas ou curiosidades.

Seja seletivo em suas palavras: Ao compartilhar, escolha suas palavras com cuidado. Você pode optar por ser mais geral em certos aspectos de sua história, mantendo detalhes mais íntimos para si mesmo. Encontrar um equilíbrio entre a autenticidade e a privacidade é fundamental.

Reconheça seus objetivos: Pergunte a si mesmo por que você está compartilhando sua história. Isso pode ser para inspirar os outros, oferecer suporte, aumentar a conscientização ou para sua própria cura. Mantenha seus objetivos em mente ao decidir o que compartilhar.

Esteja preparado para perguntas e reações: Ao compartilhar sua história, esteja preparado para perguntas, reações e comentários dos outros. Algumas pessoas podem fazer perguntas curiosas ou expressar interesse, enquanto outras podem reagir de maneiras inesperadas. Esteja pronto para definir limites se alguma pergunta ultrapassar seus limites pessoais.

Lembre-se do direito de mudar de ideia: Se você começar a compartilhar algo e perceber que não se sente confortável, entenda que tem o direito de mudar de ideia a qualquer momento. É perfeitamente aceitável decidir não compartilhar mais certos detalhes se isso não estiver se sentindo certo.

Compartilhar sua jornada é uma maneira de criar um impacto positivo nas vidas dos outros, oferecendo esperança, inspiração e apoio. Ao compartilhar suas experiências, você não apenas contribui para a jornada dos outros, mas também reforça seu próprio crescimento e reconhecimento das transformações que você conquistou.

Saiba que a experiência de autocuidado e crescimento pessoal não tem um ponto final definitivo. É uma trilha contínua de auto exploração, autodescoberta e evolução. Cada passo que você dá em direção ao seu futuro brilhante é um testemunho do poder de transformação dentro de você. Continuar a cuidar de si mesmo e a buscar um futuro positivo é um ato de amor próprio que vale a pena.

CONCLUSÃO

Em "Combatendo a Depressão" exploramos a caminhada de superação e a busca pela felicidade interior. Ao longo dos capítulos, você foi apresentado a uma variedade de estratégias, técnicas e abordagens que podem ajudá-lo a enfrentar os desafios da depressão e trilhar um caminho em direção à cura e ao bem-estar emocional.

À medida que chegamos ao final deste livro, quero expressar meu profundo respeito e admiração por você. Enfrentar a depressão exige coragem, perseverança e a busca constante por soluções que melhorem sua qualidade de vida. Saiba que você não está sozinho nesta jornada e que há muitos recursos, apoio e estratégias disponíveis para ajudá-lo a encontrar o caminho para a cura e o bem-estar emocional.

O caminho para a felicidade interior é contínuo e valioso. Ele não é apenas um destino, mas sim uma trajetória de crescimento, autodescoberta e transformação. Continue explorando, aprendendo e evoluindo, pois, cada passo que você der o aproximará de uma vida mais significativa e gratificante.

Agora, mais do que nunca, é o momento de aplicar o que você aprendeu. Comece devagar, incorporando as técnicas e estratégias que ressoam com você em sua rotina diária. Seja gentil consigo mesmo, pois a caminhada para a superação da depressão não é linear. Haverá altos e baixos, mas cada passo que você der em direção à melhora é um triunfo em si mesmo.

Este livro é apenas o começo. Mantenha-se aberto a novas experiências, aprendizados e desafios. Saiba que você tem dentro de si a capacidade de superar obstáculos e criar um futuro brilhante. Lembre-se sempre de que você é resiliente e digno de amor, felicidade e bem-estar.

Deixo você com um desejo sincero de paz, alegria e realização em sua jornada. Que você encontre a força para enfrentar os desafios, a sabedoria para buscar ajuda quando necessário e a coragem para abraçar cada novo começo com otimismo e esperança.

Com gratidão,

Leonardo Tavares

SOBRE O AUTOR

Leonardo Tavares, carrega consigo não apenas a bagagem da vida, mas também a sabedoria conquistada ao enfrentar as tempestades que ela trouxe. Viúvo e pai dedicado de uma encantadora menina, ele compreendeu que a jornada da existência é repleta de altos e baixos, uma sinfonia de momentos que moldam a nossa essência.

Com uma vivacidade que transcende sua juventude, Leonardo enfrentou desafios terríveis, navegou por fases difíceis e enfrentou dias sombrios. Ainda que a dor tenha sido uma companheira em seu caminho, ele transformou essas experiências em degraus que o impulsionaram a alcançar um patamar de serenidade e resiliência.

O autor de obras de autoajuda notáveis, como os livros "Ansiedade S.A.", "Combatendo a Depressão", "Curando a Dependência Emocional", "Derrotando o Burnout", "Encarando o Fracasso", "Encontrando o Amor da Sua Vida", "Qual o Meu Propósito?", "Sobrevivendo ao Luto" e "Superando o Término", encontrou na escrita o veículo para compartilhar suas lições de vida e transmitir a força que descobriu dentro de si. Através de sua escrita clara e precisa, Leonardo ajuda seus leitores a encontrar força, coragem e esperança em momentos de profunda tristeza.

Ajude outras pessoas compartilhando suas obras.

REFERÊNCIAS

ABRAMSON, L. Y., Metalsky, G. I., & Alloy, L. B. (1989). Hopelessness and depression: A cognitive model. Psychological Review, 96(2), 358-372.
American Psychiatric Association. (2022). Diagnostic and statistical manual of mental disorders (DSM-5-TR) (5th ed., rev.). Washington, DC: American Psychiatric Association.
BECK, A. T., Rush, A. J., Shaw, B. F., & Emery, G. (1979). Cognitive therapy of depression. New York, NY: Guilford Press.
BERMAN, M. E., & Brown, G. K. (2010). The neurocircuitry of major depressive disorder. Neuropsychopharmacology, 35(1), 169-192.
BREWIN, C. R., Andrews, B., & Valentine, J. D. (2000). Meta-analysis of risk factors for posttraumatic stress disorder in adults. Journal of Consulting and Clinical Psychology, 68(5), 748-766.
BURCUSA, S. J., & Hammen, C. L. (2004). The role of stress and interpersonal factors in the onset and course of depression. Annual Review of Clinical Psychology, 1(1), 243-268.
CARNEY, R. M., Freedland, K. E., Rich, M. W., & Jaffe, A. S. (2004). Depression as a risk factor for coronary heart disease: A meta-analysis of prospective observational studies. Journal of the American Medical Association, 291(21), 2372-2379.
CUIJPERS, P., van Straten, A., Andersson, G., & van Oppen, P. (2008). Psychological treatment of adult depression: A meta-analysis of comparative outcome studies. Journal of Consulting and Clinical Psychology, 76(6), 909-922.
DERUBEIS, R. J., Gelfand, L. A., Tang, T. Z., & Simons, A. D. (2008). Cognitive therapy versus medication for depression: Treatment outcomes and neural mechanisms. Annual Review of Clinical Psychology, 4(1), 431-459.
FAVA, M. (2003). Major depression. New England Journal of Medicine, 349(10), 946-956.
GARBER, J., & Hollon, S. D. (2010). The role of stress in the etiology and maintenance of depression. Annual Review of Clinical Psychology, 6(1), 289-312.

GOTLIB, I. H., & Hammen, C. L. (2009). Depression in women: A cognitive perspective. Annual Review of Clinical Psychology, 5(1), 137-169.

HAMMEN, C. L., & Rudolph, K. D. (2006). Risk factors for depression in children and adolescents: A developmental psychopathology perspective. In D. Cicchetti & D. J. Cohen (Eds.), Developmental psychopathology: Vol. 2. Risk, disorder, and adaptation (2nd ed., pp. 549-593). Hoboken, NJ: Wiley.

KESSLER, R. C., Berglund, P., Demler, O., Jin, R., Merikangas, K. R., & Walters, E. E. (2005). Lifetime prevalence and age-of-onset distributions of DSM-IV disorders in the National Comorbidity Survey Replication (NCS-R). Archives of General Psychiatry, 62(6), 593-602.

National Institute of Mental Health. (2022). Depression. Bethesda, MD: National Institutes of Health.

World Health Organization. (2021). Depression. Geneva, Switzerland: World Health Organization.

LEONARDO TAVARES

Combatendo a depressão